1911

一个帝国的光荣革命

叶曙明 著

九州出版社
JIUZHOUPRESS

图书在版编目（CIP）数据

1911，一个帝国的光荣革命 / 叶曙明著. -- 北京：
九州出版社，2020.11
ISBN 978-7-5108-9743-6

Ⅰ. ①1… Ⅱ. ①叶… Ⅲ. ①辛亥革命—史料 Ⅳ.
①K257.06

中国版本图书馆CIP数据核字（2020）第227456号

1911，一个帝国的光荣革命

作　　者	叶曙明	
策划编辑	李黎明	
责任编辑	张皖莉　李黎明	
出版发行	九州出版社	
地　　址	北京市西城区阜外大街甲 35 号（100037）	
发行电话	（010）68992190/3/5/6	
网　　址	www.jiuzhoupress.com	
电子信箱	jiuzhou@jiuzhoupress.com	
印　　刷	三河市兴博印务有限公司	
开　　本	880 毫米×1230 毫米　32 开	
印　　张	12.75	
字　　数	300 千字	
版　　次	2021 年 1 月第 1 版	
印　　次	2021 年 1 月第 1 次印刷	
书　　号	ISBN 978-7-5108-9743-6	
定　　价	88.00 元	

目 录

第一章　多难兴邦

南方人登上舞台

1900 年，岁序庚子，中国大乱。

这场动乱来得相当突然、猛烈，有如急风骤雨。就其形式而言，义和拳之乱是中国历史上罕见的特例，因为在历朝历代，江湖秘密会党、教门，都是朝廷严厉打击的对象，而义和拳竟被朝廷邀入京师重地，公开结盟，对付外敌，这是前无古人的。

拉开历史的距离来看，这一罕见的特例，与两年前发生的另一罕见特例，有着密切的内在关系。

1898 年的戊戌变法，也是中国政治史上一罕见的特例。康有为只是一个区区工部主事，正七品芝麻官，在官场上毫无人脉，不靠行贿打通关节，靠一支笔打动了光绪皇帝，被任命在总理各国事务衙门行走，擢从四品。像一道神奇的闪电，从权力金字塔下层，穿越重重迭迭的官僚架构，绕过了许多官员一辈子也完成不了的程序，直达深宫御前，与皇帝讨论国是，并策动了为期一百零三天的政治改革运动，堪称一次来自基层的政变。

这是个百年难得一见的政治童话。戊戌变法最后以六君子伏诛菜市口流血收场，维新派死的死，逃的逃，充军的充军，革处的革处，溃不成军。慈禧太后垂帘听政，光绪皇帝被幽。国内的政治空气，突然从三千度高温，降到了冰点。

慈禧又迫不及待地发动了另一场政变。她把端郡王爱新觉罗·载漪的儿子爱新觉罗·溥儁捧上大阿哥位子，准备由他取代光绪，史称"己亥建储"。烛影斧声，朝野哗然，各国公使也拒不承认。朝廷连续出现超常规的举动，决不是什么好兆头。

经过两次急风骤雨的冲击，政治局势有如盲人瞎马，夜临深池。戊戌变法之后，守旧势力当道，对维新派的主张，统统反其道而行之，"师夷"的牌匾被摘下，换上"攘夷"的旗号。殿陛之上，把洋人斩尽杀绝的呼声，让人三日耳聋。恰好这时山东的秘密教派义和拳，受到巡抚袁世凯的围剿，无法立足，纷纷向直隶境内转移，所到之处，就像蝗虫过境一样，拆铁路，剪电线，烧教堂，杀教民，直搅得日月无光，洋人色变。

4月6日，英、美、德、法四国公使照会中国，要求中国政府在两个月内剿平义和拳，否则派兵代剿。但由于义和拳打着"扶清灭洋"的旗号，被"攘夷派"视为奇货，公然引进京师，赐予"义和团"的名号，允许他们到处聚众设坛。"黄巾红带者流"，一夜之间成了王公卿相的座上客和御林军，其势力迅速席卷京、津、沽。

朝中大臣截然分成两大阵营，新党、旧党、帝党、后党，针锋相对，形同敌垒，对方每出一言，必然招致另一方的攻讦，朝野是非混乱，上下莫之适从。一派认为义和拳民气可用，主张招抚，用来对抗洋人；另一派则认为义和拳装神弄鬼，滋扰地方，必须痛加剿捕，驱拳民与洋人开战，无异于拿国家存亡当儿戏。

廷臣的对立，已到了要赌身家性命的程度。在御前争论，往往要押上脑袋，当慈禧的钟摆摆向甲方时，乙方便要血溅五步；当慈禧的钟摆摆向乙方时，甲方也要人头落地。政策在短期内剧烈摇摆，任何人都有站错队的时候，今天是主和派、主剿派、改革派损兵折将，明天就轮到主战派、主抚派、保守派脑袋不保。

五月北京，往年正是芍药盈筐满市香的季节，但今年却是腥风血雨。日本公使馆书记官杉山彬、德国公使克林德先后被团民和官兵杀死，横尸街头，事态一发不可收拾。混乱之中，有人向慈禧谎报，洋人要求她归政于光绪皇帝。慈禧最恨"归政"二字，天朝内政，岂容列强说三道四。她的钟摆迅速摆向主战一边，毅然宣布"大张挞伐，一决雌雄"，同时向十一国宣战。

朝廷向北京义和团发放粳米二万石、银十万两，命令他们运用刀枪不入、飞天遁地的法术，配合官军，围攻北京东交民巷的外国使馆区。这种自杀之举，连慈禧身边的第一红人、军机大臣、兵部尚书荣禄也看得肉跳心惊，他背地里对各省的疆吏说："以一弱国而衅开十数强国；两国交锋，不斩来使；此皆不待智者而始知也"，但"两宫似难拒众说"，唯有指望各疆吏各尽乃心。①

7月中旬，英、美、法、意、奥、俄、德、日八国，以保护使馆为由，出兵攻陷天津，直逼京畿，一时四边伐鼓血海涌。

当北方告急时，朝廷呼吁各地兴兵勤王抗敌，但南方各省却按兵不动。与北方满目疮痍的惨况相比，南方各省幸运很多，没有卷入战乱，隔水观火，保境安民，用湖广总督张之洞的话来说，"不战可以不亡"。要他们去蹚这趟浑水，收拾别人遗下的烂摊子，一百个不情愿。

朝廷在南方的管治系统，经过长达十三年的太平天国之乱，早已像松了发条的时钟，运转不灵了。以曾国藩为首的南方势力，凭着

---

① 《高枬日记》。《庚子记事》，中华书局，1978年版。

戡乱有功，崛起坐大，朝廷也无可奈何。平乱之后，曾国藩虽急流勇退，自动解散湘军，但他一手培养出来的门生爱将、中兴名臣，遍布各处，统军封疆，掌控外交内务，即使在他去世之后，南方的政治影响力，不仅丝毫不减，反而日见增强。

两广总督李鸿章、两江总督刘坤一、湖广总督张之洞、闽浙总督许应骙，还有山东巡抚袁世凯，均认为出兵无益，除了把战火引向全国外，没有其他作用。身为三品太常寺少卿、大理寺少卿的督办铁路大臣盛宣怀，更利用职权，要求电报局扣压朝廷召集拳民的诏旨，并游说东南各省督抚，劝他们实行"东南互保"：

> 岘帅（刘坤一字岘庄）香帅（张之洞字香涛）会同电饬地方官上海道与各领事订约，上海租界准归各国保护，长江内地均归督抚保护，两不相扰，以保全商民人命产业为主；一面责成文武弹压地方，不准滋事，有犯必惩，以靖人心。北事不久必坏，留东南三大帅以救社稷苍生。①

6月26日，刘坤一、张之洞与各国驻沪领事官会商办法，共同维持长江流域的和平与稳定。当时，南通人张謇也在南京，他是商人参政的典范，他当年曾入吴长庆军幕任文书，在那里结识了袁世凯，两人成为吴长庆幕下最得力的文武幕僚。1894年慈禧太后六十大寿，张謇考中恩科状元，授翰林院修撰，但他在翰林院只待了四个月，便以丁忧为由，退出官场。据说他是因为讨厌官场上的奴性，见到慈禧太后，无论官大官小，年老年少，都要跪在地上，哪怕暴雨泥泞，也

---

① 盛宣怀《寄李中堂刘岘帅张香帅》。《愚斋存稿初刊》，中国书店影印版。

不敢动弹，这让他觉得很受不了。后来他入了刘坤一幕中。1896 年以后，他开办第一家企业"大生纱厂"。他在江浙一带名气甚大，是东南互保的幕后推手之一。

慈禧向十一国宣战之后，张謇和刘坤一作过一次推心置腹的密谈。刘坤一出身于湘军，在和太平天国的作战中，他是一员能征善战的骁将，从 1891 年就开始担任两江总督。张謇问刘氏："北京上谕令各督抚向各国一体宣战，你将如何对待？"

刘氏回答："这个，我无法遵旨。谁不知道，长江门户洞开，我无海军可以抵御，我一宣战，长江即非我有，战事将更扩大。"

张氏说："我们虽不宣战，但如果不订立条约，恐怕英国的兵舰，一定要借保护侨民及教堂为名，驶入长江。"他告诉刘氏，盛宣怀每天和各国领事见面，交换北京情报，希望由刘坤一与张之洞共同发起，订立东南方面保护侨商的条约，同时亦规定英国不派兵登陆。

刘氏迟疑地问："现在未奉北京谕旨，而与外国订立条约，这事能办吗？"

张氏决然地说："我国从来相传的古语，'将在外，君命有所不受'，又道是，'苟利于国，专之可也。'现在事局危急，正可援用此言。"

张謇凭三寸不烂之舌，促使刘坤一下了东南互保的决心。但当北京传来消息，说战事不利，两宫准备西逃时，刘坤一又犹豫了。"两宫蒙尘，做臣子的不能奔赴行在，却在此时间与外国人私自订立条约，有人批评，太过不去了。"

张謇又劝他说："我们若不订立东南互保条约，你能保持长江不让英国占领吗？英国军队占领长江后，可云全国糜烂，大清帝国虽不土崩，亦将瓦解。两宫蒙尘，又谁能接济呢？"

刘坤一猛拍桌子，大声说："先生见教极是。"这才最后下定决心，不复动摇。

李鸿章、刘坤一、张之洞、袁世凯这些地方大臣，本来各怀鬼胎，经盛宣怀、张謇等人穿梭游说，居中撮合，东南互保终于成事。山东巡抚袁世凯因为支持东南互保，亦成为刘坤一、张之洞这些地方实力派的盟友。东南互保条约，卒由刘坤一、张之洞、李鸿章和闽浙总督许应骙、四川总督奎俊、山东巡抚袁世凯共同签订。浙江巡抚刘树棠不愿附议，便请假规避，由浙江布政司恽祖翼代签。

条约共计九款，核心盖有两条：一为长江及苏杭内地各国商民教士产业，均归南洋大臣刘坤一、两湖总督张之洞，认真切实保护，并移知各省督抚及严饬各该文武官员一律认真保证。二为长江内地中国兵力已足使地方安静，各口岸已有的外国兵轮仍照常停泊，惟须约束人等，水手不可登岸。

所谓东南互保，其实是保存实力，静观其变，如果两宫蒙尘，东南可以向行在提供钱粮援助，战事结束后，保证两宫可以返回北京。万一京陷帝崩，则另起炉灶，拥李鸿章为总统，收拾残局，也未尝不是一个办法。

当时广东也有一批伏于草莽的革命党人，以孙文、杨衢云、谢缵泰、邓荫南、郑士良、陈少白、史坚如等清一色广东人为首。孙文是广东香山人，1894 年从上海去檀香山，组织兴中会，以"驱除鞑虏，恢复中国，创立合众政府"为誓词。

历史学家写中国政党史，往往从兴中会写起，其实最早的兴中会，只是一个江湖小会党。所谓会党，即清代遍布民间的一些以反清复明为宗旨的秘密团体，大都以"会"的形式结合，如哥老会、三合会、天地会、大刀会，故称为会党。兴中会也是一个会，如果经营得好，它有希望成为一个大会党，但与现代政党却不相干。如果兴中会可以写入政党史，那哥老会也可以写入了。

兴中会人数寥寥，没有士林中人参与，也没有什么具号召力的人，所以孙文很想拉康有为入伙，聊壮声势。康有为因为有光绪皇帝的衣带诏，以"尊皇、变法、救中国、救黄种人"为号召，在海外有众多拥趸，保皇会分会遍布一百六十余埠。不过，康有为却不愿意与"驱除鞑虏"的孙文为伍，他自称"惟有鞠躬尽瘁，力谋起兵勤王，其它非余所知"，拒孙文于千里之外。

但康有为的弟子梁启超，对流血革命却颇心仪，在报纸上鼓吹实行"有血的破坏"，以"破坏主义者"自居。他倒很想和孙文合作，两人在日本见了几次面，商定两派合组一个团体，奉孙氏为首领，梁氏为副，又合办了一份杂志《中国秘史》，内容以写宋、明亡国史和太平天国遗事，宣扬民族主义为主。

讵料，两派合作的结果，不是孙文一派的力量壮大，反而是兴中会的成员，纷纷投效保皇派，因为梁启超的言论太有鼓动力了，说起救国的方法，头头是道，连孙文的大哥孙眉，也几乎被保皇派说服。梁启超自己也加入了三合会，在争取人心方面，他比孙文更有号召力。他反过来写信给孙文，劝他放弃私见，借勤王之名，聚兵起事，"草创既定，举皇上为总统，两者兼全，成事正易，岂不甚善？何必画鸿沟，使彼此永不相合哉！"①

绕来绕去，最后还是要尊皇，孙文从此便断了与保皇派合作的念头，干脆自己扯旗。1895年，兴中会动员了三合会、三点会、添

---

① 丁文江、赵丰田《梁启超年谱长编》。上海人民出版社，1983年版。

弟会、天地会等会众，准备趁重阳节之机，发动起义，攻陷两广总督衙门，成立临时政府。可惜消息泄露，官府缇骑四出，大肆搜捕，封闭革命机关，会中同志陆皓东等人被执杀害。事虽失败，但孙文的名字第一次震动江湖。据孙文自述，这次失败后，"举国舆论莫不目予辈为乱臣贼子，大逆不道，咒诅漫骂之声，不绝于耳，吾人足迹所到，凡认识者几视为毒蛇猛兽，而莫敢与吾人交游也。"①

孙文被朝廷通缉，开始了漫长的海外流亡生活。1899年，兴中会成员、湖南人毕永年率湘鄂会党首领到香港，群雄相会的结果，促成了1900年2月兴中会、三合会、哥老会共同组建"忠和堂兴汉会"，歃血为盟，推孙文为首领。

当北方大局因义和拳而分崩离析之际，孙文等人试图说服李鸿章立即脱离朝廷独立，在南京或者汉口设立新的首都，他们给香港总督卜力（Henry A. Blake）写了一份"平治章程"的政见书，请他转交李鸿章。政见书提出的六项主张，其中第一、二项是：

一、迁都于适中之地，如南京、汉口等处，择而都之，以便办理交涉及各省往来之程。

二、于都内立一中央政府，以总其成。于各省立一自治政府，以资分理。所谓中央政府者，举民望所归之人为之首，统辖水陆各军，审理交涉事务，惟其主权仍在宪法权限之内。设立议会，由各省贡士若干名，以为议员，以驻京公使为暂时顾问局员。

所谓自治政府者，由中央政府派驻省总督一人，以为一省之首，设立省议会，由各县贡士若干名以为议员，所有该省之一切政治、

① 孙文《建国方略》。《孙中山全集》（六），中华书局，1981年版。

征收、正供，皆有全权自理，不受中央政府遥控。惟于年中所入之款，按额拨解中央政府，以为清洋债，供军饷及官中府中费用。省内之民兵队及警察部，俱归自治政府节制。以本省人为本省官，然必由省议会内公举。至于会内之代议士，本由民间选定；惟新定之始，法未大备，暂由自治政府择之，俟至若干年始归民间选举。以目前各国之总领事，为暂时顾问局员。[1]

　　政治蓝图虽然简单，但其中三个要点，表达得很清晰：一是实行地方自治的共和国体，二是实行立宪政体，三是实行代议政制。

　　"合众政府"的灵感，来自美国联邦制，而"东南互保"与联邦制，亦似乎有某种不期然的契合。孙文明确提出："我们的最终目的，是要与华南人民商议，分割中华帝国的一部分，新建一个共和国。"[2]他在新加坡对英国殖民地官员也作过相同的表示："我们认为，要为人民提供更好的领导者。我相信一部分民众肯定会起来，那是不可避免的。我们打算推翻北京政府。我们要在华南建立一个独立政府。我们的行动不会引起大乱；而没有这个行动，中国将无法改造。"[3]

　　谁是"更好的领导者"？孙文心目中，除了他与革命党的同志外，便是李鸿章了。如果能得到李鸿章的支持，"东南互保"就有望升级为一个南方的共和国，即使放弃北方，也在所不惜。然而，这些革命者们，是否真的以共和、立宪、代议为其政治理想呢？抑或只是为了争取英国人支持的一种策略？

---

[1] 孙文《致港督卜力书》。《孙中山全集》（一），中华书局，1981年版。
[2] 孙文《离横滨前的谈话》。《孙中山全集》（一），中华书局，1981年版。
[3] 孙文《与斯韦顿汉等的谈话》。《孙中山全集》（一），中华书局，1981年版。

6 月初，孙文在日本接到李鸿章幕僚刘学询的来信，大意云："粤督李鸿章因北方拳乱，欲以粤省独立，思得足下为助，请速来粤协同进行。"[1] 并承诺确保孙文的安全，答应借十万元给孙文还债，还汇了五千元给孙文等人做回广东的旅费。

这封信的用意非常可疑。此时此地的革命者，人微言轻，怎么会入李鸿章的法眼呢？双方不在同一个层面上，根本没有对话的基础。以李鸿章这种官场上的千年老道，也断不会白纸黑字写信给一个朝廷的通缉重犯，与他密谋独立。因此，很可能是在孙文给李鸿章下饵的同时，李鸿章也在给孙文下饵。现在就看谁的道行深了。

孙文接到刘学询的信后，立即带着几名同志和日本朋友，动身前往香港，准备与李鸿章见面。由于港府不准孙文入境，他们只能待在船上，等候消息。李鸿章知道孙文抵港后，大开中门，表示愿意与孙文在广州举行晤谈，还派"安澜号"兵舰到香港迎接孙文。

孙文乘坐的法国船"印达斯号"，与李鸿章派来的"安澜号"在香港海面相遇了，两者近在咫尺。这是最扣人心弦的棋局，高手过招，一子定输赢，只要孙文敢登上安澜兵舰，要么是李鸿章的座上客，要么是阶下囚。无论是什么，以后的中国历史，都可能是完全不同的一种写法了。

陈少白提醒孙文，李鸿章也许并没有独立的决心，这只是个陷阱。陈少白的话，就像一盆冰水泼在熊熊炭炉上，孙文犹豫了，把踏上安澜兵舰的一条腿又缩了回去，改派三个日本人——宫崎寅藏、内田良平和清藤幸七郎——代表他到广州。

---

[1] 罗刚《中华民国国父实录》（一）。台湾，财团法人罗刚先生三民主义奖学金基金会，1988 年版。

刘学询见孙文不来，深感失望。这三个日本人当然是见不到李鸿章的，刘学询把他们打发走了。无论李鸿章是想真诚合作，还是想下套诱捕，都落空了。

随着天津的失陷，北京已是兵临城下。宫驾西逃，迫在眉睫。一旦中央政府瓦解，在南方另立中央之议，官场上已是嚣嚣喧腾。张之洞通过心腹向日本表示："天子蒙尘既久，清国处无政府之际，不得已欲联合南部二、三总督于南京成立一政府。"①

7月26日，在上海愚园宣告成立的"中国议会"，便是为新政府鸣锣开道的。参加者大多是社会名流士绅，而真正的推手是湖南人唐才常。

唐才常肄业于两湖书院，与张之洞有师生之谊，也是戊戌六君子之一谭嗣同的同乡好友，人称"浏阳二杰"，曾一同办报，一同创办南学会、群萌学会，为南方维新派的核心人物。戊戌变法失败后，唐才常逃到日本，与康有为、梁启超、孙文等人过从甚密。1899年，唐才常对流亡生活感到厌烦，决意返回国内，为好友报仇，协助光绪复辟。孙文、梁启超等人设宴饯行，唐才常把酒悲歌，与孙文订下"殊途同归"之约。

唐才常具有书生和豪侠的双重属性。回到上海后，他冒充日本人，开了一家教授日文的"东文学社"，作为秘密机关。在公开场合，他是一介书生，办报办学，著书立说，组织议会，代表民间发声，推动政治改革。

---

① 孔祥吉、[日]村田雄二郎《罕为人知的中日结盟及其他——晚清中日关系史新探》。巴蜀书社，2004年版。

　　凭着他的活动能力，中国议会拉拢了一批有清流雅望的名人，包括前驻美国公使容闳、前水师学堂总办严复、张之洞的幕僚汪康年、南洋公学译书院院长张元济、《亚东时报》主笔章太炎——大部分都是南方籍人士。康有为的如意算盘是：说服南方各省督抚，不奉慈禧的"伪谕"，俟北京的"伪府"倒台后，把光绪迎到南方，成立一个新政府，作为南方立国基础。

　　汪康年扬言："中国议会有两个办法，一是推一大名人为总统，二是中国各省自行治理。"但谁是"大名人"？光绪皇帝？李鸿章？还是张之洞？各省又如何自行治理？都没有一个周详的计划，只是文人天马行空的遐想而已。

　　中国议会共奉宗旨是："废弃旧政府，建立新政府，保全中外利益，使人民进步。"①但具体到这个新政府，究竟谁来领导，便各说各话了。有人希望光绪重新执政，也有人主张把光绪救出后让他做个平民。在许多人心目中，如果需要有一个新领导人出来收拾残局的话，李鸿章是不二人选。

　　李鸿章、刘坤一对中国议会都采取默许态度，张之洞也派了心腹幕僚加入议会，从中打探消息。中国议会具有官方背景，可以合法地公开活动，但也有不少人在从事非法的秘密活动。唐才常就是在合法的掩护之下，积极准备着非法的一手。他一面通过日本人去游说张之洞，促他"挈两湖宣布独立"，但同时又做着"倘张之洞奉清廷之命以排外，吾必先杀之"的准备。

　　唐氏在中国议会之外，在英租界新马路又搞了一个"正气会"，另立山头，后来改为"自立会"，奉康有为做会长，梁启超做副会长，

① 汤志钧《乘桴新获——从戊戌到辛亥》。江苏古籍出版社，1990年版。

专门联络义士豪侠、江湖会党。1900 年 4 月 1 日，唐才常在上海开设富有山堂，招揽江湖人物。他与长江流域哥老会的结盟，也是由毕永年媒合的。

各路绿林豪客，听说唐才常有钱，便像苍蝇一样追逐而来，原先已答应与孙文合作的两湖哥老会首领，纷纷转向唐氏报名领款，宣称愿为勤王军效力。唐才常开设的富有山堂，放飘二十万张富有票，凡领了富有票的，都可以领取一千文制钱或一块银元，因此吸引了十余万哥老会分子入会，大家称兄道弟，互呼"会友"。活跃于南方的日本人井上雅二写道：

趁现在民心大乱之机，派人去各省，与土匪联合起来以成一派势力。民间各处都有私党，各种流派，有些纪律严明，而有些纪律松弛。他们有力量，联合起来也是可能的。看起来容易的却很难，看起来难的却很容易。①

哥老会是清道光年间，广泛兴起于长江流域的一种秘密会党。他们随着湘军的创建而渗入军营，亦随着湘军的解散，而流散四方。军事家蒋方震说："故湘军之末流，其上者变而为官僚，各督、抚是也，其下者变而为土匪，哥老会是也。"②据估计，当时仅在湖南，就有十二万的哥老会分子。哥老会本身并没有什么政治目标，只是一个"仁义结拜，信守交往，生死与共，患难相扶"的草莽团体，革命党

① 汤志钧《乘桴新获——从戊戌到辛亥》。江苏古籍出版社，1990 年版。
② 蒋方震《中国五十年来军事变迁史》。载申报馆编《最近之五十年》（专刊），1923 年。

便利用这一点，加入会党，成为首领之后，带领他们造反。

唐才常对哥老会的弟兄们说，他要在"九省通衢"的武汉发动起义，创建"立宪帝国"。自立会的口号是"共倡大谋，以除奸党，救我皇上"，听起来颇有"君主立宪"之意。唐才常对"立宪"语焉不详，哥老会的龙头、香长们就更糊里糊涂了。

毕永年、章太炎都力劝唐才常与康有为等保皇派断绝关系，光明正大亮出排满的旗号，但唐才常坚决不肯。龙头大哥都听唐才常的，唐才常听康有为的，只要康有为还抱着"保皇"的牌位，那么，"保皇"也就是自立会当仁不让的旗号了。毕永年说服不了唐才常，一气之下，毅然削发出家，从此云游四海，不知所踪了。章太炎也愤然宣告脱会，甚至剪掉辫子，以示决绝。

唐才常为自立会手订四条原则：一、保全中国自主之权；二、请光绪皇帝复辟；三、无论何人，凡系有心保全中国者，准其入会；四、会中人必当祸福相依，患难相救。唐才常还利用哥老会组建了一支"自立军"。康有为在海外筹集了三十万元，答应汇给他们，在8月9日那天，以"勤王"名义，在安徽、湖北、湖南各地发动政变。

井上雅二在日记中写道："会长容闳并不知道唐等的事情，完全是康有为等人一手操纵的。所以他无法来挽回和收拾。"[1] 但事实却未必如此。据记载，容闳在新加坡（英国殖民地）曾向一名警官打听：英国是否愿意支持维新派举行起义？他甚至明确地说，起义可能在三个月后发生，希望能招募五百名美国志愿者参加。[2] 他所说的起义，

---

① 汤志钧《乘桴新获——从戊戌到辛亥》。江苏古籍出版社，1990年版。
② 吴相湘《容闳最有意义的一生》。台湾，《传记文学》（第十六卷第六期），1970年6月。

就是由唐才常组织的"自立军起义"。他并非完全蒙在鼓里。

唐才常以"斑马"（一身兼黑白两道）身份，驰骋江湖。但他走得太远了。哥老会在长江流域势力庞大，尽人皆知，当年曾国藩对哥老会也要礼让三分，唐才常要与哥老会攀交情，张之洞可以睁一只眼闭一只眼，假装看不到，但要搞武装暴动，这就超出张之洞所能接受的底线了。

庙堂愈远，江湖愈近

　　天津沦陷前夕，朝廷已经明白，这场仗打无可打。6月15日，命李鸿章迅速赴京，收拾残局；7月3日上谕："现在事机紧迫，李鸿章仍着懍遵前旨，迅速来京，毋稍刻延。"7月6日再次促驾："如海道难行，即由陆路兼程北上"；7月12日，朝廷任命李鸿章为直隶总督，希望借助他的外交经验，主持和局。

　　7月17日，李鸿章极不情愿地从广州动身，慢慢吞吞，乘船北上，临行前对着滔滔珠江，怆然感叹："我已垂老，尚能活几年。总之，当一日和尚撞一日钟。钟不鸣了，和尚亦死了。"[1]到上海后，李鸿章又以感冒腹泻为名，不肯进京。有人问他对和局前景的看法，他说了六个字："和局定，我必死。"[2]

　　7月23日上谕："迭次电谕李鸿章兼程来京，迄今并无启程确期电奏，该督受恩深重，尤非诸大臣可比，岂能坐视大局艰危于不顾耶。着接奉此旨后，无论水陆，即刻启程，并将启程日期速行电奏。"[3]8月7日，朝廷委任李鸿章为和谈全权大臣，促驾急如星火。8月15

---

① 李岳瑞《悔逸斋笔乘》。北京古籍出版社，1998年版。
② 盛宣怀《寄行在王中堂》。《愚斋存稿》，台湾，文海出版社，1975年版。
③《清实录广东史料》（六），广东省地图出版社，1995年版。

日，北京终告失陷，两宫急急如丧家之犬，仓皇西逃，宗庙宫阙列祖列宗的神灵式凭之所，一朝尽失。

李鸿章迟迟不入京门，有许多现实的顾虑，洋人对他的态度如何？朝廷内部的掣肘力量有多大？都令他心存疑虑。他的担忧并非捕风捉影，上海的各国领事相约不见李鸿章，甚至拆掉了欢迎他的花牌坊，扬言他应该留在广州主持东南自保。李鸿章的儿子也写信劝他不必入京，"为国家留一后着"。然而，对李鸿章来说，只要两宫还安全，还可以继续发号施令，他拼上老命，也断不会为自己留什么"后着"。

唐才常这时也在上海，与李鸿章同处一城，他一厢情愿地相信，北京沦陷，两宫西奔，张之洞、刘坤一等人，已失去了效忠的对象，除了追随他，别无出路，李鸿章最终也是要反的，于是更加急于起事。

李鸿章到上海前，已得到哥老会承诺，不在长江流域生事，但唐才常已做好了创义准备，只要康有为的汇款一到，马上举事，"焚毁各衙署，占夺枪炮厂，劫掠军库，占据城池，焚毁三日，封刀安民"。但那笔汇款，却只闻楼梯响，不见人下来。无奈，只好飞鸽传书，令各路弟兄暂时偃旗息鼓，展期再举。

讵料，安徽大通一路没有接到通知，竟如期揭竿而起。

经过几天激战，自立军被官军击败。当大通警耗传来时，唐才常正从上海乘船前往汉口，等他下船的时候，起义已经失败了。但他很快便重振精神，准备 8 月 21 日再行举义，由河南出兵西指，目标是劫持慈禧太后，作挟天子以令诸侯之图。

但唐氏到达汉口时，消息已经外泄，武汉三镇风云突变，官府缇骑夜袭，捣破了自立军总机关和秘密据点，逮捕了唐才常等三十余名党人，张之洞连夜请出王命旗牌，把唐才常等人处死在紫阳湖畔。

可怜唐才常，学书学剑廿余载，奔走十年此下场，临刑时仰天长叹："湖南丁酉拔贡唐才常谋保皇上复权，事机不密，请死而已！"口占绝命诗二首，从容延颈就刃：

> 新事鬼哭月昏黄，我欲高歌学楚狂。
> 莫谓秋声太肃杀，风吹枷锁满城香。
>
> 徒劳口舌难为我，剩好头颅付与谁。
> 慷慨临刑真快事，英雄结束总如斯。

梁启超主编的《清议报》沉痛地说："乃者闻其在汉口戮杀新党三十人，又派员于上海捕新党，是党祸之兴，那拉（慈禧）不举而张之洞必欲行之也。"[①]

在长江流域一度甚嚣尘上的新政府之议，随着中国议会被张之洞解散，顷刻冰消瓦解。9月1日，容闳从上海乘船逃往日本。他在船上，竟然与孙文不期而遇。当时孙文从日本潜回上海，谋求与李鸿章会晤，但碰上上海大肆搜捕自立军党人，不敢贸然上岸，不得不原船折返。孙、容二人在横滨的旅馆里闭门密谈了半天。不久，孙文就前往台湾，策划广东惠州的三洲田起义去了。

当"京陷帝奔"的消息传遍大江南北之际，许多人都以为清廷气数将尽，垮台已成定局。"秦失其鹿，天下共逐之，于是高材疾足者先得焉"，江湖立呈波涛汹涌之势，自认"高材疾足者"，一时并起。

---

① 《清议报》（九十五册）。台湾，成文出版社，1967年版。

孙文从日本到了香港，筹划在广东惠州归善县三洲田起事，与唐才常遥相呼应。

行动的计划，分两部分进行，一由郑士良召集会党六百余众，在三洲田举事；一由史坚如等人潜赴广州，组织暗杀机关，谋杀广东巡抚署两广总督德寿。而杨衢云、陈少白、李纪堂等人则在香港负责接济军火。

郑士良、史坚如都是学子出身，郑氏曾就读德国教会所设礼贤学校，受洗礼入基督教。毕业后入博济医院附设南华属学堂读书，是孙文的同学。史氏则是史可法的后人，在广州格致书院读书时，化学成绩尤为突出，是制造炸弹的好手。由于有这些读书人及海外华侨的加入，广东的帮会组织的胸襟、视野，均较内地帮会为宽广，其民族意识、革命意识，亦较为浓烈。

10月8日夜晚，新安县沙湾附近一声锣响，头缠红巾，背插从戏班借来的令旗，身穿白布镶红号褂的会党分子，从山上蜂拥而下，包围了清军水师提标的营地，纵火焚烧。清兵从梦中惊醒，只见四面火起，上下通红，一时烟迷雾卷，不辨东南西北，慌忙突烟冒火，寻路逃命。

天亮以后，红头军啸聚千余人，打着青天白日旗，一路狂呼："大家莫慌，我们是来抓四由哥的！"什么是"四由哥"，没人知道，连红头军自己也不知道，但他们指东打西，所向披靡，乡间轰传三洲田"反贼乱"了！红头军原计划进攻广州，但由于预订的台湾军火一时无法运到，只好变更计划，改途东北，向厦门前进。

整个作战的过程，无非是你追我逐，混杀一场。真正值得关注的，是他们造反的目的究竟是什么，他们的政治主张是什么。当日《清议报》上，刊登一篇《广东归善县来札》，是为数不多的参考文献之一，来札写道：

　　某等并非团匪，乃大政治家大会党耳，即所谓义兴会、天地会、三合会也。我等在家在外之华人，俱欲发誓驱逐满洲政府，独立民权政体……我等本系欲兴中国之人，若成功之后，将来设立更革之事，开通中国，与天下通商……我等欲造成三百年前所未竟之志，料英、美、日之国亦必守中立之义，且或资助之。[①]

　　南方的会党一开始就强调他们是"大会党"，不是小会党，与"神出洞、仙下山，扶助人间把拳玩"的义和拳划清了界线，但会党再大，还是会党，无非人多势众一点，没有本质的区别。札中提出"民权政体"的概念，亦证明他们的眼界，确比义和拳高出一筹，或者说，他们掌握的名词，确比义和拳新了一个世纪。可惜在提及未来的愿景时，只有通商一项，其用意更像是换取西方列强中立和资助的诱饵。把"民权政体"与"三百年前所未竟之志"，相提并论，亦使人对这个"民权"的真实含义，产生怀疑，与其说是真正的奋斗目标，不如说反映了革命者在价值规范层面寻找自我正当化的理由。

　　孙文通过卜力拉拢李鸿章失败后，退而求其次，谋求与李鸿章的幕僚刘学询合作（当时李鸿章下榻在刘学询家里），他托人带信到上海给刘学询，请其资助巨款，酬庸条件是："先立一暂时政府，以权理政务。政府之格式，先以五人足矣。主政一人，或称总统，或称帝王，弟（孙文）决奉足下（刘学询）当之，故称谓由足下裁决。"党人冯自由在《革命逸史》一书中解释：孙文"知道刘素抱帝王思

①《清议报》（六十四册），台湾，成文出版社，1967年版。

想，故即以主政一席许之，而自揽兵政，其用意无非欲得其资助巨款而已"。[①] 换言之，无论"总统"或"帝王"，都不过是诱饵而已。

直到惠州起义失败以后，孙文在接受美国《展望》杂志记者林奇采访时，仍然热情洋溢地讲述他的"联邦共和"理想，以致林奇深信，"以联邦或共和政体来代替帝政统治，这是孙逸仙的愿望"。[②]

然则，"联邦制"和"通商"是给西方列强下的诱饵，"总统"和"帝王"是给中国旧官僚下的诱饵。什么才是孙文的真实想法？在孙文看来，帝王与总统，也许不过是名称的区别，而没有想到它将涉及整个国家的国体问题，既许以刘学询帝王称谓，万一革命真的成功了，刘学询真的要革命党履行承诺，革命党如何应对呢？

孙文提出的政府名单，原拟以李鸿章主政，但鉴于他已做了朝廷的全权和谈代表，故大笔一挥，改为请刘学询出任。其他成员包括兴中会成员杨衢云、李纪堂和他本人，还有何启（孙文的朋友、香港大律师、立法局华人议员）、容闳、盛宣怀等名流与官僚。孙文还表示愿意与刘坤一、张之洞接洽，争取他们的支持。

由此可见，除了不提"保皇"一条外，孙文的政治草图，与唐才常大同小异，都是准备利用江湖好汉打天下，与官僚结盟坐天下。对革命党人来说，共和、帝制，其实都无关宏旨，目的只有一个，就是"驱除鞑虏"，推翻或至少脱离"满清"的统治。未来的政府，不过是梁山泊忠义堂的翻版，叫总统也行，叫帝王也行，就算改称"龙头大哥""左右护法"，亦无不可，统统是"策略"而已。在李鸿章、刘学询看来，形同儿戏，当然置之不理了。

---

① 冯自由《革命逸史》(初集)。中华书局，1981 年版。
②《与林奇谈话的报导》。《孙中山全集》(一)，中华书局，1981 年版。

红头军初战告捷，孙文心情兴奋，豪迈放言："若今得洋铳万杆，野炮十门，则取广州省城如反掌之易耳。广州既得，则长江以南为吾人囊中物也！"[1] 这时，孙文打听到早前菲律宾独立军曾购买了一批日本军火，未曾使用，正好借来接济惠州。可惜又被负责中介的日本人所骗，卷款潜逃。枪械皆成废铁，一无所获。

孙文既没有军械，也没有金钱。台湾的日本总督拒绝向红头军提供帮助，亦禁止孙文入境，孙文只好转赴日本。清军四千人马杀奔深圳，又在惠州布下罗网。红头军前无去路，后有追兵，不得不忍痛就地埋枪解散。起义遂告失败。

潜入广州行刺德寿的史坚如，在巡抚衙门后面租了一间房子，挖地道通往抚衙内，埋下了二百磅炸药。一切进行得神不知鬼不觉，10 月 28 日，史坚如点燃了地道中的炸药，轰然一声巨响，抚衙被炸得门墙崩塌二丈余，附近民房倒塌八间，压毙六人，但德寿仅受虚惊，从床上堕地而已。

史坚如本已安全撤走，但听说德寿居然大难不死，忍不住掉头回去探个究竟，却被眼尖的捕快发现了。次日，当他来到省港轮船码头，准备去香港时被捕，受尽酷刑，不屈而死，年仅 22 岁，孙文称赞其"死节之烈，浩气英风，成为后死者之模范"。

民国成立后，人们从衙门里找到了史坚如的供词，在同盟会员高剑父主办的《真象画报》上刊登。高剑父拜读供词内容后，觉得并非全都是"浩气英风"，也有些"不尽不实和掩饰的话"，让人觉得英雄形象不够完美，于是用红油墨倒在供词上，把那部分内容遮盖起来。出版后，外间以为那是史坚如的血迹，一时感动了无数的读者。

----

[1] 孙文《致犬养毅函》。《孙中山全集》（一），中华书局，1981 年版。

这次起义失败后，一般舆论的观感，与孙文 1895 年广州之役失败后，已大不相同。孙文说："惟庚子失败之后，则鲜闻一般人之恶声相加，而有识之士，具多为吾人扼腕叹息，恨其事之不成矣。前后相较，差若天渊。"[1] 可见民间对朝廷的观感，因义和拳之乱，已一落千丈。

第二年，郑士良在香港暴卒，医生诊断为中风，而坊间则传闻为清廷暗探下毒害死。从长江流域到东江流域的会党骚乱，都一一平息，尽管民间"扼腕叹息"之声不绝，但朝廷大可以假装听不到，松一口气了。

10 月 11 日——也就是郑士良发动惠州起义后三天——李鸿章抵达北京，朝廷加派庆亲王奕劻为全权大臣，会同李鸿章与各国公使展开谈判，刘坤一、张之洞亦会商办理，准便宜行事。俟和谈有了结果，签订和约，两宫再决定回銮日期。

经过几轮洗牌，中国的权力格局，已是九变十化，政治的重心，俨然从中央向地方转移。督抚的权力愈来愈大，而皇室的专制威权，则几扫地以尽。戊戌变法时，朝廷杀六君子尚能立威，而拳乱之后，它杀大臣愈多，威权愈见低落；而朝廷的威权愈低落，草莽的底线就愈提升，形成此消彼长之势。

---

[1] 孙文《建国方略》。《孙中山全集》（六），中华书局，1981 年版。

不改，不改，最终还是要改

慈禧与光绪向西逃走，一路上风餐露宿，恓恓惶惶，盼望中的勤王之师，茫无踪影。出了居庸关，总算看见前面尘头大起，来了一支几百人的队伍，由甘肃布政使岑春煊率领，前来护驾。一身农妇装束的慈禧，感动得落下泪来。

岑春煊是广西西林人（肯来护驾的也是南人），出身官宦世家，其父岑毓英曾任云贵总督。戊戌变法时，岑春煊在北京与维新派人士交往密切，并多次上书条陈变法事宜，深得光绪皇帝赞赏，被破格提升为正二品的广东布政使。上任不及三月，便与两广总督谭钟麟闹起冲突，摔冠而去，改任甘肃布政使。

继岑春煊之后，袁世凯的"救援物资"也马不停蹄，源源不绝，送达行在。慈禧事后感慨地说："想不到庚子那年的事，我闯了大乱子，但因此机会，我能提拔出两个忠臣来，一个是岑春煊，一个是袁世凯。他们年纪都很轻，着实能干点事，二十年之内，我可以高枕无忧了。"①

是不是可以高枕无忧，只有天知道。

除了岑氏外，还有几个广东士绅，跋山涉水，从遥远的五岭之

---

① 刘垣《张謇传记》。台湾，文海出版社，1975年版。

外，风尘仆仆赶来，他们是梁庆桂、黎国廉、陈昭常、谭学衡、马庆荣，1901年4月到达西安，向两宫贡献方物，南方人的"惓惓忠君爱国之忧"，再一次令慈禧泪流满面。

慈禧虽贪，但也不是一个只知享乐的老太婆，在逃亡途中，听着胡雁哀鸣夜夜飞，她脑海翻腾不已，想得最多的，就是如何复兴中国的问题。她一再流泪自责："我总是当家负责的人，现在闹到如此，总是我的错头。上对不起祖宗，下对不起人民，满腔心事，更向何处诉说呢？"[①] 某日叫大起，慈禧问大小臣工："此耻如何可雪？"满座顶戴花翎、花衣补服，面面相觑，竟无一人应答。慈禧的两行老泪，不禁又淌了下来。

最后，还是岑春煊打破沉寂，跪前奏道："欲雪此耻，要在自强，自强之道，首需培植人材。学校者，人材所由出也。故必自广兴教育始。然此事俟局面稍定，方能顾及。"在这种环境下谈办教育，纯属没话找话说，但慈禧竟然听进去了，随后朝廷即有重振学务之议，翌年特简尚书张百熙主其事。"朝廷于避狄不遑之时，独孳孳以兴学育材为先务，诚属规模远大，而两宫卧薪尝胆亟求自强雪耻之志，此时亦为最切矣。"[②] 这令许多官员在感动之余，开始相信慈禧确有改革诚意。

戊戌政变后，朝廷对任何变革的诉求，都采取高压政策，一手捂住自己耳朵，一手堵住别人嘴巴。寒蝉效应，朝野死寂，官绅士人无不视"维新变革"为敏感词汇，绝口不提。但庚子之乱的发生，一

---

① 吴永《庚子西狩丛谈》。中国史学会主编《义和团》（三），上海人民出版社、上海书店出版社，2000年版。

② 岑春煊《乐斋漫笔》。荣孟源、章伯锋主编《近代稗海》（一），四川人民出版社，1985年版。

下子把堤防冲破了。许多人都把这场大灾难，归咎于朝廷拒绝变革，归咎于那些守旧大臣的腾挪捣乱。

义和拳大闹北京时，载漪在朝中推波助澜，议和时，被各国视为"祸首"之一，慈禧被迫对他夺爵、罢官、遣戍新疆，溥儁的大阿哥名号亦被撤销，逐出皇宫。经历丧乱凋残之后，朝廷的威权江河日下，守旧大臣纷纷栽了跟斗，灰头土脸，被踢出权力中心。要求变革的声音，渐渐死灰复燃，浮上庙堂。

李鸿章上疏陈请革政；袁世凯致书两宫行在，请旨内外臣工各陈富强之策，以备采施；驻日公使李盛铎也致电张之洞说："如能请降懿旨，采用西政西律；诏求通达中外人材，以待破格录用；酌改学校教育章程，人心内靖，则强敌外屈，为益尤大。"[1] 张之洞与刘坤一、盛宣怀联名会奏，请求朝廷"即行宣示整顿内政切实办法，使各国咸知我有发愤自强之望，力除积弊之心"。[2]

事到如今，朝廷想改要改，不想改也要改。如果朝廷不主动改，日后由八国联军挟武力提出要朝廷改，就更难应付了。自从废立失败后，慈禧最怕听到的就是外国人说：你不改革你下台，让光绪皇帝来改。

于是，1901 年 1 月 29 日，朝廷在西安宣布广开言路，准备变法。这份被史家称为"新政诏书"的文献，足可与戊戌年的"定国是诏"相媲美，在朝野气氛最低迷的时刻颁布，人心为之一振。诏曰："世有万古不易之常经，无一成不变之治法。穷变通久，见于大易。损益

---

① 《李盛铎电稿》。《近代史资料》1982 年第 4 期。

② 张之洞、刘坤一《致西安行在军机处》。《张之洞全集》（三），河北人民出版社，1998 年版。

可知，着于论语。盖者三纲五常，昭然如日星之照世。而可变者令甲令乙，不妨如琴瑟之改弦。伊古以来，代有兴革。即我朝列祖列宗，因时立制，屡有异同。"

自播迁以来，皇太后宵旰焦劳，朕尤痛自刻责。深念近数十年积敝相仍，因循粉饰，以致酿成大衅。现正议和，一切政事尤须切实整顿，以期渐致富强。慈训以为取外国之长，乃可去中国之短；惩前事之失，乃可作后事之师……酌中以御，择善而从，母子一心，臣民共覩。今者恭承慈命，壹意振兴，严禁新旧之命，浑融中外之迹。中国之弱在于习气太深，文法太密，庸俗之吏多，豪杰之士少。文法者，庸人藉为藏身之固，而胥吏恃为牟利之符。公私（事）以文牍相往来，而毫无实际。人才以资格相限制，而日见消磨。误国家者在一私字。祸天下者在一例字。晚近之学西法者，语言文字制造器械而已。此西艺之皮毛，而非西学之本源也。居上宽，临下简，言必信，行必果，服往圣之遗训，即西人富强之始基。中国不此之务，徒学其一言一话一技一能，而佐以瞻徇情面、肥利身家之积习。舍其本源而不学，学其皮毛而又不精，天下安得富强耶！总之，法令不更，锢习不破；欲求振作，须议更张。

诏书强调，皇上和皇太后没有拒绝改革，以前镇压戊戌变法，是因为"康逆之谈新法，乃乱法也，非变法也"，错不在皇太后。"剪除乱逆，皇太后何尝不许更新；损益科条，朕何尝概行除旧"。[1] 所谓"严祛新旧之名，浑融中外之迹"，是要杜绝朝野继续在"新

① 《光绪朝东华录》（四）。中华书局，1958 年版。

旧""中外"这些概念上，作没完没了的争论，造成朝野分化，而要针对朝章国故、吏治民生、学校科举、军政财政等具体政要，各举所知，各抒说见。在两个月内，上奏朝廷，由两宫斟酌尽善，切实施行。

这是一个转折点，国家的明天，已不再掌握在少数枢臣懿亲手里了，地方督抚成了制定政策的主角，许多至关重要的决策，都是先由地方官议拟，再由朝廷批准颁布。

谁也不想做出头鸟

在最初的一阵激动过去之后，不少官员又开始犹疑不决了。两年前说变革是要杀头的，现在真的可以变了吗？变什么？怎么变？上谕是谁的主意？是皇上的，还是皇太后的？当时西方列强提出两大条件，一是惩办祸首，二是改革政治，变法会不会仅仅是为了敷衍西方列强，为回銮铺路呢？变化来得太突然了，在距百日维新不过短短两年时间，六君子尸骨未寒，而变法的声音，竟再次从庙堂传出，而且获得了慈禧的支持。政治的翻云覆雨，莫此为甚，令人莫测奥妙。

因此，上谕传到江南时，刘坤一、张之洞、盛宣怀等人，都觉得这个弯转得太急，乍惊乍喜，满腹疑虑，谁也不敢轻易表态，纷纷私下打听，上头究竟是什么意思。经过戊戌政变，人人成了惊弓之鸟，谁敢胡乱出头？山东巡抚袁世凯、两江总督刘坤一都致电张之洞，请他起草一份复奏的大纲，供各省参考，以便大家统一口径。刘坤一甚至提议，由东南各帅联衔会奏，谁也不单独承担责任。

2月4日，张之洞致电西安，询问新政上谕是"何人所请，何人赞成"。当他得到明确的答复，"谕闻出圣意，荣（禄）相赞成"[1]后，其心稍安。荣禄的言论，应该可以代表慈禧的旨意了。

---

[1] 张之洞《致西安易道台顺鼎》。《张之洞全集》（十），河北人民出版社，1998年版。

但过了几天，又有政坛耳语相传，行在军机章京要求各地"奏复变法，毋偏重西"。张之洞听了，这一惊非同小可，生怕匆忙复奏表错情。戊戌变法殷鉴不远，兹事体大，所以复奏万不可急，东南数大省必须大致商妥，口径一致方可。同时他又再致电在西安的军机大臣鹿传霖，打探虚实：

闻有小枢致他省督抚电云：初十谕旨令条变法整顿一件，切嘱各省复奏万勿多言西法云云，殊堪骇异。窃思采用西法，见诸上谕明文。鄙意此后一线生机，或思自强，或图相安，非多改旧章，多仿西法不可。若不言西法，仍是旧日整顿故套空文，有何益处？……究竟此事慈意若何？略园（荣禄）能透澈否？各省能否切实复奏？哪几种可望更张？鄙意第一条欲力扫六部吏例痼习痼弊，枢廷诸公肯否？①

鹿传霖是张之洞的姐夫，原是江苏巡抚，因不赞成搞东南互保，自己率兵前往太原，以护驾有功做了军机大臣。他在复电中，否定了"毋偏重西"的说法："小枢何人？妄骋臆谈。"他自称，变法一诏，是由他与荣禄共同建议，并得到两宫首肯的，小舅子大可放心。"至应如何变通，总期实事求是，决无成见……惟当切实行之，逐渐变之，总期除弊兴利，似不必拘定西学名目，授人攻击之柄。此大举动大转关，尤要一篇大文字，方能开锢蔽而利施行，非公孰能为之？

---

① 张之洞《致西安鹿尚书》。《张之洞全集》（十），河北人民出版社，1998 年版。

极盼尽言。"①

后面这句"不必拘定西学名目，授人攻击之柄"，把张之洞刚刚放回肚子的心，一下又提到了咽喉。不仅没有释怀，反而更加七上八下了。自新政上谕颁布，各地互相打听消息，函电交驰，纷纷藉藉。经过再三斟酌，张之洞致电刘坤一，完全赞同联衔，"变法复奏，必宜督抚联衔，方可有益，人多尤善"，请刘坤一主笔起草奏稿。

[张之洞说] 惟鄙意以仿西法为主，抱定旨中"采西法补中法""浑化中西之见"二语作主意。大抵各国谓中国人懒滑无用而又顽固自大，其无用可欺，其自大尤可恶，于是视中国为一种讨人嫌之异物，不以同类相待，必欲踩践之、制缚之，使之不能自立而后已。此时非变西法，不能化中国仇视各国之见；非变西法，不能化各国仇视中国之见；非变西法，不能化各国仇视朝廷之见。必变西法，人才乃能出，武备乃能修，教案乃能止息，商约乃能公平，矿务乃能开辟，内地洋人乃不横行，乱党乃能消散，圣教乃能久存。

他提出了九项急务：一、亲贵游历；二、游学各国；三、科举改章；四、多设学校；五、西法练兵；六、专官久任；七、仿设巡捕；八、推广邮政；九、专用银元。"此九条最要而不甚难，已足令天下人精神为之一振，陋习一变，各国稍加青眼。"②

刘坤一也认为"多联数省，较易动听"，但不肯担任主笔，他把

①《辛丑正月初十日鹿尚书来电》。引自李细珠《张之洞与清末新政研究》，上海书店出版社，2003年版。
② 张之洞《致江宁刘制台》。《张之洞全集》（十），河北人民出版社，1998年版。

球踢回给张之洞。各省本来就猜不透朝廷的真实用意，联衔会奏最保险了，罚不责众。于是，两广总督陶模、广东巡抚德寿、安徽巡抚王之春、山东巡抚袁世凯、四川总督奎俊、闽浙总督许应骙、江西巡抚李兴锐、贵州巡抚邓华熙、湖南巡抚俞廉三、署理云贵总督丁振铎、漕运总督张人骏、山西巡抚岑春煊等，纷纷来电，表示愿意加入联衔会奏。

为了谁来执笔，张之洞与刘坤一你推我让，刘坤一说张之洞"经济文章海内推为巨擘，请万勿客气"，张之洞则自称"思虑多疏漏，文笔亦艰涩，此奏鄂断不敢主稿"。从立春推让到清明，还委决不下，朝廷要求两月内复奏的期限，转眼即过，竟至于无一省复奏。

眼见谷雨又来，慈禧开始着急了，两宫不能一直呆在西安，但也不能一成不变地回北京，否则各国必定会大兴问罪之师，甚至有可能借机要求更换执政。为了杜绝外人口实，无论如何要在返跸之前启动新政改革。

袁世凯建议："变法中有必须急办者，不妨先行数事，不必专候回銮，务使中外士庶咸知朝廷决不顽固，决不仇洋，必可有益和局。将来回銮亦多安稳。"[1]也就是先做点样子，堵住外国人的嘴巴。但问题是，只要你开了个头，就不怕你不做下去。

4月21日，朝廷决定成立专门负责变法的督办政务处，派庆亲王奕劻、大学士李鸿章、荣禄、昆冈、王文韶、户部尚书鹿传霖为督办大臣，三位满人，三位汉人，一碗水端平。刘坤一、张之洞则遥为参预，后来再加上袁世凯。同时，朝廷要求各省各举所知，尽快单衔具奏，不要再搞联衔了。"此事予限两个月，现已过期，其未经陈奏

---

[1]《愚斋存稿》。台湾，文海出版社，1975年版。

者，着迅速汇议具奏，勿稍迟延观望。"①

袁世凯首先表态退出联衔，自己单独上奏。张之洞也通知各省，取消联衔计划。他解释说，分奏也有分奏的好处，只要各省互通声气，"分奏而大意相同，方见公论"。但刘坤一坚持，各省可以不联衔，他与张之洞的衔是联定了。张之洞也表示"此说正合我意"。于是商定了一个折中办法，由江、鄂两省各自先拟一稿，然后再互相参照修改补充。南京方面由张謇、汤寿潜、沈曾植三人起草初稿，而武汉方面则由郑孝胥、梁鼎芬、黄绍箕三人起草。最后由张之洞统稿，再请刘坤一修改。

这时，已是布谷声中夏令新，距朝廷颁布新政上谕，过去整整半年时间了。

江楚会奏是清末新政的纲领性文献，其分量，刘坤一、张之洞最清楚。

虽然刘坤一在官场的资历比张之洞要深，但张之洞的政治见识，却比军旅起家的刘坤一要高出许多。洋务运动时代，张之洞在广东开办枪弹厂、铁厂、枪炮厂、铸钱厂、机器织布局、矿务局等；在湖北办铁路局、枪炮厂、纺织官局（包括织布、纺纱、缫丝、制麻四局），并开办大冶铁矿、内河船运和电讯事业，力促兴筑芦汉、粤汉、川汉等铁路，积累了丰富的"师夷长技"经验，对西方的经济和文化实力有深刻印象。

早在朝廷颁布新政上谕前后，张之洞就试探性地放出两个气球，一是仿照西方，设立上议院，而下议院因中国民智未开，暂不设立；

①《光绪朝东华录》（四）。中华书局，1958年版。

二是官员由公举产生，即总督、巡抚由司、道、府、县公举，司道由府、县公举，府由州、县公举，州、县由全省绅民公举。他称之为"诸法之根"，[①] 显然，他开始触及政治体制的变革了。但刘坤一却泼了他一盆冷水："议院意美法良，但恐事多阻格，未能照行。"

刘坤一虽是行伍出身，但政治敏感度却很高。当时在刘氏幕下负责拟稿的张謇，在初稿《变法平议》中也提出了"置议政院"的建议，其好处是："凡制定新法，改正旧章，上有所建，交院议行；下有所陈，由院议达。故下无不通之情，上无不行之法。"他甚至认为，在府县都应该设立议会，"国有兴革，何以使民不疑；国有征敛，何以使民不怨；兴革视民之俗，何以杜其疑使之和，征敛视民之力，何以平其怨而使之服，权衡枢纽，必在议会。"[②]

不过，《变法平议》送到刘坤一的案头后，被他大笔一挥否决了，理由是中国政治积习太深，一时恐难办到。刘坤一的性格，往往在最后一刻，起着一语定乾坤的作用。熟悉官场的人都说，不要轻视刘坤一，这人表面上很圆融，其实个性极强，胸有主宰，轻易不能变更。

张之洞的思想，虽然走在时代前面，但为人处世，却比刘坤一更为圆滑，既然刘氏为奏议定下"稳健"基调，他就不再坚持己见了。官场上的事，急是急不来的。一切言动，都要安详；十差九错，只为慌张。为了把这篇文章做得万无一失，既要朝廷满意，又要其他廷臣疆吏支持，张之洞绞尽脑汁，捻断了胡子一把，比当初考个"少年解元，青年探花"还要辛苦许多，足足熬了一个多月才写出来。

---

① 张之洞《致江宁刘制台、广州陶制台德抚台、济南袁抚台、安庆王抚台、苏州聂抚台、杭州余抚台、上海盛大臣》。《张之洞全集》（十），河北人民出版社，1998 年版。

② 张謇《变法平议》。张怡祖编《张季子九录》。台湾，文海出版社，1983 年版。

7月12日，张之洞、刘坤一联衔的第一份变法奏折《变通政治人才为先遵旨筹议折》，长篇大论，洋洋万言，终于定稿，由驿六百里送往西安。随后，《遵旨筹议变法谨拟整顿中法十二条折》《遵旨筹议变法谨拟采用西法十一条折》和《请专筹巨款举行要政片》，共计三折一片，亦陆续送往西安行在。值得注意的是，张之洞认为当务之急的"学习西法"，被他放在最后一折提出。

归纳起来，《变通政治人才为先遵旨筹议折》提出了四项主张：一、设文武学堂；二、酌改文科；三、停罢武科；四、奖劝游学。

《遵旨筹议变法谨拟整顿中法十二条折》提出十二项整顿：一、崇节俭；二、破常格；三、停捐纳；四、课官重禄；五、去书吏；六、去差役；七、恤刑狱；八、改选法；九、筹八旗生计；十、裁屯卫；十一、裁绿营；十二、简文法。

《遵旨筹议变法谨拟采用西法十一条折》则提出向西方学习的十一条：一、广派游历；二、练外国操；三、广军实；四、修农政；五、劝工艺；六、定矿律、路律、商律、交涉刑律；七、用银元；八、行印花税；九、推行邮政；十、官收洋药；十一、多译东西各国书。

张之洞在解释变法目的时说："使各国见中华有发愤为雄之志，则鄙我侮我之念渐消；使天下士民知朝廷有改弦更张之心，则顽固者化其谬，望治者效其忠，而犯上作乱之邪说可以不作，天下幸甚。"[①]

科举改章、学习西法、建立近代学制、多派学生留洋、改革行政用人制度、建立和完善法制等，大部分议题，其实在戊戌变法时都提出过，现在"不厌雷同"（袁世凯语），旧话重提，张之洞小心翼翼

---

① 刘坤一、张之洞《遵旨筹议变法谨拟采用西法十一条折》。《张之洞全集》（二），河北人民出版社，1998年版。

地自称，这只是一篇书生文章、俗吏经济，了无惊人之语，亦无难行之事，颇合稳健之意，被张之洞的幕僚辜鸿铭称为"新政补元汤"。

慈禧在西安日夜盼望，10月2日，终于盼到了江楚奏折，读后甚为满意，但荣禄却提醒她："法是好，只是无人办。"他说出了一个可悲的事实。当年想办的人，不是被杀掉，就是被放逐了。现在想办，找谁来办呢？

慈禧已是六神无主，问荣禄有什么办法。荣禄建议："变法一事，关系甚重，请申诫谕，示天下以朝廷立意坚定，志在必行。"[1]态度最重要，让天下人相信，朝廷愿意回到三年前的起点上，重新出发。信心有了，人才自然也会有的。

翌日，慈禧颁布懿旨：

尔中外臣工，须知国势至此，断非苟且补苴，所能挽回厄运，惟有变法自强，为国家安危之命脉，即中国民生之转机。予与皇帝为宗庙计，为臣民计，舍此更无他策。尔诸臣受恩深重，务当将应行变通兴革诸事，力任其难，破除积习，以期补救时艰。昨据刘坤一、张之洞会奏整顿中法以行西法各条，其中可行者，即着按照所陈，随时设法，择要举办，各省疆吏，亦应一律通筹，切实举行。大要不外言归于实，用得其人，予与皇帝宵旰焦劳，母子一心，力图兴复。大小臣工，其各实力奉行，以称予意。[2]

在朝廷的所有上谕中，未用"新政"一词，但在收到江楚奏折

---

①《清史编年》（十二·下）。中国人民大学出版社，2000年版。
②《光绪朝东华录》（四）。中华书局，1958年版。

之前，各项新政已迫不及待地推出了。8月26日，上谕各省整顿军队，裁撤二至三成的绿营防勇；8月29日，谕令从明年起科举考试废八股，改试策论，废除武科科举；9月11日，谕令各省筹办武备学堂；停止捐纳实官；9月14日，谕令各省书院一律改为学堂；9月16日，谕令各省选派学生出国留学，鼓励自费留学。每天从行在传出的上谕，连篇累牍，目不暇给，大有时光倒流的感觉，仿佛回到了戊戌变法的时候。

李鸿章在北京与西方列强周旋，苦撑破船，慢慢见岸，也是备尝艰辛。9月7日，李鸿章代表大清国与西方十一国签订了著名的不平等条约《辛丑条约》。中国向西方赔偿关平银四亿五千万两（中国有四亿五千万人口，即每人出银一两，以示羞辱）。赔款年息为四厘，分三十九年还清，本息共计九亿八千二百二十三万八千一百五十两。签约当晚，李鸿章在病榻上大口大口吐血，几乎气绝。三天后，病势恶转，"陡咯血半盂，色紫黑，有大块，虚汗头眩，势甚危急"。[①]他一生为朝廷补船漏、背黑锅，熬到油尽灯枯，虽有做一日和尚撞一日钟之心，却再无撞钟之力了。经此一役，天朝的国运，也和李鸿章的身体一样，到了暮景残光之际了。

后世很多人都痛骂《辛丑条约》卖国，李鸿章更成了古往今来第一汉奸，丧权辱国，厥罪至深。立宪派士绅刘垣挖苦说："李鸿章到北京，算是议和吗？真是自己骗自己胡说八道，八国联军所开给李鸿章的条件，赔款四万万五千万两，没有能减少一分一厘，什么人应该斩罪，什么人应该充军，什么人应该革职，并没有减少一个人……

[①] 李鸿章《寄洛阳行在军机处电》。《李文忠公全集》，商务印书馆，1921年版。

中国人都知道，全世界都知道，李鸿章与八国联军的军人或其代表人，从来没有开过一次正式的会议。这种办法，实在是无条件投降，而不能说是议和。"①

刘垣所言，不是完全没有道理，但如果换了他在北京，又能做什么呢？撂下笔起身走人很简单，但走了以后又怎么办呢？如果不签可以令中国反败为胜，谁不想以英雄姿态拂袖而去？但事实上，李鸿章口袋里根本没有议价的筹码，指望他把主战派在战场上拿不到的东西，在谈判桌上拿到；或者主战派在惹了这么一场滔天大祸后，指望他在谈判桌上谈得天下没事儿一样，那是断无可能的，就算他是神仙也做不到。

现实是残酷的，不会有什么戏剧化的场面出现。当初朝廷与十一国正式宣战时，就应该想到会有这样的结局。挑起这样一场战争很愚蠢，但战败了还不接受战败的事实，就更加愚蠢了。那些攘夷派、主战派、扶清灭洋派搞出的烂摊子，却要李鸿章来收拾，李鸿章所能做的，其实只是修补破锅，把伤害减到最低，而不可能变出一只新锅来。

和约签订，西方国家不再追究慈禧的责任。慈禧最担心的"监政"，洋人也没有提出。回銮的障碍已经扫清。10月6日，两宫终于从西安浩浩荡荡启程，只见凤帜龙旗，銮仪甲仗，逶迤数里之长，沿途百姓分跪道路两旁，不许仰视，与当日逃离北京时的狼狈相，不可同日而语。27日抵达洛阳，驻跸休息几天。在大队人马再度起程，行至荥阳之际，忽然传来李鸿章11月7日在北京病逝的消息。

终于，和尚死了，钟也不鸣了。

---

① 刘垣《张謇传记》。台湾，文海出版社，1975年版。

　　李鸿章的最后一份奏折，由六百里快马送达御前。当慈禧读到"窃念多难兴邦，殷忧启圣。伏读迭次谕旨，举行新政，力图自强……臣在九原，庶无遗憾"等语时，不觉心酸泪崩。如果几年前能够明白这个道理，何至于有今天？

　　两宫从大同府转乘火车开往北京。这是皇帝、皇太后第一次坐火车。冰封的北方大地一片荒凉。当北京城透过漫天风云，渐渐浮现于这些流亡归来者的眼前时，那些倒塌的城墙、城楼，东一堆、西一堆的颓垣败瓦，令每个人都有隔世之感。庄严的五朝帝都，多少繁华往事，只有风雪飘飘似旧时。人们在震惊之余，不禁要问：这样一个千疮百孔的中国，真的会有转机吗？

袁世凯精心布局

慈禧宣布推行"新政"，与其说是她找到了挽救大清的途径，不如说她对未来的路向已失去控制能力。当她还能控制大局时，没有好好运用这种能力，让中国走上一条健康的发展道路，现在，中国朝哪个方向走，已不再取决于慈禧怎么想，发布什么谕旨了，而取决于宫闱以外的博弈：一是掌握了实权、真正主持新政的官员和在洋务运动中形成的地方绅商阶层，二是以民族主义号召民众、不推翻大清誓不甘休的革命党和秘密会党，三是由袁世凯一手训练出来的新式军队。这三股力量的消长，将决定中国的命运。不管慈禧承认与否，她和她的朝廷，只能把命运押到这盘由别人下的棋局上了。

袁世凯，河南项城人。年轻时乡试未中，止步秀才，只好弃文从武，学万人敌，1881 年投入淮军，从"庆军"营务处会办，慢慢爬上了山东巡抚的高位。甲午战争后，朝廷下诏征言，各地争献练兵之策。军队的改革，成了国家自强的关键。朝廷降旨，北洋由胡橘棻编练定武军，南洋由张之洞、刘坤一编练自强军。1895 年，胡橘棻调任芦汉铁路督办，由督办军务处恭亲王奕訢、庆亲王奕劻、醇亲王载沣、军机大臣李鸿藻、翁同龢、荣禄、长麟联名举荐袁老四，接管定武军。

大清入关，以十二万八旗兵，夺了大明的江山。八旗乃分正黄、正白、正红、正蓝、镶黄、镶白、镶红、镶蓝八种不同的旗帜，每一种旗帜代表一个"集团军"；另有蒙古八旗和汉军八旗。天下底定后，八旗兵分为中央军与地方军，前者驻守京畿，后者分驻各地，阵容最盛时，多达五十万人。由于天下承平，再没有大规模的战争，八旗兵享受着朝廷给予的种种优厚待遇，养成了一批膏粱子弟，既无须征战，又不事生产，精神逐渐腐败懈弛，到嘉庆时，已变得毫无战斗力了，且成为国家沉重的财政负担。

这时，绿营取代了八旗兵的地位，成为主要的军事组织。绿营是大清入关后收编的汉人军队，在平定准部、回疆、金川诸役中，驰骋纵横，锐不可当，发挥了强大的作战能力，令敌人闻风丧胆，号称立下"邃古以来未有之功烈"。这是绿营的全盛时代。但后来朝廷不放心全由汉人统率绿营，要求多用满员。满人本来就不多，从中央到地方，到处要掺沙子，沙子不足，只好滥竽充数。于是，绿营又重蹈八旗的覆辙了。

到鸦片战争时，绿营的腐化与恶化，已到无以复加的地步，营伍废弛，衰惫冗杂，游惰嚣张之习，一应俱全。与太平天国作战，往往一触即溃，乃至举国仓皇，无以应敌。曾国藩不得不另组营勇，代替绿营作战，于是有了"湘军""淮军"这些以地方命名的军队，最后打败了太平天国。

然而，在中法战争、甲午战争中，淮军却一败再败，显示这种军队内战内行，外战外行。戊戌变法时，康有为就指出："然营勇之用，止于靖内乱而已，至于御外，则东事（甲午战争）之败，得失具见，与绿营虽少异，而不足以为国防，亦至明矣。"军队必须走现代化之路。康有为建议彻底裁汰绿营，另练新军："凡此数百余万无用之兵，岁糜民脂数千万之饷，惟在皇上摧陷廓清之，改弦更张之，其绿营虚名为兵，实皆有业之民，假名之丐，宜尽裁汰，无忧变生。请下明诏，一朝除之，可留千数百万之饷，以养新练之军。"① 他所说的新练之军，就是袁世凯的定武军。

袁世凯把津沽间的新农镇（俗称小站）原淮军荒废的旧营垒，修葺一新，作为定武军的营盘，竖起旗帜，招兵买马，聘用德国军官为教习，参照德国军制进行编制，改称"新建陆军"（简称新军）。一军分两翼，每翼辖二三营；分为步、马、炮、工、辎等兵种，全军约七千余人。严格按照《兵丁驻扎营暂行章程》《操场暂行章程》《行军暂行章程》《简明军律二十条》《查拿逃兵法》等条规进行教育与操练。又开设步兵、骑兵、炮兵、德文四所"行营武备学堂"，从兵士中考取学员，学制两年，毕业后担任下级军官，成绩优秀者派往德国、日本留学。

当年曾国藩组建湘军，最头痛的事情之一，就是被哥老会大肆渗入，竟到了"楚师千万，无一人不有结盟拜兄弟之事"的程度。前车之鉴，袁世凯编练新军时，兵源便是头等大事，招兵务必招身家清白的农民，地痞流氓、吸食鸦片、素不安分、犯有事案者，一律拒收。他派武卫右军营务处的官员，分赴正定、大名、广平、顺德、赵州、深州、冀州各属招兵，从严把关，"兵必合格，人必土著，应募之后，按名注册，交由地方官分存备案，以便稽考。"袁氏亲自制订的《募练新军章程》十九条，列明了对士兵身家的严格要求：

兵丁捍卫国家，保护四民，前程未可限量。断不可以游惰之人

① 康有为《请裁绿营放旗兵改营勇为巡警仿德日而练兵折》。中国史学会主编《戊戌变法》（二），上海人民出版社、上海书店出版社，2000年版。

滥竽充数。此次招募，应……由各府直隶州，督同各州县，查明所辖村庄若干，每村庄人口若干，责令各该村庄庄长首事地保等，酌量公举乡民数人，必须确系土著，均有家属，方准举充。倘或滥保溃勇游民，查出重究。[①]

为了防止会党渗入，袁世凯还制订了"斩律十八条"，把"结盟立会，造谣惑众"悬为厉禁，违者必斩。张之洞编练自强军时，也强调兵源必须距离南京不远，便于查清身家，而且都要取具族邻团董甘结，"凡城市油滑、向充营勇者，一概不收"。[②]

经过几年苦心经营，新军果然面貌一新，"一举足则万足齐发，一举枪则万枪同声，行若奔涛，立如直木"，进退甚有章法，赢得一片好评。小站练兵，为"本是中州歪秀才"的袁世凯积累了巨大的政治资本，可以说，成就了他一生的事业。袁氏在新军中一手提拔起来的亲信，如徐世昌、段祺瑞、冯国璋、王士珍、曹锟、张勋辈，后来都成为政治舞台上呼风唤雨的人物。

1898 年，朝廷命荣禄督练武卫军（共计前、后、左、右、中五军），荣禄倚袁氏为股肱，把新军编为武卫右军。但武卫军还没来得及在沙场上扬威立勋，就在庚子期间，被打得七零八落，只有武卫右军，因袁世凯主张严厉镇压义和拳，支持东南互保，被他带到了山东，得以保存实力，成为北洋军第六镇的基础。

---

① 中国社会科学院近代史研究所编《清末新军编练沿革》。中华书局，1978 年版。
② 张之洞《选募新军创练洋操折》。《张之洞全集》（二），河北人民出版社，1998 年版。

康有为生不逢时，他说要裁汰绿营，换了个砍头的罪名；张之洞、刘坤一说要裁汰绿营，慈禧称赞他们高见远识，公忠体国。可见相同的话，由不同的人在不同的时空说，效果大不一样。

袁世凯在 1900 年上奏说："夫以此等营勇，弹压地方捕逐盗贼，尚恐未能得力，况求其能御外侮当大敌乎？"他要舍弃营勇而另编新军，"务期养一兵可得一兵之用，决不敢有名无实，虚糜饷糈。"[1] 这番话不过是炒康有为的冷饭，但慈禧却让他把山东的三十四营勇营改编为武卫右军先锋队，并委他为总统官，后来发展为北洋军第五镇。1901 年，袁世凯在武卫右军基础上，编练北洋常备军，另有续备、巡警等军，一律改效西法，操练新式枪炮。

李鸿章死后，直隶总督一职，从才具、形象、声誉来看，除袁世凯外，再没有第二个合适人选。盛宣怀在李鸿章逝世当天，致电袁氏，把他称为"北门锁钥"。[2] 李鸿章的遗折还没送达行在，慈禧已经决定由袁世凯署理直隶总督兼北洋大臣（次年实授）了。袁世凯全盘接收李鸿章的权力遗产。

那时的直隶总督、北洋大臣并不好当，首先要有能力维持地方秩序。劫后余生，市面一片混乱，中国没有警察，绿营又不管用，以前负责京师治安的步军统领衙门只剩下一个空壳子，军役早已四散，城里又不让驻军，兵燹遗黎，无从安居乐业。袁世凯在天津把年纪较大、准备退役的新军士兵，组成中国第一支警察队伍，在北京站岗巡逻。后来，天津、塘沽等地，均用警察站岗，维持秩序，大受中外人士称赞。

---

① 中国社会科学院近代史研究所编《清末新军编练沿革》。中华书局，1978 年版。
② 盛宣怀《寄袁慰帅》。《愚斋存稿》，台湾，文海出版社，1975 年版。

　　袁世凯自称喜谈兵不喜谈"公羊"，他办新军，是一场政治赌博。而慈禧让袁世凯办新军，亦是赌博。当她下决心把军权交给袁世凯以后，反着穿的袜子，大概再也反不回来了（宫女玩赌博，若连输几局，慈禧就会教她们把袜子反穿，可反输为赢）。

　　1901 年，绿营兵制终于被扫进垃圾堆，全国重整旗鼓，编练三十六镇新式陆军。1902 年 6 月在保定成立北洋军政司（后改称督练公所），袁世凯任督办，俨然全国新军的总军头。1902 年，刘坤一病逝；1903 年，荣禄也病死了。奕劻入军机为领班大臣，袁世凯在他身上大撒金钱，用刘垣的话来说："月有月规，年有年规。遇到庆王及福晋的生日，唱戏请客，及一切费用，甚至庆王的儿子成婚，格格出嫁，庆王的孙子弥月周岁，所需开支，都由世凯预先布置，不费王府一钱。"①庆王投桃报李，与袁世凯结成攻守同盟。1903 年 12 月朝廷成立练兵处，奕劻为总理练兵大臣，袁世凯为会办大臣，实权操于袁氏手上。

　　两宫回銮之后，袁世凯从八国联军手上接收京、津，以拒绝踏入津门的强硬姿态，迫使联军结束了在天津设立的都统衙门，为朝廷保持了一点颜面，他的声望亦骤然飙升。不过，名满天下，谤亦随之。这时的袁氏，威尚不足以服人。朝野对他的批评声音，渐渐地，一浪高过一浪。

　　许多人都认为，由一人操纵全国陆军的军权，非朝廷之福。1904 年的《时报》便含沙射影地指出："夫练兵一事，其主动之力，似不在政府，而在政府以外之人。而此人者，其权势魄力转足以驱使

---

① 刘垣《张謇传记》。台湾，文海出版社，1975 年版。

政府。"这样下去，政府将失位，朝局必起波澜矣。[①]

文章显然是针对袁世凯的。北洋老人张国淦（时任内阁中书）在回忆录中说："其时袁世凯在北洋包揽军权财权，人人对他无不侧目而视，言官纷纷弹劾。"御史王乃征上书皇帝，直言："古今中外不闻举国兵柄利权挈而授于一人之理……臣闻袁世凯之请派饷练兵也，所谓司马氏之心，路人皆知"，甚至痛斥袁氏为"元恶大憝"。张国淦说："此时都中空气，对于庆（亲王）、袁（世凯）异常恶劣。"[②]

1905 年，袁世凯提议统一全国军队番号，将原有常备军各镇统一改称陆军各镇。以北洋常备军、京旗常备军和原武卫右军、一部分自强军为基础，在京、津、鲁地区建成北洋六镇（第一镇为旗兵，袁氏不能完全使臂使指），合计七万余人马。除此之外，还有以直隶淮军改编成的 39 营"北洋巡防淮军"，分别驻扎京畿各地。其势足可以造成"奉天子以令不臣"的局面，这便是王乃征所说的"司马氏之心"。

1902 年至 1905 年间，北洋行营将弁学堂、练官营、参谋学堂、军医学堂、测绘学堂、军械学堂及经理学堂、北洋陆军武备学堂、北洋陆军师范学堂、马医学堂、宪兵学堂等军事学校相继开办，为北洋军事集团培养人才。

北洋六镇建成之时，也是袁世凯布局大致完成之日。"清室将亡，安天下者，必此人也"，在袁氏心目中，舍我其谁。接下来，棋局就到了中盘了。

---

① 《时报》，1904 年 10 月 21 日。

② 张国淦《北洋军阀的起源》。杜春和、林斌生、丘权政编《北洋军阀史料选辑》（上），中国社会科学出版社，1981 年版。

盛宣怀与铁路

在清末新政中，有一个名字不能不提到，那就是盛宣怀。

盛宣怀，江苏武进人，秀才出身，和袁世凯一样，乡试不第。据盛宣怀的同乡刘垣所说，盛父是李鸿章的结拜兄弟，盛宣怀很小的时候就过继给李鸿章做干儿子了。[①]1870年，26岁的盛宣怀被李鸿章委为行营内文案，兼任营务处会办；1872年，盛氏向李鸿章提议，组织一支官商合办的船队，与外国轮船公司竞争。李鸿章遂让盛氏参与筹办中国第一家轮船航运企业——轮船招商局。他为轮船招商局定下了"商本商办""官督商办"的经营模式，第一次大规模把民间资本引入企业。从此，盛宣怀踏上了亦官亦商的人生道路。

1875年，盛宣怀办理湖北煤铁矿务，开始涉足矿业。

1881年，盛宣怀被任命为津沪电报陆线总办，进入电讯业。1882年负责建立上海至广东、宁波、福州、厦门等地的电报线。

1892年，盛宣怀在上海督办纺织业，开办华盛纺织总厂，成了纺织业巨头；并出任天津海关道，掌控洋务、防务与关税征收。

1896年，盛宣怀开始督办铁路；在上海外滩开办了中国通商银行，五百万两股本全部由华人认购。同年，盛宣怀在上海创办南洋公

---

① 刘垣《张謇传记》。台湾，文海出版社，1975年版。

学，即交通大学前身。

1898 年，盛宣怀开办萍乡煤矿，并在 1908 年将它与汉阳铁厂、大冶铁矿合并成立中国第一家钢铁煤联合企业——汉冶萍煤铁厂矿公司。

从这份显赫的履历可见，科场失意的盛宣怀，在工商业方面，凭着李鸿章、张之洞等洋务大臣的撑腰和个人的长袖善舞，处处春风得意，有人说他"一只手捞十六颗夜明珠"（经元善语），既是艳羡，亦不无妒忌。

1901 年，盛宣怀被任为办理商务事务大臣，负责主持议办通商各条约，改定进口税则一切事宜。李鸿章之死，有如梧桐树倾倒，对盛氏这只凤凰打击很大，一度不得不乞假养病。两宫回京后，朝廷以盛宣怀赞襄和议，保护东南地方有功，着赏加太子太保衔。

甲午战争前后，中国的工业化发展，突飞猛进。以矿产、钢铁、铁路、棉纺织业为龙头的现代产业，在地方官员和一些与官方关系密切的绅商、买办合力推动下，蓬蓬勃勃地兴起，外资企业、公营企业和私营企业遍地开花。国外资本大量涌入，带来了先进的生产技术和设备，对中国工业现代化贡献良多。中国许多新兴企业、交通运输的技术和设备水平，已经可与世界先进水平比肩了。

盛宣怀一生经手的实业，不计其数，但他却没有想到，由他一手建起来的铁路，最后竟成了大清的催命符。如果慈禧知道有朝一日大清王朝会在铁路上翻车，她回北京时还会欢欢喜喜坐火车吗？

早在 1864 年，当太平天国的天京被湘军攻陷之际，英国的"铁路大王"史蒂文森（R.M. Stephenson）从印度来到中国，他向政府建议修一条从上海到苏州的铁路，一旦建成，可媲美伦敦的西北铁路公司。但江苏巡抚李鸿章却没有理睬他。第二年，一位英国商人在北京宣武门外修了一条广告性质的小铁路，只有五六百米长，用一台小机车拖着三节车厢，来回行驶。当小火车开动时，京师步军统领大惊失色，视为邪魔怪物，勒令迅速销毁。

1874年，上海的英国商人以筑马路的名义，在闸北修筑一条窄轨铁路到吴淞口，全长约15.5公里。1876年6月30日，上海至江湾段竣工通车。8月3日，江湾镇往北的一段也开始试车。围观者万头攒动，秩序混乱。在试车时，竟辗死了一名围观的中国人。乡民为之大骇，好奇心变成愤怒心，抗议声山呼海啸。上海道照会英国领事，要求立即停驶火车；南洋大臣也照会英领事，要求停驶。

李鸿章在北京与英国驻华公使谈判，最后英方同意由中方出钱购回铁路了事。李鸿章遂派盛宣怀到上海办理此事。中方花了二十八万两白银购回铁路后，连夜撬铁轨、卸枕木，忙得不亦乐乎，把全线拆个精光，连路基也铲平了。盛宣怀虽然深感惋惜，但也不敢公然反对。

这是盛宣怀涉足铁路之始。

仅仅五年之后，1881年，在李鸿章的竭力推动下，朝廷正式批准了兴建唐胥铁路（由唐山至胥各庄），这是中国第一条自主建设的铁路。

1896年，张之洞向朝廷建议，把当初拆掉的淞沪铁路重建起来，他与直隶总督王文韶会奏吴淞至江宁铁路划归盛宣怀主持的铁路总公司办理。但由于芦汉铁路贯通三省，直达京畿，在朝廷眼中，军事意义大于商业意义，东南绅商兴趣乏乏。因此，张之洞建议把苏沪铁路、粤汉铁路作全盘计划，以此打动东南绅商，"庶可萃四方商力而注之一隅"。

盛宣怀亲赴总理衙门，推销他的官商合办方案。他说，现在是官办难，商办难，合洋股借洋债难，只能招商股四千万两，组织铁路总公司，合官商股与洋债为一，凡事按照公司章程办理，则款无不集，事无不举。

1897年1月3日，铁路总公司在京成立，以盛宣怀为督办。不久，总公司移师上海。朝廷向比利时借了450万英镑，路权三十年内归比利时所有。2月27日，淞沪铁路开工，由盛宣怀亲自督造。1898年8月5日，16.09公里长的淞沪线竣工。9月1日，一声汽笛长鸣，正式通车营业。

然而，张之洞要盛宣怀成立铁路总公司，又推荐他为铁路督办大臣，不仅是为了淞沪铁路，更重要的是为了芦汉（卢沟桥至汉口）铁路和粤汉铁路。这是中国南北的大动脉。朝廷也很重视这条铁路，特地把张之洞从两广总督调任湖广总督，让他居中指挥。

朝廷认为，铁路是国家之本，影响政治、军事至巨，不敢完全放手让私人资本经营。政府又没那么多钱，只好再借外债。李鸿章、盛宣怀建议由商股、官股和借外债，合三方之力，承担修筑铁路的庞大开支。具体而言，芦汉铁路向比利时借款，沪宁铁路向英国借款，粤汉铁路向美国借款。芦汉与粤汉两路同时并举。

芦汉铁路从南北两头分别动工，从1898年到1902年，卢沟桥至保定、汉口至信阳段先后通车；向北也从卢沟桥延伸至北京前门。1903年开始动工修筑黄河铁桥，1905年铁桥竣工，11月13日在黄河桥头举行了隆重的通车典礼（直到1908年夏季，才算正式全线通车）。芦汉铁路总长1200公里，由张之洞、袁世凯共同验收，改称京汉铁路。曾主持修筑陇海铁路、粤汉铁路的著名土木工程师凌鸿勋称："此为盛氏担任总公司督办以后最大一件借款兴筑之南北大干路，亦为盛氏一生对于铁路精力之所注。"通车典礼结束后，盛宣怀大病一场，回上海休养，朝廷赏给他袍褂料和普洱茶以资鼓励。

1906年，由铁路总公司的中国工程师詹天佑自主设计并建造的第一条铁路——京张铁路（丰台至张家口）动工。据凌鸿勋追述：

> 计自光绪二十二年（1896）至光绪三十一年（1905）的九年期间，为盛氏主持铁路总公司的时期。在此期间盛氏与外商签订好几件铁路借款合同，开筑了千几百公里的铁路干线。[①]

世界第一条铁路出现三十九年后，中国人才第一次看见火车这玩意，当时人们对铁路一无所知，全民抗拒，害怕铁路会伤及地脉；但只过了十六年，中国第一条自主建设的铁路便出现了；又过了二十五年，中国人自己设计兴建的第一条铁路诞生了。不能说中国人抗拒新事物，这样的变化速度，在那个极其封闭的时代，已属一日千里了。

盛宣怀借着李鸿章的肩膀，飞上高枝变凤凰。现在高枝已枯萎，凤凰还能不能继续做凤凰？就要看盛氏自己的本事了。官场上，对盛氏在电报、航运、铁路等领域一手遮天，早已啧有烦言，如凌鸿勋所言："盖盛氏当督办之任，位高权重，用款购料为数甚巨，自不免有疑忌之人，亦难免有惹人口实之处，私人恩怨亦渐开端。"[②]

盛氏王国最先受到袁世凯的觊觎。盛、袁二人，都是洋务运动

---

① ② 凌鸿勋《盛宣怀与中国铁路》。台湾，《传记文学》（第九卷第四期），1966年10月。

的得力干将，但甲午战争后，袁世凯曾参与弹劾李鸿章，这块心病一直去不掉。据说，有一次李鸿章责骂袁世凯时，脱口而出说："我若不看你是将门之后，我就依盛杏荪的话，把你撤差枪毙了！"当时盛宣怀也在座，吓了一大跳，赶紧起身解释，说自己决不敢如此乱说话，事后还专门到袁府拜访，换帖结拜。但一切弥补都已无效，这根带钩的刺扎下去，就再也拔不出了。

1903 年冬天，袁世凯请假回项城老家，返京时坐京汉路火车到汉口，再转乘轮船赴上海。当时盛宣怀的父亲刚好去世，在上海家中守制，袁世凯亲自上门吊唁。两人晤谈数语，匆匆揖别。

袁氏走后，派员转达口信："所有商办的各省陆路电线及海底电线，一概打算由政府收归国营。袁宫保到天津后，即将拜发奏请，请你预备着吧。"盛宣怀听了之后，"就如冷水淋头，毛骨悚然。知道不久的将来，他所办的轮船招商局及借款建筑的铁路，都要飞向袁世凯的大荷包里去了"。①

果然，袁世凯到天津后，奏请朝廷将全国水陆电报事业，一律收归国有，获得皇上批准，并委派袁氏兼任全国电报督办。盛宣怀对袁氏的进逼，诚然不满，但现实环境，只允许他沉默忍让。然而，到1905 年，这把火终于烧到了铁路。

袁世凯用来对付盛宣怀的，是一批以唐绍仪为首的广东籍官员。唐绍仪，广东香山人，是孙文的同乡，1874 年被朝廷选派到美国留学。1901 年，袁世凯擢升为直隶总督兼北洋大臣后，任唐绍仪为天津海关道，让他办理接收被八国联军占领的天津城区、收回秦皇岛口岸管理权等事务。唐氏不负所托，干得有板有眼，毫不含糊，博得朝

---

① 刘垣《张謇传记》。台湾，文海出版社，1975 年版。

野一片赞声。1904 年 12 月，唐绍仪被任命为铁路总文案，开始染指盛宣怀的地盘了。

1905 年，张之洞、驻美公使梁诚就粤汉铁路的筹款兴筑事宜，与外国公司举行谈判。对盛氏来说，本是舍我其谁的禁脔，讵料，9 月 3 日，朝廷降旨：对粤汉铁路，"仍着责成张之洞、梁诚一手经理，盛宣怀不准干预此事。"[1] 不啻晴天霹雳，令盛宣怀目瞪口呆。

1906 年初，盛宣怀黯然辞去做了十年的铁路总公司督办一职，由唐绍仪继任。唐绍仪奏请裁撤铁路总公司，所有业务并入商部，盛宣怀以前在总公司的各种举措，扫荡一空。当时就有人替他鸣不平："公一身当商战二权，所筹划皆所关十年百世利害，爱国者殆无不爱公。"[2] 当时，没有人会预料到，五年后盛宣怀还有东山再起，重掌铁路大权的机会；更没有人会预料到，盛宣怀东山再起之日，就是大清王朝覆亡之时。

---

[1]《清实录广东史料》（六），广东省地图出版社，1995 年版。
[2]《沈曾植致盛宣怀函》。《盛宣怀实业朋僚函电稿》（下），台湾，中央研究院近代史研究所，1997 年版。

绅商阶层的壮大

铁路的价值，愈来愈被人们所认识了；由于不少铁路都是外国投资兴建，并控制路权，围绕铁路路权的争论，亦在朝野日趋尖锐、激烈，从外国公司手中收回路权的呼声，不绝于耳。朝廷也知道，路权是一定要收回的，但怎么收？原有的只能花钱赎，新建的尽量自己投资。但政府没有那么多钱，无论赎路还是投资建路，都离不开民间资本。

1903 年，在地方大员中，四川总督锡良第一个奏请铁路交由商办。奏议发表后，各省绅商大表欢迎，商部、户部、外务部，乃至慈禧，也觉得可行。于是，朝廷把铁路划归商部通艺司经营，公布铁路简明章程二十四条，允许一些支线由私人集资兴建。

在广东，核准由绅商集股自办的有广厦（门）、潮汕、新宁三条线路。当时全省真正通车，只有一条 49 公里长的广三（水）铁路，属未来的粤汉铁路支线。广州市民搭广三线火车，还要从谷埠和西濠乘坐驳船，到石围塘火车站。这种不方便的转乘方式，一直维持了几十年。

对商人们来说，真正的肥肉是粤汉铁路。这条南起广州黄沙，北抵武昌徐家棚，横跨三省，全长 1095.6 公里的铁路，隔江与京汉铁路衔接，是贯通南北的经济大动脉。正因为其地位的重要，张之洞竭力阻止商人染指。他的既定方针是：支路可以商办，但干路一定要官办。"商可分利，不可分权"。八字方针，字字铁打。

粤汉铁路最初由英国提出修筑方案，鄂、湘、粤三省绅商提议成立湘粤铁路公司，集商股兴建。但张之洞、盛宣怀都认为铁路不能完全民营。已当上两广总督的岑春煊提议，不如以三省名义，联合举借外债，由三省分摊偿还。张之洞觉得主意不错。1900年，朝廷与美国"华美合兴公司"签订贷款合同，由美方出资4000万美元，获得粤汉铁路的筑路权和30年的经营权。不料，1904年，合兴公司竟把部分股权偷偷卖给比利时和法国的公司，以此牟利。

这样一来，中国的南北两大干线（京汉、粤汉铁路）的路权，都有可能落入比利时、法国等财团之手。不仅路权，而且沿线的矿权，亦有可能沦入外人之手。排外情绪、地方情绪，就好像高威力的混合炸药，一经点燃爆炸，便造成天崩地裂，不可收拾的局面。广东绅商成立了路权公所，刊印传单，大造声势。要求赎回路权的抗议风暴，瞬间席卷湖南、广东，矛头无不指向督办铁路大臣盛宣怀。

广东著名绅商领袖黎国廉、梁庆桂等人，1900年曾亲赴西安行在进贡，获得朝廷嘉奖，这时都纷纷挺身而出，奔走呼号，呼吁废除与合兴的合约，收回路权商办。黎、梁等人致电张之洞，措词强硬地表示：如果不废约，"三省商民另筑一路以图抵制，粤民万众一心，有进无退"。[①]

黎国廉是顺德举人，办过报纸、教育，是一位有声望的文人；梁庆桂号称"四世三卿位，粤中一名族"，官拜内阁侍读，但其实出

---

① 张之洞《致上海盛大臣、京外务部、商部》。《张之洞全集》（十一），河北人民出版社，1998年版。

身于商人家庭，他的曾祖父梁经国是广州著名的十三行行商之一，梁庆桂本人与康有为过从甚密，曾参加过公车上书。梁庆桂的哲嗣梁广照曾在日本留学，归国后任刑部主事，在北京毅然上折弹劾盛宣怀，请刑部堂官代奏（清制官在四品以下不得直奏）。

刑部堂官推三推四，不肯代奏，但随着折子内容被报章杂志披露出来，引起舆论哗然，才勉为代奏。1904 年 12 月 28 日，上谕军机大臣："主事梁广照条陈粤汉铁路一折，粤汉铁路前经谕令张之洞妥议筹办，兹据奏称路权放失，亟应收回自办，不可迁延贻误等语，着商部、张之洞妥筹办理，以挽路权。"①

张之洞也支持收回路权，并且有意无意间，放开言论闸口，鼓励绅商发声，然后以此作为筹码，和外商讨价还价。中国官员在操纵民族情绪方面，颇有一手。

当局者以南北干路归于一手后患堪虞，由张之洞查悉，首倡废约，留美学生继之，四省朝野士夫奔走相告，函电纷争，惟事关交涉，备极困难，卒由张之洞电托驻美使臣梁诚与美政府力争，终于达成废约目的。②

梁诚是梁庆桂的族人，受乡亲所托，于公于私，皆义不容辞。经再三交涉，最终与合兴公司签订合同，以 675 万美元（高于原价近一倍）赎路。但赎金却是由张之洞以鄂、湘、粤三省烟土税作抵，向香港英国殖民地政府筹借。广东绅商哗然，这不是前门拒虎，后门进

① 《大清德宗景皇帝实录》（八）。台湾，华文书局，1970 年版。
② 北京政府交通部编《中华国有铁路沿革史》，1918 年。

狼吗？广东民间并不缺钱，为什么不能自筹资金兴建粤汉铁路？

废约赎路，张之洞与三省绅商同声同气，但赎路之后，如何继续兴建，双方立场，就大相径庭了。张之洞、岑春煊则死守着官办的底线不放。路权之争，不仅有民族主义的一面，亦有地方主义的一面。绅商与外商争持的同时，亦与中央政府相争。

赎路之初，粤商便起草了"招股大纲"九条，规定路权"以实权全归股东"，并准备聘梁诚为铁路总办（梁氏的驻美公使将于1907年任期届满），梁庆桂为副总办。张之洞认为这是绅商"先存一抗官专权之心"。在中国，官不可抗，民不可有权。张之洞忿忿然地对岑春煊说："铁路为国家大政，安有官不与闻之理？"他的方案是：湖北段全部由官款建，湖南、广东段官款、民款各半。①

一场官商对峙的较量，于焉拉开帷幕。

1906年1月10日，岑春煊派番禺知县柴维桐召集广州七十二行商和九大善堂的绅商，在广济医院开会，商议筹款筑路办法。岑春煊提出加征厘税、炮台经费、三成粮捐、沙田亩捐、试办基塘租捐、商渔船捐和盐斤加价。

商人们愤怒了。厘卡早被贪官污吏所把持，加征厘金，不过是让他们肥私而已。如此横征暴敛，所谓造福地方，未见其利，先见其害。以广东商人的财力，筹措六七百万两银子，根本不成问题，何需再筹官款？湖南民间资本不足，不得不官商合办是他们的事，至少广东段可以完全商办。双方爆发激烈争吵。

政府的认受权威本来就很脆弱，社会普遍对其存在不信任心理。

① 张之洞《致广州岑制台、张抚台》。《张之洞全集》（十一），河北人民出版社，1998年版。

两天后，岑春煊派广州知府与绅商开会，继续讨论筹款问题，双方再次发生严重口角，梁庆桂、黎国廉慷慨陈词，坚决反对加捐加税，并痛斥官府腐败。官民互相指责，不欢而散。在官场上，以"居下则傲上，居上则凌下"著称的岑春煊，怒不可遏，手书两封密札，分别给柴维桐和广州协镇副将黄培松，令他们拘捕梁庆桂、黎国廉等人。

柴维桐犹豫不决，向按察司沈俞庆问计。沈氏是黎国廉父亲的门生，他劝柴维桐把密令压下来，搁置不办。柴维桐犯愁地说："这是制府交办的要案，怎么能置之不理？"沈氏淡淡一笑说，岑督将来会后悔此举的孟浪的。^① 于是，柴维桐按兵不动。当天晚上，风声外泄，梁庆桂逃往香港。而负责拘捕黎国廉的黄松培，则派人夜闯西关黎宅抓人，把黎国廉关进了陈塘九区警察分所。另外一名绅商代表李肇沅也同时被捕。

第二天，黎、李被官府拘押的消息，在广州传开，全城震动，群情汹涌。各界人士紧急会议，商讨办法。广州总商会沿街敲锣，通知全市所有商号，一律罢市抗议，朝廷一日不罢免岑春煊，商店一日不复业。

1月15日，逾千地方绅民在明伦堂开大会，会场上人头攒动，情绪激动。前闽浙总督许应骙、越秀书院山长吴道镕、越华书院山长易学清等人，都联袂出席。大会决定电请在北京的同乡京官代奏罢免岑春煊，以平民愤。

吴道镕一口气草就疏电，大家一致通过。有人想起前贵州巡抚邓华熙亦开缺在家，就住在西关，不如也请他签名，以壮声势。于是，

---

① 甘荼《光绪末年广东的一次大风潮》。《名家谈历史》，香港商务印书馆，1990年版。

由易学清的弟弟易学征把电报稿送到邓宫保第，请邓华熙签名。邓氏不想卷入官商纠纷，故婉言推托。易学征苦言相劝，说到激动之处，声泪俱下，跪倒在地。邓氏不忍拂情，亦在电文上签了名。

疏电连夜送到香港拍发，很快得到北京的广东籍京官复电，一致赞成，由邮传部右侍郎唐绍仪代为转奏，请求朝廷派员到粤查办。同乡京官、外埠侨商，纷纷致电北京，全省士绅也联名上诉，"去岑安粤"的呼声，响彻朝野。商人和学生组织代表团，到大牢探望黎、李二人，表示慰问。

岑春煊也不甘示弱，禀明朝廷，以纠众抗捐、鼓荡风潮、藉端破坏等罪名，革去梁庆桂、黎国廉、李肇沅的功名。事情已经演变成权力集团内的斗争了。

袁世凯与岑春煊早有嫌隙，原因据说是岑春煊出任陕西巡抚时，曾弹劾过当时的陕西藩司，而这位藩司是袁世凯的儿女亲家。两人从此交恶。在奕劻和袁世凯的授意下，一位御史奏称岑春煊"受病已深，代为吁恩饬令开缺"。在北京甚至有谣传，由于岑春煊加捐税，造成广州"民情暴动，致有洋兵登岸保护之事"，令慈禧大惊失色。一时间，"倒岑"空气，弥漫京师。

1 月 17 日，岑春煊接到上谕："地方筹款办事，但当善为劝导，不可辄用抑勒。若承办委员，一味操切，拂逆舆情，其中甚多流弊，该署督向来宽于恤民，严于察吏，必能筹维大局，妥为办理也。"[①] 显然，朝廷不认同岑春煊的做法，这让他大感意外。这才开始意识到事态严重。

---

① 《清实录广东史料》（六），广东省地图出版社，1995 年版。

　　迫于无奈，岑春煊只好下令释放黎国廉、李肇沅二人。沈俞庆拿着总督的宪令，到大牢放人。黎国廉自入狱后，绝食抗议，身体颇为虚弱，见沈氏进来，挺在床上，佯佯不理。沈氏俯身到他枕边，宣读手谕。黎国廉愤然说："朝廷一天不处罚岑春煊，我宁愿死在狱中，绝不出去。"

　　当黎、李二人身陷囹圄之际，广州七十二行商总商会、九大善堂，一面组织抗议活动，一面筹备招股把粤汉铁路广东段改为商办。2月3日，他们议决以股份公司形式实行商办，初定集资二千万元。商人们很会做广告，把一个铁路模型，陈列在善堂，供人参观，看热闹的群众络绎不绝，愈聚愈多。商会趁机宣传认购股票，股票面值定得很低，每股五元，首期先收一元，二期收1.5元，三期收2.5元。大批下层市民蜂拥而来，积极认购，其场面之热烈，出人意表。许多屠沽负贩、引车卖浆者流，把节衣缩食的几个小洋、斗零用来购买爱国股票。仅几天时间，便售出八百多万股，按每股五元计，集资达四千余万元。岑春煊亦承认："为数之巨，认股之速，实为中国枞办公司以来所仅见。"①

　　2月14日，黎国廉、李肇沅二人终于出狱。全城一片欢腾，大街小巷燃放鞭炮庆祝，警察分所外人山人海。4月，"商办广东粤汉铁路有限总公司"宣告成立，公举郑观应为粤汉路南段总办，接收一切有关粤汉铁路事宜，并占有广三路七分之三的权利，又聘请詹天佑为总工程师。沉寂多时的粤汉铁路，克日动工兴建。

　　岑春煊还要上奏朝廷，晓晓申辩，但却被上谕训斥了一通："署两广总督岑春煊奏，前因粤汉铁路一事，为广东同乡京官参奏，返躬

---

① 《光绪朝东华录》（五）。中华书局，1958年版。

省察，不得不冒渎陈明。得旨。不候查办，先行置辩，殊属非是。着
严行申饬。"[1] 随后，朝廷派两江总督周馥到广东按问。周馥是袁世凯
的儿女亲家，朝廷派他南下查办，亦可见袁世凯的暗中活动，卓有
成效。

6月，皇上为这次风潮作了一个了结：

铁路为国家要政，粤汉铁路收回自办，商民筹款兴筑，官为维
持保护，办法甚为妥善。全在该省官吏绅商同心协力，联络一气，
以竟全功，不得各持意见，致妨公益。兹据称粤中绅民捐助认股，
已约计二千万（其实是四千万），足见急公好义，路事可期有成。即
着岑春煊秉公筹度，会集绅商，妥举总理各员，奏明开办。仍着岑
春煊随时督饬认真经理，以裨大局而保利权。黎国廉、梁庆桂、李
肇元（沅）既据查明尚无抗捐情事，均着开复原官原衔，番禺县知
县柴维桐，办事操切，着即行撤任察看。[2]

柴维桐知县最终还是做了替罪羊。而岑春煊则以"病体未痊"
为由，自请开缺，皇上赏他两个月假，让他"安心调理，毋庸固请开
缺"。不过，几个月后，朝廷再下旨："以岑春煊为云贵总督，调周馥
为两广总督。"把岑氏放逐到贫瘠的云贵高原，岑氏到上海后，以身
患重病为由，向朝廷乞假就医，拒不赴任，静观北京的政局变化。

在这次事件中，最值得注意的是，不是商民筹到多少钱，也不
是官场上的倾轧，而是绅商对自身权利的捍卫。他们的力量不是来自

---

[1]《清实录广东史料》（六），广东省地图出版社，1995年版。
[2] 同上。

金钱，而是来自对行使自由权利的执意追求，这种权利不是以国家利益为本位，不是以民族大义为本位，而仅仅是以商绅自身为本位。是他们个人的权利与庙堂权力的抗衡。因此，可以说是中国公民意识的最初觉醒。

当初官府要粤汉铁路官商合办时，广东绅商挺身说不，谁也不知道会有什么后果，也不知道这场官司能否打赢，但他们还是勇敢地说话了。坚持铁路商办的绅商是勇敢的；在狱中绝食抗议的黎国廉是勇敢的；总商会是勇敢的，响应总商会号召罢市的商人也是勇敢的；向朝廷上书的绅民是勇敢的；到狱中探望黎国廉、李肇沅的人也是勇敢的；甚至，当黎、李获释时，烧鞭炮庆祝的市民都是勇敢的，他们在历史上，都应享有无尚的荣耀。

正因为有这些勇敢的人，社会才有希望，才能进步。

第二章　动荡的江湖

不学保皇，就学革命

在清末的各项新政中，学制改革是很重要的一项。

1902 年，张之洞与湖北巡抚端方会衔上奏《筹定学堂规模次第兴办折》，以日本学制为蓝本，制订了湖北学制的改革方案，把学校体系分为初等教育（蒙养小学、初等小学堂、高等小学堂）、中等教育（文普通中学堂、武普通中学堂）和高等教育（文高等学堂、武高等学堂）三级；另设专门职业教育，包括师范学堂、农务学堂、工艺学堂、方言学堂、勤成学堂和仕学院。对学生入学年龄、学习年限、基本课程、办学形式，都做了详细规定。

管学大臣张百熙看了张之洞、端方的奏折，大加赞赏，立即奏请张之洞入京，参与厘定全国新学制的工作。1903 年 5 月 16 日，张之洞抵达漫天飞絮的北京，随即到颐和园向慈禧请安。免冠叩首，银发飘飘。真是岁月不饶人，昔日少年探花，亦垂垂老矣。慈禧百感交集，不禁哽咽起来，张之洞亦老泪纵横。两人相对始终默然不言。时人有诗感叹："湖园召见上帝钧，年少探花已白头。各有伤心无一语，君臣相对涕横流。"[1]

---

[1] 高树《金銮琐记》。荣孟源、章伯锋主编《近代稗海》（一），四川人民出版社，1985 年版。

一直到 1904 年开春，张之洞才返回南皮原籍省亲，在北京待了九个月。这段时间，他的最大的成绩，就是草拟了《奏定学堂章程》（二十册）和《各学堂奖励章程》，奏定后在全国推行，史称"癸卯学制"。

癸卯学制较之张之洞早先拟定的湖北学制，大同小异，也是分成基础教育与职业教育两大块。其指导思想是："无论何等学堂，均以忠孝为本，以中国经史之学为基，俾学生心术一归于纯正。而后以西学瀹其智识，练其艺能，务期他日成材，各适实用，以仰副国家造就通才，慎防流弊之意。"[1]

当朝廷决定逐步废除科举之后，全国的书院都要改成新式学堂，先立后破，减轻社会震荡。但全国大办学堂，却有实际的困难。按张之洞的说法，"天下州县皆立学堂，数必逾万，无论大学、小学断无许多之师"。[2]书院先生以前都是教八股文的，让他们教"始于事亲，中于事君，终于立身"的道理，头头是道，但让他们教算术、地理、政法、医学、工科、商科，就力不从心了。

出国留学，乃利用外国师资，为中国快速培养人才的一条快捷方式。张之洞甚至声称，"出洋一年胜读西书五年，入外国学堂一年胜于中国学堂三年。"他在北京起草"癸卯学制"期间，还拟定了《约束游学生章程》（十款）、《奖励游学毕业生章程》（十款）和《自行酌办立案章程》（七款），第一次对留学生的派遣、就读、留学期间言行活动、违章处罚等方面，作了明确的规定，成为日后学部制订留学生

---

① 张之洞《厘定学堂章程折》。《张之洞全集》（三），河北人民出版社，1998 年版。
② 刘坤一、张之洞《变通政治人才为先遵旨筹议折》。《张之洞全集》（二），河北人民出版社，1998 年版。

管理与奖励章程的蓝本。

庚子之后，各省都开始大量派青年出国留学。在 1900 至 1907 年的八年间，官费留美学生计达一百余人。有去欧洲的、有去美国的，但更多是去日本。日本的明治维新，很让中国人羡慕。张之洞把日本崛起的原因，归结于肯向西方学习：

> 日本，小国耳，何兴之暴也？伊藤、山县、榎本、陆奥诸人，皆二十年前出洋之学生也。愤其国为西洋所胁，率其徒百余人，分诣德、法、英诸国，或学政治、工商，或学水、陆兵法，学成而归，用为将相，政事一变，雄视东方。[①]

因此，尽管打了一场甲午战争，但中日两国关系，不仅没有破裂，反而出现了一段蜜月期，把"同文、同种、同教"高唱入云。在朝廷君臣与知识分子的心里，日本都是中国复兴的榜样。

最早到日本留学的，是 1896 年由中国驻日公使带去 13 名使馆学生。此后，各省的留日学生逐年增多。很多人都明白，就教育而言，日本不及欧美，但日本文字接近中文，易传习，课程快，省经费，回国也方便，费用比去欧洲留学省三分之二。张之洞说，热衷西学的人，等到在日本学习完了，"若自欲求精求备，再赴西洋，有何不可？"

人人都急于求成，于是，速成教育在日本大行其道，冒出了许多良莠不齐的速成学校，专门招收中国学生，做起卖文凭的生意。当时称到欧洲留学是镀金，到日本留学是镀银，在那些远赴重洋留学的人当中，固然有抱着改造中国理想的热血青年，但也有很多是因为科

---

① 张之洞《劝学篇》。《张之洞全集》（十二），河北人民出版社，1998 年版。

举废除后，留学成为获取功名的终南快捷方式，到海外镀金镀银，一样是鱼跃龙门，身价十倍。张之洞向朝廷建议，学成归来，只要有毕业凭证，经过考试证明符合专业，就可以按其等第作为进士、举贡。对许多人来说，充满诱惑。

莘莘学子，官费生、自费生，呼朋引伴，结伴而行，扛着简单的行李，爬上远洋客轮，奔向完全陌生的异国他乡，在他们汗湿的手心里捏着那张小小船票，九成以上的目的地都是日本。

1902 年 2 月，朝廷特别要求选派 15 至 25 岁的八旗子弟出洋留学，显示出慈禧担心留学生都是汉人，将来国家命脉被汉人掌握，再无满人立足之地，所以作未雨绸缪之计。从 1898 年至 1911 年，共计有 2.5 万中国留学生涌到日本求学，恒被后世称为中国历史上第一次以现代化为定向的大规模知识分子移民潮。

然而，明治维新以后的日本，一直朝着军国主义的方向走，虽然号称立宪，但对内实行军事独裁的恐怖统治，对外掠夺、奴役、控制和吞并其他国家。整个社会都围绕着如何发展和保持强大的军事力量运转。在这样的一个军人国家里，中国的留学生可以学到什么呢？喜欢日本的中国人，大抵有三种：一是想做军人的，二是想保皇的，三是想革命的。只有这三种人，可以从日本找到他们最需要的精神养分。

1901 年底，两广总督陶模邀请了几个新派人物到广东，有意把广雅书院改为广东大学堂和筹建黄埔陆军学堂。陶模是浙江秀水人，历任陕西巡抚、新疆巡抚、陕甘总督，是大名鼎鼎的维新派地方大员，以清操著称。他的儿子更以新党自居，两父子都是陈少白主编《中国日报》的忠实读者。这是一份以鞭挞时政、监督官场为宗旨的革命党报纸。

据冯自由说：陶氏"父子均喜阅中国报（即《中国日报》），其黜陟属吏，恒以中国报之评判为标准。故中国报在粤销场以是时为最佳，仅督署一处，销售至二百余份。"这是一个相当特殊的亮点。"清季督抚在粤政绩，以陶为差强人意，中国报与有力焉。"①

据说，有一次陶模因看了《中国日报》的报导，将两名县官撤职，过后才知道这两人其实是好官，《中国日报》误载外界投稿而受人蒙骗。可见这时的舆论监督作用，已开始受到开明官吏的重视。

在陶模邀请的新派人士中，江苏举人吴稚晖刚从日本东京高等师范学校归来，名为协助新政，实为招揽中国留学生。行前梁启超从北海赶到东京，与他促膝夜谈，请他回国后留意朝廷新政，相机推动立宪运动。可惜，吴稚晖在国内却看不到有什么新气象，他说："余在粤五月，见官场腐败，愈知清廷之不可振作。"他托人转告梁启超，宪政是没有什么希望了。②因此，他在广州更留意结交一些有革命潜质的人士。他认识了《岭海报》记者胡展堂，两人一见如故，数月间，见面二三十次，在越秀山下，玉带河畔，纵论天下大事，从汤武吊民伐罪，说到史坚如的英勇事迹，说到官府的黑暗腐败，愈谈愈投契。

1902年，广东大学堂改造完成，招收了一百名学生。但吴稚晖不愿留在国内教书，陶模便委托他带二十几名官费留学生，去日本留学，为期一年。当吴稚晖问胡展堂去不去时，胡展堂毫不迟疑，收拾几件衣服，提起藤箧便跳上去东洋的船了。

吴稚晖走后不久，陶模便病逝于广州。其时广西会党暴乱正蔓延至广南的皈朝、兴义等地，兵革惨烈，四野萧条。陶模临终时对身

① 冯自由《革命逸史》（初集）。中华书局，1981年版。
② 吴稚晖《四十年前之小故事》。《中央日报》1940年3月24日。

边的人叹息："中国终不可以不革命。"①

当时的日本，不仅是中国留学生的首选地，而且也是逃亡者的首选地。戊戌变法后，康有为、梁启超、章太炎等维新党人都逃到日本；孙文等革命党人也躲在日本；自立军和惠州起义先后失败，大批会党分子和革命党人，都逃到日本，组成五花八门的团体，办报纸、办杂志，鼓吹喧阗，人人以开启民智为己任。然而，在热闹的表象之下，已俨然分成保皇、革命两大派，一个要用暴力勤王保皇，废黜太后，一个要用暴力推翻朝廷，连王带后一锅端，都是要搞"起义"的，所以孙文也一度想谋求两派的联合。

两大阵营都不是铁板一块，即便在保皇阵营中，康有为与梁启超的立场，亦有分歧。一个保皇至上，立宪是为了保皇；一个则以立宪为目标，保皇是为了立宪。两人在戊戌变法后，已貌合神离，梁启超认为康有为的时代结束了，梁启超的时代开始了。拉开历史距离观之，也确实如此。由梁启超主编的《清议报》一纸风行，名声很响。两宫回銮后，慈禧仍然掌权，不容光绪亲政，令保皇派愤怒不平，"革命""自立"的口号，也开始成为他们的口头禅。当唐才常策动起义时，梁启超、孙文都是赞成的。

梁启超在1901年6月7日的《清议报》上发表了一篇划时代的文章《立宪法议》，把世界上的政体分为三种：君主专制、君主立宪、民主立宪。他认为君主立宪是最好的，最适合中国的习俗与时势。梁启超第一次指出宪法至高无上的地位，是"立万世不易之宪典，而一国之人，无论为君主为官吏为人民皆共守之者也，为国家一切

①《新民丛报》（第二十二号），1902年12月14日。

法度之根源"。①

在这一点上，他已经远远超过他的老师康有为了。康有为虽然也谈立宪，也谈"定宪法公私之分"，但他的目的是确保皇权不受削弱。而梁启超则指出宪法是最高的上位法，其他一切法律，包括《大清律例》都是它的下位法，因此，宪法是高于皇权的，皇帝也要受它约束。

1901 年底，《清议报》因火灾停刊，梁启超借了几千块钱，又办起了另一份新报《新民丛报》，宣称"欲维新吾国，当先维新吾民。中国所以不振，由于国民公德缺乏，智慧不开。故本报专对此病而药治之"。这时，梁启超的思想已开始转变了，他要求这份报纸，"持论务极公平，不偏于一党派；不为灌夫骂坐之语，以败坏中国者，咎非专在一人也；不为危险激烈之言，以导中国进步当以渐也"。②

梁启超的《新中国未来记》，在《新小说报》上连载，他为人们描绘了一幅未来的政治画卷：其理想的国号曰大中华民主国；其理想的开国纪元，即在 1902 年；其理想的第一代大总统名曰罗在田，第二代大总统名曰黄克强。罗在田即光绪皇帝，黄克强取黄帝子孙能自强自立之意。他预言十年之内，这个理想国必定实现。

唐才常说要建"立宪帝国"，孙文说要建"联邦共和国"，梁启超说要建"大中华民主国"。听起来都很堂而皇之。怎么建呢？孙文要高揭种族革命的大旗，发动会党暴动，驱除鞑虏，恢复中华。梁启超开始也觉得会党可用，革命有理，"讨满"（攻击"满清"政权）为最适宜之主义，但自立军和惠州的两次暴动，规模虽然不大，但窥一

---

① 梁启超《立宪法议》。《饮冰室合集》（四），中华书局，1988 年版。
② 梁启超《本报告白》。《新民丛报》（第一号），1902 年 2 月 8 日。

斑而知全豹，令他意识到暴动对社会破坏太大，成本太高，渐渐改变了想法。

[梁启超说] 其后见留学界及内地学校，因革命思想传播之故，频闹风潮。窃计学生求学，将以为国家建设之用，雅不欲破坏之学说，深入青年之脑中。又见乎无限制之自由平等说，流弊无穷，惴惴然惧。又默察人民程度，增进非易，恐秩序一破之后，青黄不接，暴民踵兴，虽提倡革命诸贤，亦苦于收拾。加以比年国家财政国民生计，艰窘皆达极点，恐事机一发，为人劫持，或至亡国。[1]

不久，梁启超到欧洲游历，眼界更高，胸襟更广，《新民丛报》便转向专谈政治革命，不谈种族革命了。把"民族主义"这个概念引入中国的是梁启超，但他的民族主义并不等于汉族主义，他发明了"中华民族"这个词，把汉、满和各民族都包括在内，满族也是中华民族的一员。

要改造的是这个国家，而不仅仅是把满人赶走。对于国体，梁启超主张维持现状；对于政体，则"悬一理想，以求必达也"。因为中国的专制政治，是几千年形成的痼疾，不能归罪于一姓一人，梁启超说："我想我们中国今天若是能够一步升到民主的地步便罢，若还不能，这个君位是总要一个人坐镇的。但是能够有国会有政党有民权，和那英国、日本一个样儿，那时这把交椅谁人坐他不是一样呢？"[2]

---

[1] 梁启超《鄙人对于言论界之过去及将来》。《饮冰室合集》（二），中华书局，1988年版。
[2] 梁启超《新中国未来记》。广西师范大学出版社，2008年版。

中国是全体国民共有的，臣民与皇帝是相辅相成的，没有谁是局外人，中国之所以变成今天这个样子，每个人都有责任，因此，朝野都必须学会包容、妥协、共处，通过和平方式，推动政治的渐进、渐变。以中国人目前的知识和素质，无法一步到位实行共和，只能先走开明专制这一步，逐步向立宪、共和过渡。

孙文嘲笑梁启超"忽言革命，忽言破坏，忽言爱同种之过于恩人光绪，忽言爱真理之过于其师康有为者，是犹乎病人偶发呓语耳。"[①] 以孙文为首的革命党，在留学生中，虽然人数不多，但潜力颇大。孙文抵达日本后，行踪十分隐秘，轻易不与留学生见面。他觉得搞革命不在人多，只须在留学生中，发展二十名同志就够了，其中十人组织会党起义，十人负责治理地方，天下事可定矣。

孙文在1900年就提出"五人政府"，相信几个英雄豪杰，可以只手扭转乾坤。有一回，孙文在日本与同志聚会，座中有姓刘、李、石者，孙文更豪壮宣称："在座大半是帝王后裔。"姓刘的就是刘邦之后、姓李的就是李世民之后、姓石的就是石敬瑭之后，而他自己则是东吴大帝孙权之后，大有问鼎天下，舍我其谁之概。

这并非一时戏言，而是孙文一贯的政治抱负。凭着这种"彼可取而代也"的雄心，他在日本已兴致勃勃地和章太炎讨论起建都问题了。他认为，如果只是汉人的首都，可建在武昌；如果包括藩服，则建在西安；如果作为亚洲的首都，则可建在伊犁。口气不可谓不大。

吴稚晖初到日本时，并不认识孙文，也不想认识，"就因为他不是科第中人，不是经生文人，并且疑心他不识字。"[②] 有留学生千方百

① 孙文《敬告同乡书》。《孙中山全集》（一），中华书局，1981年版。
② 吴稚晖《我亦讲中山先生》。《吴稚晖先生文粹》，全民书局，1928年版。

计想见孙文一面，却不得其门，胡展堂初到日本，自然也未能见到孙文了。

胡展堂进入东京弘文学院的师范速成科就读。在他的同学中，有后来名震四海的黄兴、杨度等人。胡展堂对日本倒幕维新的历史，极为景仰。但同学中有共同语言的不多。据他观察，"留学生全体多不满于清廷之政治，傲然以未来主人翁自居；然思想无系统，行动无组织，保皇党之余波，立宪派之滥觞，亦参杂其间。"[1] 他们各有各的小圈子，经常互相谩骂、贬责。唯一能引起共鸣的，就是痛骂慈禧皇太后，保皇党与革命党都受用。所以，吴稚晖在欢迎留学生的演讲中，也就只骂慈禧，不涉其他了。

1902年4月26日（农历三月十九，明崇祯帝殉难日），章太炎、冯自由等人，以"支那遗民"名义，在东京发起举行"支那亡国二百四十年纪念会"（指亡于大清）。这是一个以排满为号召的大会，但求推翻满人政权，恢复汉人江山，至于推翻之后，中国应该走哪条路，则下回分解。由于日本当局阻止会议在东京召开，遂移师横滨，补行纪念会。

大会开得很热闹，孙文主持，章太炎致辞。这也是孙、章二人定交之会。在会后的欢宴中，孙文建议全体各敬章太炎一杯酒。章太炎豪迈不羁，来者不拒，一口气喝了七十多杯酒，且赢取平生快意，又何辞醉玉颓山。

但梁启超就没有章太炎这种浪漫的豪情。他与孙文都同意在纪念会上署名支持。这是他们的最后一次合作。后世史家尝言，梁启超

---

[1]《胡汉民自传》。存萃学社编《胡汉民事迹资料汇辑》（一），香港，大东图书公司，1980年版。

的思想，从此逐渐落后于时代，其实，他走的是另一条道路，一条以建立国会、政党、民权的宪法国家为目标的道路。单纯的种族革命，已不能唤起他的激情了。因此，他要求不公开他的署名。

章太炎认为："任公、中山意气尚不能平，盖所争不在宗旨而在权利也。"他深感惋惜地说："吾不敢谓支那大计在孙、梁二人掌中，而一线生机，惟此二子可望，今复交构，能无喟然！"①

这是章太炎用中国人的习惯性思维去看问题，其实恰恰相反，梁、孙所争，在宗旨而不在权利也。随着双方在国体、政体、路径等一系列问题上的分歧愈来愈大，分道扬镳势在必行。只不过，梁启超希望"再见也是朋友"，而革命党则认为"不是同志，便是敌人"。

胡展堂在日本只待了两个月，因一场风波，中断了留学生涯。事情起因于一批中国自费生要求进日本成城学校习陆军军事，但驻日公使蔡钧拒绝担保。6月24日，吴稚晖率领二十几名学生大闹公使馆，从白天一直闹到晚上，蔡公使向日本警方求助。警察到场，把学生们逐一架出公使馆。

第二天，更多的留学生涌到公使馆质问，终日喧闹不息。7月1日，日本警方以妨害治安罪，把吴稚晖拘捕，限时递解出境。吴稚晖在狱中写下绝命书："信之以死，明不作贼，民权自由，建邦天则，削发维新，片言可决。以尸为谏，怀忧曲突，唏嘘悲哉，公使何责。孔曰成仁，孟曰取义，亡国之惨，将有如是。诸公努力，仆终不死。"②在押往车站途中，他突然从桥上投水自尽，被警察救起，从横滨驱车至神户，押上开往上海的法国邮轮。

① 汤志钧《章太炎年谱长编》（上）。中华书局，1979年版。
② 王恺龄《民国吴稚晖先生敬恒年谱》。台湾，商务印书馆，1981年版。

　　当日为吴稚晖送行的留学生多达数百人。中国教育会理事长蔡元培正好在日本，他担心吴稚晖在途中还会投海，便上船一直陪着他回国。蔡元培是浙江绍兴人，进士出身，授翰林院编修，戊戌变法后弃官从教，任南洋公学特班总教习。

脱离专制学校之新纪元

在回国的邮轮上,蔡元培和吴稚晖进行了深谈。吴稚晖事后感慨地说:"在船中两日,彼此皆知革命之不可已矣。"[①] 吴氏拖着疲惫的身子回到国内,在上海老垃圾桥附近一间馄饨铺二楼暂栖身。中国教育会在张家花园召开欢迎大会。吴氏年谱记述:

> 先生登坛备述颠末,慷慨激烈,淋漓尽致,述及政府腐败,丧失国权,听者皆为之愤怒,述及蔡钧举动乖谬,又令人失笑,鼓掌之声,震动屋宇。以后先生亦常在张园演讲,并参加文明戏(即话剧),鼓吹革命。[②]

愈来愈多人加入鼓吹革命的行列。演文明戏在青年学生中十分盛行。早在1900年,南洋公学的学生就以戊戌六君子及义和拳的事情,编成新剧,在课堂里演出。吴稚晖亦庄亦谐的演讲,很能抓住学生的兴趣。青年本来就具有逆反心理,学校不给看《新民丛报》,我偏找来看;学校要我读《大清会典》,我偏丢到一边不读;官府说革

---

① 吴稚晖《四十年前之小故事》。《中央日报》1940 年 3 月 24 日。
② 王恺龄《民国吴稚晖先生敬恒年谱》。台湾,商务印书馆,1981 年版。

命是大逆不道，我偏要大讲革命。

洋务运动以来，中国人自己办了两所大学，一是北洋大学堂，一是南洋公学。南洋公学是盛宣怀一手创办于 1896 年，内设师范院、外院、中院和上院四院，隶属于招商局和电报局，由盛氏任督办。学校虽由洋务派所办，但仍不脱旧学窠臼，课程仍有《大清会典》《东华录》一类官修史书，对皇族贵胄还要三跪九叩请圣安，碰上钦差大臣还要打千行礼。奴化教育，专制仪式，一样都不少。学生们对此愈来愈厌烦。思想开放、言论出格的老师，成为学生们追捧的偶像；思想保守、言谈陈腐的老师，则受到学生们的鄙视与冷落。

中院五班文科教师郭镇瀛在课堂上，满口"圣祖"的文德武功，最不受学生欢迎。有一天，一位伍姓同学在郭氏上课的椅子上摆了一只空墨水瓶，郭氏认为是讥讽他"胸无点墨"，不禁恼羞成怒，在追查不出肇事者时，处分了坐在离教桌最近的两名学生（其中就有伍姓同学）。五班同学气不过，集体到总办汪凤藻处申诉，要求撤销处分，但遭到拒绝。

11 月 14 日，五班同学决定集体退学，以示抗议，并到各班作告别演说，慷慨激昂，以至泣下。次日，校方以"学生聚众要挟，不守堂章"的罪名，宣布开除五班全体同学。各班学生两百余人，列队前往总办所求情，但总办始而拒不接见，继而勉强见面，却又大打官腔，不肯收回成命，并咄咄逼人地表示："五班已经开除，非诸生所得干预，愿去者听。"各班代表愤然退出，转往督办处，请求盛宣怀接见。

当晚，盛宣怀派蔡元培向学生们了解情况，蔡元培问学生们要求什么？大家齐声说："收回开除、记过等成命！"蔡氏问有没有限期？大家说："明天上午 10 点钟前，如无圆满答复，我们全体退学！"蔡氏说："好！明天等回音！"

这时学生已开始受情绪主义左右，大有破釜沉舟之势。据当时
南洋公学中院五班学生俞子夷追述：

这一夜，我班同学急忙收拾书物行李者很多。第二天（11月
16日）九点钟，已经有不少人雇好独轮车，到钟楼上大钟声报十点，
大家就把行李搬上小车，排队出校，我班同学多数排在前列。约半
小时后，奉督办安抚命的使者到校，则上、中院已空无一人。①

一起离校的，还有特班和政治班的部分同学，共两百余人。因
有部分学生后来又重新返校，实际退学者为145人。蔡元培和一些教
员也愤然辞职，这在中国教育史上，是前所未有的，成为学界最具震
撼性的政治事件。时人评论："今日之事，为我学生脱离专制学校之
新纪元。"②

中断了学业的学生纷纷向中国教育会求助，蔡元培鼓励大家：
"不要散，我们自己组织一个学校。"但办校哪有资金呢？用吴稚晖的
话说："学生当然不名一钱，即少数教员，亦皆穷措大。"③蔡元培风尘
仆仆，四处筹钱。他儿子已经病危，亦无暇照顾，当他买了船票，准
备到南京找朋友借钱时，家人忽然来告，儿子病死了。蔡元培挥泪请
友人代为处理后事，自己登船而去。几天后，从南京筹到了六千元回
来，在静安寺路福源里借了几间房子做校舍，办起了爱国学社。

① 俞子夷《回忆蔡元培先生和草创时的光复会》。《文史资料选辑》（七十七），
中国文史出版社，1981年。
②《南洋公学学生出学始末记》。《中华民国开国五十年文献》（第一编第十册），
台湾，中正书局，1963年版。
③ 吴稚晖《四十年前之小故事》。《中央日报》1940年3月24日。

1902 年 12 月 14 日，爱国学社举行了开学典礼。蔡元培任学社总理；吴稚晖任学监，蔡元培、吴稚晖、章太炎、吴仲祺、胡翄复、王小徐、陈去病等人当义务教员，不领薪水，实行互助式教学，自治式管理。分设寻常、高等两级，有时高年级学生也充当低年级的老师。各以两年毕业。

然而，一群穷书生，个个身无长物，要维持爱国学社的运作，难免捉襟见肘。他们想了一个办法，与上海《苏报》合作，由学社七名教员轮流给《苏报》写文章，每日一题；而报馆则每月资助学社一百银元。

《苏报》是一份创办于 1896 年的报纸，素以言论大胆著称，无论是版面设计、栏目设置、字号、体例和文风，都领同行之先，令读者耳目一新。报纸在内容上，分论说、机关、教育、政事、新闻、评论、通信、纪言、纪实、余录"十界"，以鼓吹革命为己任。1902 年冬还开辟"学界风潮"专栏，专门报导各地学潮动态。

从南洋公学退学的学生，只要愿意，都可以加入爱国学社。后来南京陆师学堂也闹起退学风潮，四十多名退学学生，在章士钊带领下，跑到上海，加入学社。后来又成立爱国女学社，鼓吹民权、女权，一时声势大张。据 1903 年 5 月统计，爱国学社共有 132 名学生。曾加入过爱国学社的柳亚子记述：

蔡（元培）先生和吴稚晖先生、章太炎先生都在担任教课。蔡先生教的是伦理学，吴先生教的是天演论，章先生教的是国文，但他并不用课本，只是坐着闲讲，讲他的光复大义而已。[1]

---

[1] 柳亚子《纪念蔡元培先生》。《蔡孑民先生纪念集》，浙江研究社，1941 年版。

　　而俞子夷则回忆当时的气氛："大家醉心新学，一般文化科目外，有哲学、政治学、革命的佛学；英文也用《真公民》作课本，日文班参加者更踊跃。后来不少人竟能译书，更有借译书卖稿所得贴补膳杂费者。"章太炎的《正仇满论》《逐满歌》，几乎人手一册，没看过的就是落伍了，"从此学社风气大变，倡言革命已胜过求学"。^① 无论白天黑夜，在课堂上、宿舍里，到处都可以听到社员放声高唱："莫打鼓，莫打锣，听我唱支逐满歌……"

　　年轻人每日"高谈革命，议论时政，放言无忌"；出版《童子世界》，指点江山，激扬文字。在校内谈革命不够过瘾，每周又到张园参加公开演讲，他们排着队伍，穿着整齐的操衣，精神抖擞地从福源里走向张园，沿途吸引无数惊羡的目光。学社还很重视兵操，"弱不胜衣，恂恂然儒者"的蔡元培，也和社员一样，剪头发，穿操衣，每天迎着朝霞，一起喊口令，一起在走廊、小院练体操，一起用木枪学瞄准、射击。

　　用不了多久，他们就会拿起真枪向政府射击了。

---

① 俞子夷《回忆蔡元培先生和草创时的光复会》。《文史资料选辑》(七十七)，中国文史出版社，1981年。

把知识分子逼入江湖

史坚如、郑士良死后，发誓要为他们报仇的革命党人，在广州策划一次更大规模的暴动。1902年初，兴中会创始人之一的谢缵泰在香港遇见了太平天国天王洪秀全的从侄（亦有说是洪秀全第三弟），当年曾转战桂湘鄂皖苏浙各省的左天将、瑛王洪春魁。太平天国失败后，洪春魁逃往香港，以郎中身份，隐迹江湖四十载。谢缵泰知道他与两广会党关系深厚，便邀请他出山，纠集会党起事。

谢缵泰，广东开平人，澳洲华侨，肄业于香港皇仁书院，长于数学和手工技艺，是中国第一代航空工程师，1899年设计了"中国"号飞艇，兴冲冲献给朝廷，却遭到嗤之以鼻的冷遇。后来，谢缵泰与孙文一起创办了兴中会。

谢缵泰与洪春魁一见如故，两人在中环德忌笠街设立"和记栈"做总机关，筹备起义。洪春魁改名全福，取洪秀全福荫之意，着手联络珠江三角洲一带的会党。香港富商李纪堂听说太平天国亲王复出江湖，大喜过望，赞助全部军费50万元。他曾经资助过陈少白的《中国日报》，也资助过三洲田的会党起义。

谢缵泰向李纪堂介绍他的计划：每年除夕之夜，广州全城文武官员都要到万寿宫行礼，届时以举火为号，炸毁万寿宫，占领军装库，焚烧火药局，然后向各衙署发起猛攻，宣布建立大明顺天国。全军分为五路，一路在城东北阻截清军；一路夺取缯步军器制造厂以后进攻西门；一路在惠爱五约等处，截击旗兵；一路进攻万寿宫，杀尽那里的大小官吏；最后一路在城中策应各军。

当时孙文还在安南河内，谢缵泰打算占领省城后，再请他回广东，主持大局。李纪堂立即托陈少白带一万元到河内，给孙文作旅费。并告诉孙文，这次起义，宗旨和兴中会完全相同。为了争取国际同情，谢缵泰在香港向《泰晤士报》记者透露了起义计划，请他向全世界宣传他们的政治主张。同时起草和印刷了英文宣言，准备一旦起事，便在英文报纸上发表。义军制定了十大纪律，其中关于政治纲领有云：

本将军宗旨，系专为新造世界，与往日之败坏世界迥乎不同，而脱我汉人于网罗之中，行欧洲君民共主之政体。天下平后，即立定年限，由人民公举贤能为总统，以理国事。[①]

会党在广州城内设立了好几个秘密机关，贮存了大批军火、军服、旗帜、粮食、饼干；并飞檄江湖，传令北江、东江各路绿林人马，同时响应。洪全福自号兴汉大将军。1903 年 1 月 24 日，洪全福雇了一艘小火轮，离开香港，经澳门潜入香山。各路会党都集结在广州城四周了。

1 月 28 日，起义的日子终于到了。讵料，沙面托德洋行因届期无法交货，企图吞没李纪堂委托他们购买军火的 10 万元订金，向官府告密，两只准备运军火的舢板全被官府没收了，还抓了十几名兄弟。

①《大明顺天国元年南粤兴汉大将军申明纪律告示》。中国史学会主编《辛亥革命》（一），上海人民出版社、上海书店出版社，2000 年版。

广州同兴街的信义洋货店、芳村、河南两家继业公司、花埭信义公司的秘密机关，也被防营和南海县署查抄了。不少兄弟在省港澳轮船上被官差捕去。十一名被捕党人被就地正法，另一人在狱中毙命。

官府悬赏捕捉洪全福，不论生死，志在必得。生擒可得二万元赏金，死致也可以得到一万元。香港的机关也被港英当局破坏了，又有好几名党人被捕。洪全福在会党的掩护下，连夜逃回香港，然后转往新加坡避风去了。两广总督德寿向港英当局提出引渡在香港被捕的党人，但香港总督拒绝了，英国殖民部以国事犯为由，把他们全部释放。

经过这次流产革命，谢缵泰觉得自己不是那种舞枪弄棍的料，承受不了让兄弟去送死的心理压力，从此不复参与革命党的活动了，他和几位英国朋友合作，专心办起《南华早报》。李纪堂元气大损，几乎陷于破产。这是知识分子和商人介入革命的开始。洪全福在南洋隐居了几年，因病回香港治疗，死于香港。他没有能够看到大清王朝的覆灭。

庚子事变期间，沙俄入侵中国东北。1902 年 4 月沙俄与清廷订约，将侵占东北的俄军分三期于十三个月内全部撤走。但是，1903 年，沙俄不仅没有撤走一兵一卒，反而增派军队，并向清廷提出种种无理要求，激起中国民间一片抗议怒潮。4 月 27 日，爱国学社召集上海各界人士数百人，在张园开"拒俄大会"。

抗议的浪潮，迅速席卷北京、湖北、江西等地。4 月 29 日，留日学生五百余人在东京集会，一呼百应，成立了拒俄义勇队，提出"鼓吹、起义、暗杀"三种革命方法。几乎任何事情的发生，都会引出"革命"的结论，汪康年说："皖人因拒俄演说，而中间忽羼入革命话头，谓应去杀一城之官吏。"① 连骂俄国人，骂着骂着，也会骂出要杀中国官吏的话头，可见这中国政府的威信，在老百姓心中，连个当铺老板都不如了。5月2日，拒俄义勇队改名为学生军，再改名为军国民教育会，进行军事操练，随时准备开赴白山黑水，与俄国熊决一死战。

清明断雪，谷雨断霜。这年清明节过后，惠风和畅，上海人都忙着出城踏青游玩，爱国学社闯进一位从东瀛归来的青年，名叫邹容，重庆巴县人，年仅十八岁，1902年自费到日本东京同文书院学习日语，接触了许多革命志士，思想受到强烈感染，变得十分激进。拒俄运动爆发后，他马不停蹄返回国内，寻找发难机会。到上海后，邹容和章太炎住在一起，结成忘年交。

两位排满急先锋，相见恨晚，纵谈理想，革命激情一发不可收拾。邹容称章太炎为东帝，自称西帝。中国的革命者，大抵如此，豪情一来，忘不了称王称帝。邹容在狭窄的房间里，笔不停辍，写成了《革命军》一书。章太炎每阅一章，拍案喝彩，忍不住磨墨濡毫，为《革命军》写了一篇序言。

6月10日，《苏报》发表了章太炎的《序革命军》。6月29日，《苏报》摘录了章太炎另有一篇《驳康有为论革命书》的部分内容，以《康有为与觉罗君之关系》为题，在"论说界"发表。其后，由蔡元培、柳亚子、张继、黄宗仰等人筹了一笔款子，把《革命军》与《驳康有为论革命书》，合成一册子，交给大同书局出版。

章太炎在文中直呼皇帝其名，有"载湉（即光绪）小丑，未辨菽麦"之句。自此，《苏报》的排满色彩愈加浓烈，"贼满人""游牧

---

① 《汪穰卿笔记》（四）。台北，文海出版社影印本。

政府人""鞑子""辫发左衽之丑类""伪清""逆胡"等冷嘲热骂，充斥版面。

《革命军》在社会上风靡一时，人人争相传阅，发行过百万册。那些激烈尖锐的措词，掷地金声，振聋发聩，个个读得"面赤耳热，心跳肺张，作拔剑入地，奋身入海之状"。《苏报》称之为"诚今日国民教育之第一教科书"。①《革命军》开宗明义宣称：

> 扫除数千年种种之专制政体，脱去数千年种种之奴隶性质，诛绝五百万有奇被毛戴角之满洲种，洗尽二百六十年残惨虐酷之大耻辱，使中国大陆成干净土，黄帝子孙皆华盛顿，则有起死回生，还命反魄，出十八层地狱，升三十三天堂，郁郁勃勃，莽莽苍苍，至尊极高，独一无二，伟大绝伦之一目的，曰"革命"。巍巍哉！革命也！皇皇哉！革命也！

邹容在喊出"诛绝满洲人"的口号之后，又提出了以美国为榜样的立国纲领：

一、中国为中国人之中国。我同胞皆须自认为自己的汉种中国人之中国。

一、不许异种人沾染我中国丝毫权利。

一、所有服从满洲人之义务，一律消灭。

一、先推倒满洲人所立之北京野蛮政府。

一、驱逐住居中国中之满洲人，或杀以报仇。

---

① 《苏报》，1903 年 6 月 9 日。

一、诛杀满洲人所立之皇帝，以儆万世不复有专制之君主。

一、对敌干预我中国革命独立之外国及本国人。

一、建立中央政府为全国办事之总机关。

一、区分省份，于各省中投票公举一总议员，由各省总议员中投票公举一人为暂行大总统，为全国之代表人，又举一人为副总统，各府州县又举议员若干。

一、全国无论男女，皆为国民。

一、全国男子有军国民之义务。

一、全国当致忠于此新建国家之义务。

一、人人有承担国税之义务。

一、凡为国人，男女一律平等，无上下贵贱之分。

一、各人不可夺之权利，皆由天授。

一、生命自由及一切利益之事，皆属天赋之权利。

一、不得侵人自由，如言论、思想、出版等事。

一、各人权利必需保护。须经人民公许，建设政府，而各假以权，专掌保护人民权利之事。

一、无论何时，政府所为，有干犯人民权利之事，人民即可革命，推倒旧日政府，要求遂其安全康乐之心。迨其既得安全康乐之后，经承公议，整顿权利，更立新政府，亦为人民应有之权利。

关于未来的国体与政体，邹容则提出：

一、定名中华共和国（清为一朝名号，支那为外人呼我之词）。

一、中华共和国为自由独立之国。

一、自由独立国中，所有宣战、议和、订盟、通商，及独立国一切应为之事，俱有十分权利与各大国平等。

一、立宪法，悉照美国宪法，参照中国性质立定。

一、自治之法律，悉照美国自治法律。

一、凡关全体个人之事，及交涉之事，及设官分职，国家上之事，悉准美国办理。皇天后土，实共鉴之。[①]

理想目标是美好的，但实现路径却很恐怖。口口声声以美国为榜样，但美国独立，并没有杀尽英国人；美国宪法也没有规定要驱逐其他种族，更没有要“诛绝”其他种族。靠赶尽杀绝另一个民族建立起来的政权，决不可能是自由、民主、共和的。

孙文 1903 年 12 月在火奴鲁鲁发表的《敬告同乡书》称：“夫满洲以东北一游牧之野番贱种，亦可享有皇帝之权，吾汉人以四千年文明之种族，则民权尚不能享，此又何说？”进而明确宣称其宗旨：“革命者志在扑满而兴汉”。[②] 革命者一面号称要为共和、民权奋斗，一面却无法放下仇恨，这是一个难以破解的矛盾。

可惜，邹容没有时间把他的《革命军》付诸实行，因此无法证明，他的“诛绝五百万满洲种”的主张，到底有几分真几分假。

邹容性格急躁刚烈、特立独行，精神上常有“天下皆醉，唯我独醒”的自我感觉，在他眼里，芸芸众生，大都是脑壳没得脑花儿，章太炎说他“性倜傥，喜詈人”，看到什么不顺眼，就要拍桌子开骂，

① 邹容《革命军》。中国史学会主编《辛亥革命》(一)，上海人民出版社、上海书店出版社，2000 年版。

② 孙文《敬告同乡书》。《孙中山全集》(一)，中华书局，1981 年版。

不仅骂朝廷、骂官吏，也骂学生、骂天下人，所谓"哀其不幸，怒其不争"。

这时爱国学社声名甚大，几乎凌驾于中国教育会之上。爱国学社的社员，对教育会亦有睥睨之态。有一回邹容在演讲中说："中国教育会创办爱国学社，收容南洋公学退学生"，引起在座的社员不满，嘘声一片，认为他否定了退学生是学社主人，侮辱了退学生。

双方互相指责，发展到在报刊上发表文章，互相攻讦。章太炎站在邹容一边，吴稚晖站在学社社员一边。邹容在公开场合挖苦社员们："尔曹居上海，在声色狗马间，学英文数岁，他日堪为洋奴耳，宁知中外之学乎？"年轻的社员们被激怒，围住邹容，揎拳捋袖，几乎上演全武行。俞子夷说：

> 部分退学生事后竟向邹质问，并在《童子世界》上作文攻击。章师（太炎）不明开办经过，为邹辩护，于是又与章师争吵。吴稚晖又出来帮同部分学员与章、邹对垒。后来参加争论的人增加，教师中分成章、邹与吴两派，愈争愈烈，最后学社脱离教育会而独立。因一句无关重要的话而发展成严重的内讧，吴不无推波助澜之嫌。[①]

6月12日晚，两派师生在学社开会，又是争吵不休。蔡元培深感失望，拂袖而去，6月18日离开上海，独自到青岛去了。蔡元培走后，群龙无首，学社陷于内耗，更有全盘瓦解的危险。章太炎和学生们在会场上展开对骂，学生们竟跳上前去，扭住他的手脚，用皮鞋掌

---

① 俞子夷《回忆蔡元培先生和草创时的光复会》。《文史资料选辑》（七十七），中国文史出版社，1981年。

他的脸。所争者，无非是中国教育会与爱国学社谁主谁客而已。最后教育会与学社各登报脱离关系。

这边学社内讧闹得不可开交，那边政府已开始撒网捕鱼了。进入夏天以后，上海风声渐紧，哄传政府开列了一份黑名单，准备按图索骥，逐一逮捕。蔡元培、章太炎、邹容、吴稚晖、陈范（《苏报》馆主）等人，都在名单之上。只不过由于爱国学社设在租界内，工部局以治外法权为由，拒绝中国官府捕人。但吴稚晖已接到官场中人通风报信，劝他出国暂避。6月29日是星期一，"全上海皆知为苏报事，要捉许多人了，然自早上至下午五时，并无举动。"①

表面上风平浪静，背地里官府正紧锣密鼓向租界当局交涉，两江总督魏光焘向工部局要求查封《苏报》馆及逮捕诸人。工部局初不同意，6月26日，上海候补道俞明震从南京赶到上海，与驻沪领事团交涉，三番四次强烈要求，又是跪读圣谕，又是传达宪令，终于逼得领事团让步。于是，一出人神共愤的丑剧，就这样，在天地如晦之间，揭开了最黑暗的一幕。

风声愈来愈紧，有人劝章太炎也避避风头，章氏冷笑道："革命没有不流血的。我被清政府查拿，现在已经第七次了。"6月29日下午5时以后，巡捕房的警探开始采取行动，先捕去了《苏报》的作者、职员数人。30日，警探到爱国学社捕人，章太炎平静地说："其他人都不在，要拿章炳麟，就是我。"他让警探戴上手铐，大摇大摆而去。

邹容在留日学生张继协助下，躲到虹口一西人教士家中，避过了搜捕。但章太炎却从狱中写信给他，鼓励他去投案，分任《革命军》

---

① 吴稚晖《上海苏报案纪事》。中国史学会主编《辛亥革命》（一），上海人民出版社、上海书店出版社，2000年版。

案的责任。张继也劝他不如出首。有些爱国学社的学生跑到邹容寓所外扔石头，大声叫骂："章太炎已经入狱，你不入狱，是无耻！"邹容是《革命军》原作之人，自己跑掉没事，却让写序之人代己受过，说出来也不好听，非大丈夫所为，于是，7月1日，邹容自己步行到四马路老捕房投案自首。与其说他是"激于义愤"，倒不如说，更多是被"激将法"逼出来的。

6月30日，陈范带同家人逃往日本；7月7日，《苏报》被官府正式查封。《江苏》杂志宣称这是"汉满两族大争讼"。7月10日，吴稚晖远赴欧洲避风头。中方要求租界工部局将犯人引渡给中国政府，并许以"只以监禁了事，决不办死罪"的承诺，但这时却发生一件惨案：唐才常的密友沈荩假扮古董商人，从某高官家中偷出李鸿章所签的《中俄密约》全文，在报纸上发表，慈禧赫然震怒，官府连夜把沈氏抓获，不经审讯，立毙杖下，令举世骇然，因此工部局拒绝了引渡章、邹二人要求，该案只能在租界内审明施罚。

据《苏报与苏报案》一文说，上海道袁树勋曾计划以武力抢劫邹、章二人，"派遣清兵五百，解去号衣，潜伏新衙门后，伺机劫以入城。因捕房戒备森严，押送途中，每人又有英捕陪坐，前后还有全身武装的英捕护卫，街巷隘口有巡捕守卫，致使上海道劫人计划无法下手。"文章又披露，"上海道还曾用银十万两行贿美领事，三百元贿赂工部局，企图求得移送案犯，但均遭拒绝。"[①]

以前政府永远是扮演法官的角色，朝廷是永远的终审法官，民众犯事，只能听候官府审判，而现在朝廷却成了诉讼的一方，与章、

① 周元高、费毓龄《苏报与苏报案》。《辛亥革命七十周年》，上海人民出版社，1981年版。

邹这些平民在法庭上打官司，这是前所未有的。在经过长达数月的庭
讯后，代表清廷参加会审的上海县令汪瑶庭拟定判决为：章、邹"永
远监禁"，但英国副领事却期期以为不可。12月24日，汪瑶庭不顾
工部局异议，硬要为朝廷恢复法官身份，在"额外公堂"自行宣布：

> 查律载："不利于国，谋危社稷，为反；不利于君，谋危宗庙，
> 为大逆。共谋者不分首从皆凌迟处死。"又律载："谋背本国，潜从
> 他国为叛共谋者，不分首从皆斩。"又律载："妄布邪言，书写张贴，
> 煽惑人心，为首者斩立决，为从者绞监候。"如邹容章炳麟照律治
> 罪，皆当处决。今逢万寿开科，广布皇仁，援照拟减，定为永远监
> 禁，以杜乱萌，而靖人心。[1]

"不利于国、谋危社稷""妄布邪言、煽惑人心"一类罪名，中
国人耳熟能详，无非以言入罪，把清代"圣祖"康、雍、乾的文字狱
戏码，照搬上20世纪的舞台而已。如果案件不是发生在租界，章、
邹诸人，凶多吉少。

在公使团的干预下，1904年5月，上海会审公廨改判章太炎监
禁三年，邹容两年，押入提篮桥畔的监狱服刑。章太炎坐足三年大牢，
1906年出狱；邹容则在1905年获保释前一天，病死于狱中，坊间传
说是中毒而死的。

章太炎晚年，有一回朋友对他说，当年《苏报》案，幸亏上海
租界工部局坚持领事裁判权，没有同意把章太炎引渡给清政府，可见

---

[1] 张篁溪《苏报案实录》。中国史学会主编《辛亥革命》（一），上海人民出版社、
上海书店出版社，2000年版。

欧美人比较民主公正。当时章太炎的反应，竟古井无波，一板一眼地说："这哪里是他们的好心肠噢，他们这样做，还不是为了自家的利益？貌似公正，其实是为了保护他们在租界的特权，进一步捞取好处。对此不值得一谢。"[1] 似乎，因为动机不良，救人一命，就连滴水之恩也算不上，只有不为自家利益，专为他人利益的，才值得章氏"一谢"。

当初留日学生因发起拒俄运动，在东京组织了义勇队和军国民教育会。军国民教育会下，有一个极秘密的暗杀团组织，专以行刺官吏为己任，蔡元培主动要求入伙。1904 年冬，毕业于日本成城学校的陶成章、曾参与拒俄义勇队的龚宝铨召集江、浙、皖数省志士，把原来的军国民教育会改组成光复会，取光复旧邦之意。加盟者都要刺血发誓，宣读"光复汉族，还我山河，以身许国，功成而退"的誓词，蔡元培被推举为会长。

知识分子开始学习研制炸弹、毒药，组织暗杀团，联络会党，义无反顾地走入江湖了。

---

[1] 章导《忆辛亥革命前后先父章太炎若干事》。《辛亥革命七十周年》，上海人民出版社，1981 年版。

"忠义堂"上群英会

孙文自 1903 年 9 月下旬离开日本，到欧美游历，足迹遍及檀香山、火奴鲁鲁、纽约、伦敦等地。每到一处，就和当地的华侨、留学生和秘密帮会接触，宣传他的革命大计。据旧金山致公堂（洪门）总理黄三德说："因为孙文曾到美国，运动华侨'作反'（孙文初时未识讲革命两字，只讲作反），华侨不理之，尤其是香山人最恶之，所到皆饷以闭门羹，运动无所入。"[①]

洪门是中国最大的秘密帮会之一，号称以"反清复明"为宗旨，势力遍及海内外。陶成章曾考察过中国教会（教门与会党）的源流，他说：

中国有反对政府之二大秘密团体，具有左右全国之势力者，是何也？一曰白莲教，即红巾也；一曰天地会，即洪门也。凡所谓闻香教、八卦教、神拳教、在礼教等，以及种种之诸教，要皆为白莲教之分系。凡所谓三合会、三点会、哥老会等，以及种种之诸会，亦无一非天地之支派。

---

① 黄三德《洪门革命史》。无出版者，1936 年印。

　　陶成章分析说，长江以南的南方人，"智而巧，稍迷信，而多政治思想"；黄河以北的北方人，"直而愚，尚武力，而多神权迷信"。[①]当时的美洲华侨，以南方人居多，尤其是广东人，十之八九都在洪门中。

　　黄三德建议孙文，不如加入洪门，这样活动起来，较为便利。孙文脑筋十分灵活，马上想到美洲华侨有 7 万人，如果通过洪门致公堂总注册，每人征收注册费美金 3 元，21 万美金岂不是唾手可得？作为国内革命经费，足可以收买 3500 万会党揭竿而起。因此，他甘愿吃三分米七分沙之苦，加入洪家兄弟。

　　1904 年 1 月 11 日，经黄三德介绍，孙文在檀香山致公堂国安会馆加入洪门，他在五祖像前，恭恭敬敬，发三十六誓，愿遵守洪门二十一条规、十条禁，被封为"插柳山上的红棍大哥"。从此四海九州岛尽姓洪，无论孙文到哪里演讲、筹款，都有洪门出面铺路、安排，再也没有人给他吃闭门羹了；他缺盘川，洪门为他筹措；他被移民局扣押，洪门请状师营救他。孙文早就想把会党改造成革命主力，现在厕身其间，更方便施展拳脚了。

　　从 1904 年开始，孙文一改以往行踪飘忽，甚少抛头露面、与人交往的习惯，热心于结交天下豪杰。1905 年 1 月，孙文到了天寒地冻的比利时，与当地几位同志见面，他们的话题，依然离不开国内的革命。他的同志提议，应该改造新军，鼓动他们在营中举义。但孙文却坚持认为，士兵只会服从，不能首义，首义必须由同志承担，从改造会党入手。

[①] 陶成章《浙案纪略》。中国史学会主编《辛亥革命》（三），上海人民出版社、上海书店出版社，2000 年版。

[孙文说] 会党之宗旨本在反清复明，近日宗旨已晦，予等当然为之阐明，使复原状，且为改良其条款，俾尔辈学生亦得加入。盖会党之章规，成于明末陈近南先生。当时陈先生以士人无行，往往叛党，故以最粗最鄙之仪式及一切不通之文字为教条，俾士人见而生恶，不肯加入，因以保存至今。今日应反其道而行之，使学生得以加入，领袖若辈，始得有济。①

为了让留学生接受并加入会党，孙文说服他们签订盟书，发誓"驱逐鞑虏，恢复中华，创立民国，平均地权"。目前这并不是加入某个组织的盟书，只表示愿意加入某项事业。孙文和每一个签名画押的人握手祝贺："为君道喜，君已非清朝人矣！"他还模仿秘密组织，为留学生拟定了见面暗号，让他们熟悉会党的运作：

问：君从何处来？
答：从南方来。
问：向何处去？
答：向北方去。
问：贵友为谁？
答：陆皓东、史坚如二人。②

---

① 孙文《与旅比中国留学生的谈话》.《孙中山全集》（一），中华书局，1981 年版。
② 孙文《旅欧中国留学生盟书及联系暗号》.《孙中山全集》（一），中华书局，1981 年版。陆皓东为兴中会成员，1895 年被官府杀害。

这表明孙文不仅加入了洪门，而且还打算自己开山设堂，组织"革命会党"。孙文从比利时又转到了英国，在伦敦主动拜访吴稚晖，吴氏终于知道他不是一个目不识丁的粗人了。两人相见甚欢。7月，孙文从欧洲乘法国邮轮"东京号"返回日本。

胡展堂为了声援吴稚晖，1902 年从日本退学回国，在广东香山隆都的私立学校当校长，不久因学生捣毁文昌庙孔子像，遭到当地乡绅的责难，胡展堂深感在专制淫威之下，无教育可言。1903 年夏天，他从香山乘船到广州。半途遇强盗抢劫，枪弹横飞，船上死伤枕藉，胡展堂却侥幸无事。事后，他感慨地对友人说："教育功效甚缓，我决东游矣！舟中之事，苟一不幸，生命等于鸿毛，亦有何益！独不念陈涉世家所云：等死耳，死国可乎。"[1]

路遇强盗抢劫，在那个年代，本属家常便饭，居然亦可以引申出"既然江湖好汉没打死我，不如我也做江湖好汉"的道理，可见年轻人的愤世嫉俗，对社会的不满，已到了随时爆炸的程度，江湖有着难以抗拒的吸引力。

这年冬天，两广总督岑春煊派出 41 名官费学生赴日本学习法政，有汪精卫、朱执信等人；另外再特别保送官绅 15 人，同赴日本留学，胡展堂是其中之一。这是他第二次到日本，入东京法政大学速成法政科就读。

1902 年，胡展堂退学返国时，在日本的中国留学生有 600 余人，当他 1904 年重返日本时，留学生已超过 3000 人。据胡展堂观察：

---

[1] 蒋永敬《胡汉民先生年谱》。中国国民党中央委员会党史委员会，1978 年版。

其时学生全体内容至为复杂，有纯为利禄而来者，有怀抱非常之志愿者，有勤勤于学校功课而不愿一问外事者（此类以学自然科学者为多），有好为交游议论而不悦学者（此类以学社会科学为多），有迷信日本一切以为中国未来之正鹄者，有不满意日本而更言欧美之政制文化者。其原来之资格年轻，亦甚参差，有年已四十、五十以上者，有才六七岁者，有为贵族富豪之子弟者，有出身贫寒来自田间者，有为秘密会党之领袖以亡命来者，有已备有官绅之资格来此为仕进之快捷方式者（法政学校更有为新进士所设之特班，殆如散馆之入翰林院，功令使然）。杂糅以上种种分子，而其政治思想则可大别之为"革命"与"保皇立宪"两派；而其时犹以倾向"保皇立宪"者为多（立宪、保皇相表里，其名不同，其实一也）。①

留英、留美学生，很多是学习工程、法律、教育等专业，日后成为专家学者，而留日学生，却大部分是来学习革命的，思想最活跃，从事政治活动的人也最多。"对于革命理想，感受极速，转瞬成为风气"。（孙文语）据统计，从1900年至1903年，留日学生先后组织过七个编译团体：译书汇编社、湖南编译社、教科书译辑社、会文学社、国学社、东新译社、闽学社。1880年至1904年间，由留日学生翻译的书籍，多达2204种，社科类的比例最高，占32%。又出版了很多杂志，如《新广东》《新湖南》《浙江潮》之类。

胡展堂抵达日本之际，两派学生正大起冲突。原因是四川籍的留学生起草了一份《要求归政意见书》，呼吁慈禧归政光绪，以统一

---

①《胡汉民自传》。存萃学社编集《胡汉民事迹资料汇辑》（一）。大东图书公司，1980年版。

权力；并宣布立宪，以定国是；召还康有为等人。他们还准备派代表到北京"伏阙上书"。顿时引起意见纷纭，福建、安徽、贵州、直隶、江西、广西等省同乡会都表示反对，直斥此举"徒事喧嚣，毫无实际"。

从湖南来的留学生陈天华，也拟了一份《要求救亡意见书》，呼吁政府勿以土地割让与外人，勿以人民委弃于外人。应尽快实行变法，早定国是，予人民以地方自治权，许人民以自由著述、言论、集会权。

两份意见书大同小异，都是以承认政府的合法性为前提，向朝廷和平请愿。这对革命党人来说，是断不能接受的。陈天华曾写过《猛回头》和《警世钟》两书，大名鼎鼎，在许多人印象中，他应该是"头可断、血可流"的烈士型人物，他为何会支持请愿？原因是他虽然赞成革命，但深感现在中国面临瓜分，危在旦夕，而革命不可能在短期内成功，恐怕命未革成国先亡了，所以要救亡，还是要靠政府。

陈天华甚至打算亲自到北京上书，但遭到许多人的反对。在湖南同乡会上，来自湖南的留学生一致决议反对和平请愿，而支持"全省独立自治"的主张。在留学生会馆干事和各省评议员大会上，大部分人也都反对请愿。"意见书"被否决，"俺也曾洒了几点国民泪"的陈天华，心情难免黯然。

然而，这时的胡展堂，却意气风发。在异国他乡，终于遇上了朱执信、汪精卫、廖仲恺这些广东人，大家志同气合，切磨箴规，不亦乐乎。这年暑假，正是绿树阴浓、风老莺雏的时节，胡展堂与在中央大学政治经济科读书的廖仲恺一同回国，准备把妻女也带到日本留学。他再一次与孙文擦肩而过。

孙文还没到日本，在日本的留学生中，已经传得沸沸扬扬："有个大革命家要来了，他就是孙逸仙先生！"大家兴奋莫名。孙文抵达日本横滨后，几百名留学生代表把他迎接到东京。孙文冒着溽暑，孜孜无倦地奔走于东京各处，从麹町区到赤阪区，不停地与留学生见面交谈。

当时的留学生中坚分子包括黄兴、宋教仁、陈天华等人，都来自湖南。黄兴是长沙人，肄业于两湖书院，两年前他在长沙组织华兴会和同仇会，吸收哥老会成员不下十万余人，准备在长沙举事。他们模仿日本军制，编为革命军，黄兴自任大将兼会长。不料东窗事发，官府搜捕甚急，黄兴等人先后逃到日本。孙文与他们商量成立同盟会的大计，众人齐声附和。陈天华在《猛回头》里，向老天爷呼吁："望皇祖告诉苍穹，为汉种速降下英雄！"

现在，英雄来了。

青年们本来就无心向学，整天保皇、革命争个没完，对祖国忧心如焚。这时，孙文出现了，他的目光，他的举止，他的谈吐，就像一杯烈酒，顿时令大家如醉如狂。

在留学生中，曾开展过一场关于破除省界的大讨论，发起这场讨论的是《浙江潮》杂志，它鉴于学生中的乡土地域观念太过浓厚，不同省籍自成小圈子，不利于团结，乃在 1903 年 4 月率先提出"消除地域界限，联合建立统一团体"，"有国界不有省界"的主张。

一石激起千层浪，青年们的反应，其热烈程度，有如卷起千堆雪。《浙江潮》进一步明确提出："惟有拔各省同乡会之精华而建为

'中国本部统一会'。"① 这年 5 月，在《湖北学生界》第五期封底上，刊登了"大湖南北同盟会"的书刊广告。同月，国内的《苏报》也刊登文章称，留日归国学生邹容发起创立中国学生同盟会。这是"同盟会"这个名称，第一次赫然出现在国内的报纸上。

经过两年讨论，到 1905 年，"破除省界，实现大联合"，已在留学生中成为响遏行云的口号。因此，当孙文在东京组织中国同盟会时，立即得到青年们的积极响应。7 月 30 日，孙文在赤阪区桧町三番黑龙会召开中国同盟会筹备大会，与会者有 73 人。

孙文讲解誓词："当天发誓，驱除鞑虏，恢复中华，创立民国，平均地权。矢信矢忠，有始有卒，有渝此盟，任众处罚。"他解说"平均地权"时，大家听得云里雾里，但一说到"驱除鞑虏"，登时来了精神，全场欢声雷动。

忽然有人起立问孙文："他日革命告成，先生其为帝王乎？抑为民主乎？请明以教我！"这个问题本不难回答，但出人意料的是，孙文与黄兴都沉默不语，不知所对。一个普通问题，竟变成了晴天霹雳。这时，同盟会章程起草人之一的程家柽出面解围："革命者国人之公事也，孙先生何能为君主民主，惟在吾人之心中，苟无慕乎从龙之荣，则君主无自而生。今日之会，惟研求清廷之当否革除，不当问孙先生以帝王或民主。"② 一个至关重要的问题，被轻巧地敷衍过去了。难怪张继后来感叹："向使留学界无韵荪（程家柽字），则中国同盟会必不能以成。"③

①《浙江潮》（第三期），1903 年 4 月 17 日。
② 吴相湘《孙逸仙先生传》（上）。台湾，远东图书公司，1982 年版。
③ 宋教仁《程家柽事略》（附张继跋）。台湾，中国国民党党史委员会，1965 年版。

　　青年们纷纷自写誓词，画押宣誓。散会时，由于人数众多，坐席不堪重压，忽然"轰隆"一声倒坍，会场一片惊呼，只有孙文从容笑称："这是颠覆满清，革命成功之兆。"大家这才定下神来，鼓掌欢呼。

　　8月13日，黄兴在麴町区的富士见楼举行欢迎孙文大会，到会群众1300余人。孙文第一次向日本的中国留学生发表演说。他语气激昂地说："中国土地人口，世界莫及。我们生在中国，实为幸福。各国贤豪皆羡慕此英雄用武之地，而不可得。我们生在中国，正是英雄用武之时，反都是沉沉默默，让异族儿据我上游，而不知利用此一片好山河，鼓吹民族主义，建一头等民主大共和国，以执全球的牛耳，实为可叹！"孙文宣称，他要民主共和国，不要君主立宪国：

　　　　若单说立宪，此时全国的大权都落在人家手里，我们要立宪，也是要从人家手里夺来。与其能夺来成立宪国，又何必不夺来成共和国呢？①

　　8月20日，中国同盟会正式成立。下午2时，在赤阪区一个日本人家里举行大会，百余人出席。只见人丛之中，有孙文、黄兴、宋教仁、陈天华、程家柽、蒋尊簋、马君武、邓家彦、曹亚伯、蒋作宾、田桐、张继、胡毅生、朱执信、冯自由、汪精卫、古应芬，日本人宫崎寅藏、内田良平等人，忠义堂前大聚义，众英雄有位登位，无位站排，场面之热闹，如同"六国大封相"。

---

① 孙文《在东京中国留学生欢迎大会的演说》。《孙中山全集》（一），中华书局，1981年版。

当由黄兴宣读会章，马上有人提出异议，此辩彼驳，争论盈庭，有人愤然离席退出。反对者走了，剩下的都是支持者。最后各项档一一通过，公推孙文为中国同盟会总理，不必投票选举。黄兴掌庶务科，汪精卫掌评议部，邓家彦任判事长，宋教仁任检事长。并准备在国内成立东、南、西、北、中五个分部。大会高呼"万岁"，尽兴而散。

蔡元培尝言："清季革命者首推同盟会，会旨虽有'建立民国，平均地权'诸义，而会员大率以'驱除鞑虏'为唯一目的，其抱有建设之计划者居少数。"[①]"驱除鞑虏"是兴中会时就提出的口号，成为动员民众的利器。但似乎一直没有说清楚，究竟要把"鞑虏"驱到哪里去？驱回东北吗？还是驱下大海？

不过，搞不清要把"鞑虏"驱到哪里去不要紧，是否理解或赞成建立民国、平均地权也不要紧，只要赞成排满，就可以加入同盟会，孙文有一句名言，"只要志愿参加同盟会的，不论厨子、丫环、老妈，我们一律接收。"[②]

但对革命党人的排满主张，历来都有争议。反对者斥之为狭隘的大汉族主义，支持者则说这只是策略口号。哪些是真实目标，哪些是策略口号，恐怕连孙文本人也未必分得清楚。况且五湖四海三江九州岛十三省的好汉，本身就是一盘大杂烩，没有什么统一的、严谨的"策略"可言。但他们最高明之处，在于看准了大清的死穴，就在一个"满"字，只要死死咬住不放，早晚必能致其死命。

① 蔡元培《〈我之历史〉序》。《蔡元培全集》（三），中华书局，1984 年版。
② 吴弱男《孙中山先生在日本》。《中华文史资料文库·政治军事编》（一），中国文史出版社，1996 年版。

　　胡展堂、廖仲恺回到日本时，听说同盟会已经成立了，大感懊悔。不过，9月1日晚上，孙文竟主动登门拜访，与胡、廖二人相见。胡氏激动地说："是为生平第一次得接先生之丰采言论。"孙文给他们解释他的三民主义（民族主义、民权主义、民生主义）理论，胡、廖"皆俯首称善"。

　　孙文问："皆已决心无疑义了吗？"

　　胡、廖二人异口同声说："革命是我们的素志，民族主义、民权主义都丝毫没有疑义了，但平均地权、民生主义，则还有未达之点。"

　　孙文又再详细解释了一番，他说："中国此时似尚未发生问题，而将来乃为必至的趋向，我们因为人民的痛苦，而有革命，如果革命成功了，而还是沿袭欧美日本的故辙，最大多数人仍受痛苦，这不是我们革命的目的。"

　　胡展堂豁然说道："说到这里，我再没有疑问了。"[①]

　　他们谈了一个通宵。孙文向他们介绍革命党的性质与作用，党员对党的义务与牺牲、服从的要求。胡、廖二人都说可以做到。当他们宣誓加入同盟会时，天色已经泛白了。胡展堂任同盟会本部评议部评议员，后接任书记科，掌理机要文书。

　　同盟会的人数不断增多，到1905年底，有名籍可考的会员达506人，1906年底增至956人，其中广东人最多，170人；湖南人次之，158人；第三是四川，127人。这与各省在日本留学生的人数有关，甘肃没有留日学生，是同盟会中唯一缺席的省份。

---

① 《胡汉民自传》。存萃学社编集《胡汉民事迹资料汇辑》（一）。香港大东图书公司，1980年版。

"革字派" 恶斗 "宪字派"

孙文在东京期间，与杨度相识。杨度也是湖南人，举人出身，曾参与公车上书，是梁启超的"天下之至好也"；到东京后，入读弘文学院师范速成班，与黄兴、胡展堂同学。杨度才华出众，1903 年，被保荐入京参加新开的经济特科进士考试，初取一等第二名；后来再次东渡日本求学，1904 年入日本法政大学速成科，学习各国宪政，与汪精卫是同学。

杨度在留学生中的知名度很高，小小寓所，胜友如云，经常高朋满座，有"留日学生俱乐部"之称。孙文识英雄重英雄，极力邀他加入同盟会。两人曾同住一室，促膝密谈，孙文反复以大义相勉："当今之世，中国非改革不足以图存。但与清政府谈改革，无异于与虎谋皮，因此，必须发动民主革命，推翻这个昏庸腐朽的政府，为改革政治创造条件。"

杨度却不以为然："民主革命的破坏性太大，中国外有列强环伺，内有种族杂处，不堪服猛剂以促危亡。"他举英、日两国的君主立宪为例，"清政府虽不足以有为，倘待有为者出而问世，施行君主立宪，则事半而功必倍。"

任凭孙文唇焦舌敝，谈了三天三夜，也劝服不了杨度，最后各自带着一脸倦容，握手而别。杨度临别留言："我们政见不同，不妨各行其是，将来无论打通哪一条路线，总比维持现状的好。将来我如失败，一定放弃成见，从公奔走。"①

杨度的书生之见，实在太过迂腐，对孙文来说，路线只有一条，就是革命，要打通这条路线，就必须把其他路线统统堵死，绝不存在"并行不悖"的可能性。

当时留日学生山头众多，既有秘密团体，又有公开团体。秘密者，如同盟会、共进会、丈夫团一类；而公开者，则为各省的同乡会。"破除省界"的口号虽然叫了几年，但政治观念与乡土观念，交织纠缠，依然壁垒分明。梁启超办的《新民丛报》，在年轻人当中，很有号召力，形成众星拱月之势。孙文一派要异军突出，筑起自己的山头，最快捷的方法，乃擒贼先擒王，直接挑战梁启超。

10月6日，东京留学生举行"戊戌庚子死事诸人纪念会"。胡展堂代表同盟会参加，发表了长达三小时的演讲，他以康有为、梁启超同乡的身份，痛斥保皇与立宪的主张，把康有为的思想分为五级退化：由想做教主，退到主张共和，再退到立宪，再退到变法，再退到勤王、保皇，每况愈下。胡展堂大声疾呼：

死者不可复生，生者尚要为患。骂的生人，就是骂他将人愚弄。谭嗣同、唐才常已被他愚弄死了，我辈生人不要再被他愚弄，因谭嗣同、唐才常被他愚弄死，所以更有得利用。难道我辈也甘心被他愚弄？被他利用么？谭、常死得可怜，所以要追悼他，如果诸君不自爱，不为祖国前途自爱，那就不胜追悼了！②

---

① 陶菊隐《筹安会"六君子"传》。中华书局，1981年版。
②《民报》（第一号），1905年11月26日。

听众为之鼓掌狂呼。其实，胡展堂有自己的理想，谭嗣同、唐才常何尝没有自己的理想？他们为理想而死，一个是"我自横刀向天笑"，一个是"慷慨临刑真快事"，可怜与否，冷暖自知。硬说他们是被愚弄死的，是被别人利用死的，谭、唐二人泉下有知，不知作何感想。因此，"康梁之徒"气愤填膺，当场宣布以后不再在东京开会了。

同盟会人欢欣鼓舞，咸认为打了漂亮一仗。11 月 26 日，同盟会机关报《民报》（月刊），在东京发刊，发刊词由孙文口授，胡展堂笔录，第一次对三民主义作文字的阐释：

> 余维欧美之进化，凡以三大主义：曰民族，曰民权，曰民生。罗马之亡，民族主义兴，而欧洲各国以独立。洎自帝其国，威行专制，在下者不堪其苦，则民权主义起。十八世纪之末，十九世纪之初，专制仆而立宪政体殖焉。世界开化，人智益蒸，物质发舒，百年锐于千载，经济问题继政治问题之后，则民生主义跃跃然动，二十世纪不得不为民生主义之擅场时代也。是三大主义皆基本于民，递嬗变易，而欧美之人种胥冶化焉。其它旋维于小己大群之间而成为故说者，皆此三者之充满发挥而旁及者耳。[1]

胡展堂把《民报》的宗旨，归纳为"六大主义"：一、颠覆现今恶劣政府。二、建立共和政体。三、维持世界真正之和平。四、土地国有。五、主张中日两国之国民联合。六、要求世界列国赞成中国之革新事业。胡展堂说，这六大主义，"而又得合为一大主义，则革

---

[1] 孙文《〈民报〉发刊词》。《孙中山全集》（一），中华书局，1981 年版。

命也。"① 其后，胡展堂以笔名"汉民"，发表《关于最近日清之谈判》《清政府与华工禁约问题》等文章，锋发韵流，咄咄逼人，从此，人们都叫他胡汉民。

据参与过《民报》工作的同盟会员汪东说："《民报》是有严密组织的一个革命党的机关报。它所宣传的理论，是依据中山先生所提出三民主义为中心的。"

[汪东写道]经常执笔的人，也是当时所推选的能文之士。至于编辑兼发行，倒不是一定是真正负责文字的人，只是由当时不用隐蔽身份而自愿以真姓名向日本政府登记的人出来担任名义罢了。张继、陶成章都是如此。真正的主编，头几期是胡汉民，以后是章太炎，太炎离开的时候，我与刘申叔也都分别担任过一期，最后仍是太炎。②

《民报》甫问世，即以梁启超的《新民丛报》为最大假想敌，《新民丛报》说什么，《民报》就批什么，抓住"保皇"这个箭靶，不断开火，言辞激烈，穷追猛打，大有不把《新民丛报》彻底打倒，誓不甘休之势。

双方各说各话。同盟会说满人夺了汉人江山，中国就是亡国了，梁启超则说中国从未亡国，爱新觉罗取代大明朱氏，只是易姓而非亡国；梁启超说中国只能实行开明专制，同盟会就说中国要实行美国式的民主宪政；梁启超说有能行议院政治之能力者，才有可以为共和国

① 胡汉民《民报之六大主义》。《民报》(第三号)，1906 年 4 月 5 日。
② 汪东《〈民报〉片断回忆》。《中华文史资料文库·政治军事编》(一)，中国文史出版社，1996 年版。

民的资格，目前中国尚未有实行议院政治的能力，所以未具备实行共和制的条件，而同盟会则强调中国国民必能有为共和国民之资格者；梁启超挖苦同盟会是专开空白支票，"博一般下等社会之同情，冀赌徒、光棍、大盗、小偷、乞丐、流氓、狱囚之悉为我用，惧赤眉、黄巾之不滋漫，而复从而煽之"，同盟会则痛斥梁启超"信口开河，狂躁不止，不仁不智"。

大家互不妥协，理性的讨论，被情绪化的攻击取代，舌锋如火的结果，最后演成你死我活之势。《民报》公开揭示与《新民丛报》的十二大分歧：

一、民报主共和；新民丛报主专制。

二、民报望国民以民权立宪；新民丛报望政府以开明专制。

三、民报以政府恶劣，故望国民之革命；新民丛报以国民恶劣，故望政府以专制。

四、民报望国民以民权立宪，故鼓吹教育与革命，以求达其目的；新民丛报望政府以开明专制，不知如何方副其希望。

五、民报主张政治革命，同时主张种族革命；新民丛报主张政府开明专制，同时主张政治革命。

六、民报以为国民革命，自颠覆专制而观，则为政治革命；自驱除异族而观，则为种族革命；新民丛报以为种族革命与政治革命不能兼容。

七、民报以为政治革命，必须实力；新民丛报以为政治革命，只须要求。

八、民报以为革命事业专主实力，不取要求；新民丛报以为要求不遂，继以惩警。

九、新民丛报以为惩警之法在不纳租税与暗杀；民报以为不纳租税与暗杀不过革命实力之一端，革命须有全副事业。

十、新民丛报诋毁革命而鼓吹虚无党；民报以为凡虚无党，皆以革命为宗旨，非仅以刺客为事。

十一、民报以为革命所以求共和；新民丛报以为革命反以得专制。

十二、民报鉴于世界前途，知社会问题，必须解决，故提倡社会主义；新民丛报以为社会主义，不过煽动乞丐流民之具。①

当然，《新民丛报》所秉持的宗旨，未必如《民报》所说，此十二项只是《民报》单方面的解读，带有"辩驳"色彩。梁氏对时政的言论，多为理性分析，引经据典，析缕分条，自以为逻辑严密。而《民报》文章，则多属鼓动宣传文字，高屋建瓴，气势磅礴，一句响亮的口号，足以冲垮任何逻辑之堤；战术上，攻其一点，不及其余，令梁氏百口莫辩，急恼交集。梁氏指责同盟会故意曲解他的观点，人人以罪，挑拨读者恶感。

同盟会的"革字派"明白，"非征服新民丛报，无法使革命思想得以发展"。②因此集中火力，大加挞伐，他们给梁启超起了一个外号叫"文妖"，凡是赞成立宪的都是"宪字派"，冲突从理论跨向现实，两派人物在街头巷尾相遇，也好像仇人相见，分外眼红，一言不合，就要大打出手。

①《民报与新民丛报辩驳之纲领》。中国史学会主编《辛亥革命》（二），上海人民出版社、上海书店出版社，2000年版。
② 蒋永敬《胡汉民先生年谱》。中国国民党中央委员会党史委员会，1978年版。

在当时的氛围中，主张流血革命，总是比主张变法立宪，较容易在年轻人中获得共鸣。中国文化中有一种侠义传统，朱家、郭解、剧孟、荆轲、豫让、鲁仲连这些人的故事，总能让血气方刚的年轻人热血沸腾。

《民报》与《新民丛报》的论战，长达一年多时间。汪东说："两派势力的消长，《民报》出版是一个大关键，这是无可置疑的。"[1]1906年，梁启超托人向同盟会求和，他一向与《民报》辩论，是出于不得已，如果可以调和，他不愿看到这样的局面。《民报》总拿他保皇说事，其实他早已改变方针，保皇会也早改名为国民宪政会了。梁氏建议此后《新民丛报》与《民报》"和平发言，不互相攻击"。[2]但同盟会拒绝停战，不攻击，就失了锐气；要保持锐气，就一定要不断攻击、攻击、再攻击。

① 汪东《〈民报〉片断回忆》。《中华文史资料文库·政治军事编》（一），中国文史出版社，1996年版。
② 宋教仁《宋渔父日记》。中国史学会主编《辛亥革命》（二），上海人民出版社、上海书店出版社，2000年版。

小规则掀起大风浪

1905 年 11 月的东京，北风渐紧。但在中国留学生会馆里，却热气腾腾。人们不安地交谈着，愤怒地叫骂着，都在谈论一件事：11 月 2 日，日本政府文部省颁布了《关于许清国人入学之公私立学校之规程》(即所谓"取缔规则")，其中有两条规定，被中国留学生视为不公平条文。第九条："受选定之公立或私立学校，其令清国人学生宿泊之寄宿舍或属于学校监督之旅馆，须受校外之取缔。"第十条："受选定之公立或私立学校，遇有清国人曾在他校以性行不良之故被命退学者，不得复令入学。"

平心而论，就规则本身而言，并无过分之处，"取缔"二字，在日文不过是"管理"之意。日本政府颁布这样的规则，亦属事出有因，据胡汉民事后分析，一是当时留学生人数过多，确有不自整饬其行为者，给了日本政府管束的理由；加上日本也有以贩卖文凭图利的私立学校，其寄宿舍乱七八糟；二是革命党的组织成立，中国公使馆与日本交涉，日本政府以此作为敷衍。① 公布之后，学生们也没有多加留意。

但 11 月 26 日，形势却突然急转直下。这天，中国留学生们发

---

① 《胡汉民自传》。存萃学社编《胡汉民事迹资料汇辑》(一)，香港，大东图书公司，1980 年版。

现，在他们就读的学校，都贴出布告，限中国留学生在三日内，将本人原籍、现址、年龄、学籍、经历一律具报，否则将有处分。早已习惯了来去自由，无拘无束的中国留学生，相率哗噪，认为是"剥我自由，侵我主权"，学生们质问：什么叫"性行不良"？革命算不算？如果学生持"革命主义"，也算性行不良，岂不绝了我们入学门路？

11 月 30 日，留学生总会干事和各省职员联名致书驻日公使杨枢，要求公使向日本政府交涉，取消"取缔规则"之第九、第十条。后来有人鼓动说，日本还有"石油取缔规则""铳炮火药取缔规则"等法规，现在再弄一个"中国留学生取缔规则"出来，这是把中国留学生当成石油、铳炮火药一样的危险品，简直是奇耻大辱。因此，学生们从要求取消第九、十条规定，扩大到要求取消整个规则。

这时孙文、黄兴都不在日本。同盟会中截然分成两派，一派为激烈派，以宋教仁领头，主张留学生全体退学回国，从事革命，这一派占了大多数；另一派认为"取缔规则"虽然可恶，但应想办法打消它，而不是退学回国；《民报》发行未久，与《新民丛报》的角力，刚刚占有上风，若一哄而散，无异从根本发生动摇。胡汉民、汪精卫、朱执信等人，都不愿意放弃这个阵地。

12 月 4 日，弘文学院中国留学生率先罢课抗议。翌日，300 多名留学生在富士见楼集会，讨论应对办法。大家一致认为，此章程有辱国体，应完全废止。但有人要采取激烈行动，有人要和平解决，闹哄哄莫衷一是。来自实践女校的女学生秋瑾强烈呼吁大家回国革命，情绪极为激动，痛哭演说，指责同胞做事虎头蛇尾，表示以后绝不与留学生共事。她自己返回国内了。

本来，退学回国，亦未尝无理。所谓入乡随俗，到了日本留学，就应该遵守当地的法规，况且这些法规也不算苛刻，与主权、自由和

"国体受辱"，扯不上关系。如果不愿遵守，大可以选择回国，或改往其他国家，但不能既要留下，又不遵守法规。日本政府表示不会取消规则，日本舆论亦多批评中国学生妄逞意气，《朝日新闻》更嘲讽中国人缺乏团结力，中国留学生是"放纵卑劣"的一群。

陈天华深感悲愤绝望。他是不赞成放弃学业回国的，但面对大多数人都主张回国，又不便出面唱反调。大家觉得陈天华那支笔十分了得，应发表意见，鼓动力争，但他却意态消沉地婉拒："徒以空言驱人发难，吾岂为耶！"直到他死后，才敢披露自己的心声："鄙人内顾团体之实情，不敢轻言发难。继同学诸君倡为停课，鄙人闻之，恐事体愈致重大，颇不赞成。"内心的苦闷，盖可想及。12月7日，昏昏雪意云垂野。陈天华留下万言《绝命书》，一个人投向怒海自尽。

陈天华死后，再传四川一位留学生因过度愤激而致精神错乱。一个小小的规则，何以会引起滔天巨浪？其实，陈天华之死，是长期悒悒寡欢的结果，"取缔规则"事件，不过是冲垮堤围的最后一个浪头。他在《绝命书》中，批评一些人的所谓"革命"主张，实则不过是种族仇杀，他沉重地写道："以现世之文明，断无有仇杀之事，故鄙人之排满也，非如倡复仇论者所云，仍为政治问题也。"同时，他也批评某些党人过分依靠会党和借助外资。笔端锋芒，隐然有所指。

[陈天华说] 盖革命有出于功名心者，有出于责任心者。出于责任心，必事至万不得已而后为之，无所利焉。出于功名心者，己力不足，或至借他力，非内用会党，则外恃外资。会党可以偏用，而不可恃为本营。日俄不能用马贼交战，光武不能用铜马赤眉平定天下，况欲用今日之会党以成大事乎。至于外资，则尤危险，菲律宾覆辙，可为前鉴。

他强调自己不是因"取缔规则"而死的，并谆谆劝导同学："取缔规则问题，可了则了，切勿固执。"应该说，陈天华是同盟会中，难得头脑清醒冷静的一人。但置身于这个大环境，只有摆出激烈姿态、作激烈言辞，把粉身碎骨、以血染地、我杀贼、贼杀我挂在嘴边的，才能赢得喝彩；凡主张与其他派别团结的、改良的、和平的，无不被孤立排斥。嘤其鸣矣，却得不到响应，连同乡都不理解他，因此，陈天华对日本报纸批评中国人不团结、放纵卑劣，有着痛彻心肺的感受。他写道：

二十世纪之后，有放纵卑劣之人种，能存于世乎？鄙人心痛此言，欲我同胞时时勿忘此语，力除此四字，而做此四字之反面，坚忍奉公，力学爱国。恐同胞之不见听而或忘之，故以身投东海，为诸君之纪念。[1]

讵料，陈天华之死，却引起与他愿望背逆的反效果。人们把他的自杀，解读为以死抗议"取缔规则"，挑起了大家悲愤激怒的情绪，有如火上浇油，更加暴烈地燃烧起来。人们把他的遗体运回横滨，留日学生即日举行追悼大会。会场上悬挂起"人有八千思项羽，士无五百殉田横"的挽联（其时有 8000 中国留学生在日本），会上宣读陈天华所写的《绝命书》，人们泣不成声。一时群情汹涌，组织"联合会"，举湖南人胡瑛为会长，呼吁各校留学生全体罢课，凡不从者，必以拳头伺候。

---

[1]　曹埃布尔《陈天华投海》。中国史学会主编《辛亥革命》（二），上海人民出版社、上海书店出版社，2000 年版。

汪精卫、胡汉民、朱执信等人认为退学归国，只是徒使仇者快意的幼稚之举，他们联合士官学校一些不愿退学的同学，在陈天华投海当天，发起组织"维持留学界同志会"，于12月24日正式成立，与联合会形成分庭抗礼之势，各自发表檄文，隔空对骂。

联合会指责维持会与梁启超互为表里，狼狈为奸，原因是梁启超说"取缔规则"算不上辱国，维持会也说这不是国际问题；梁启超说很难要求日本取消规则，维持会也说取消了反会令留学生增加虚矫气。一年来以笔战梁启超出名的汪精卫、胡汉民，这时反而被视作梁启超的同伙，联合会甚至宣布他们的死罪，令汪、胡二人哭笑不得。陈天华最痛心中国人不团结，但中国人偏偏不能团结。

不久，"取缔规则"因日本国会也有反对声音，决定暂缓执行。罢课学生相继复课，群嗥渐渐屏息了。1906年1月13日，联合会解散；21日，维持会亦宣告解散。一场惊天大风暴，竟不了了之，消弭于无形。

第三章　一九〇五年的春风

科举制度寿终正寝

从 1901 年开启的新政，最初并没有触动体制的结构，宪政也只是少数精英悄悄讨论的敏感话题。真正被朝廷接受的，只限于科举改试策论、停止捐纳实官等有限的体制优化措施。在经济方面的改革，由于有洋务运动的基础，推进较为顺利，改革币制、制订矿务章程、改革厘金税政、制订铁路政策，等等，按部就班，循序渐进。

1903 年底，由载振（奕劻长子，贝勒）、袁世凯、伍廷芳负责起草的《商律》，经皇上批准施行，包括《商人通例》（九款）和《公司律》（一百三十一款）。这是中国最早的商业立法。1904 年初，商部奏定《商会简明章程》（二十六款）和《商会章程附则》（六款）。公司登记法（1905 年）和破产法、专利法（1906 年）也相继通过立法。

工商业有了法律的保障，顿觉春光四面来，1904 年至 1908 年，有 272 家纯私人资本的新企业，披红结彩，开张大吉。全国各地的商会，也如雨后春笋般成立，工商业者有了自己的组织，遇到与切身利益相关的事情时，"或面商，或通函，或登报，互相讨论考校，以期联络协助，力厚气旺"，[①] 对推动民间社会的崛起，功莫大焉。

---

① 张之洞《汉口试办商务局酌议办法折》。《张之洞全集》（二），河北人民出版社，1998 年版。

　　各地的商会，实际上成了立宪派的堡垒。开明官员与商人都很清楚，仅有经济方面的改革是远远不够的，必须进行政治上的改革。而目前政治改革的最大题目，就是立宪。宪法不立，民权无由伸，商权亦无由振。

　　然而，立宪是一个总题目，是政治改革的压轴戏，在此之前，须对政治进行结构性改革，使之适应立宪政体。政治手术要从这个体制的根部动起，涉及学制、官制、兵制、法制等方方面面，牵一发而动全身，是一个浩大的系统工程。

　　法制改革，是举足轻重的一环。自《大清律例》制订以来，历朝的修纂，都是只能修例，而不能修律。然而，随着国门的打开，法律改革已不仅是一项"内政"，而且是"国际之竞争事业"。中国要在国际社会立足，就不能不与国际接轨，包括建立现代的法律体系。在张之洞、袁世凯等人的推动下，1904 年 5 月，朝廷发布修律上谕，要求各驻外使节收集各国通行律例，送给修律大臣观摩学习。随后成立修订法律馆，以沈家本、伍廷芳为修订法律大臣，"参考各国成法，体察中国礼教民情，会通参酌，妥慎修订"中国现行法律。

　　沈氏为刑部左侍郎，精通中国律法；伍氏毕业于英国伦敦林肯法学院，持有英国律师牌，通晓西方法律。他们定下改革的宗旨，以"折衷各国大同之良规，兼采近世最新之学说，而仍不戾于我国历世相沿之礼教民情"为原则，体现张之洞在"江楚会奏三折"中提出的"恤刑狱""省刑责"思想。

　　刑律的修订方案，把许多刑罚由重改轻，以前笞、杖、徒、流、死五种刑罚，改为死刑、徒刑、拘留、罚金四种。减少死刑，废除凌迟、枭首、戮尸、缘坐、刺字等野蛮刑罚。以前谋反大逆之罪，属十恶不赦罪，不问首从，一律凌迟处死，新律则认为颠覆政府罪不至死；

侵入太庙、宫殿等处射箭放弹，亦仅处一百元以上罚金；子女殴打父母，以前是要杀头的，现在也免死了；新律还取消虚拟死罪（类似今日之死缓，即名为死刑，实不执行），改为直接判徒刑或流刑；禁止刑讯，审讯案件时，不得用杖责、掌责及其他刑具，亦不得以语言威吓交逼。凡此种种，不一而足，反映出尊重人权的现代理念。

新刑律在官僚集团内，引起了激烈争论，连张之洞也觉得它走得太快、太远，威胁到中国传统的三纲五常，不可接受。他与修律大臣展开辩论。这场法制与礼制之争，一直持续到清廷的倾覆为止。值得称赞的是，争论是公开进行的，大家没有什么改革派、保守派之分，张之洞是推动新政的主力，但在修改刑律问题上，却站在反对立场。分歧双方，也没有祭出"阴谋论""逆常论""颠覆论"的法宝攻击对手。廷臣疆吏，各抒己见，慈禧并没有像庚子年那样，动辄把争论的一方撤差流放，甚至拉出午门斩首。

这种开明的政治局面，在中国两千多年的专制历史中，能见几回？

当国家面临历史性重大变革时，朝野出现广泛争议，是正常的现象。朝廷对争议采取了最宽容的态度，其容忍度是前所未有的。甚至连科举制度朝廷都同意废除，如果还指责它缺乏改革诚意，显然是不公的。

1901年8月，朝廷曾谕令从翌年起科举考试废八股，改试策论，废除武科科举，但并没有废除整个科举制度。张之洞建议先修改科举旧章，令科举与学堂并行，以期两不偏废，等到学堂培养的人才渐多，再按科逐步递减科举取士人数，直到完全废止科举，所有生员、举人、进士都出于学堂。整个改革过程，大约要花十年时间。

改革派认为，要立宪，首先要从教育入手。不把新式教育先建起来，科举无从废，官制无从改，宪无从立。但他们面临一个悖论：一方面新教育不确立，科举就无法废除；另一方面科举一日不废除，士子仍将科举视为进身之阶，新教育就一日难确立。

1903 年，由袁世凯领衔，张之洞、周馥（山东巡抚）、端方等人会奏，正式抛出"分科递减，直至废止科举，改以学堂为进身之阶"的方案。但立即遭到政务大臣王文韶、孙家鼐的阻击。王文韶气冲冲地质问张之洞："国家大典，应交内外臣工议，岂能由二臣（袁世凯、张之洞）请停！"张之洞只好到王文韶家中，检讨自己的疏忽。

政务处号称督办新政，对新政尚且不能接受，难度之大，可想而知。张之洞趁进京搞新学制之机，逐一拜访诸位政务大臣，磨烂三寸之舌，总算博得孙家鼐首肯，但 73 岁的王文韶却扬言"老夫一日在朝，必以死力争"。他反对一切变法及改革官制的尝试，赌气地对慈禧说："我年纪老了，精神差了，对于变法改制的那种一条一条的章程，成千成万的文字，我实在没有研究的精神及判断的知识。"[1] 公然以"懒得看"作为抵制新政的理由，满朝文武，恐怕也只有王文韶敢为。

但改革派的方案，得到两宫支持，1904 年 1 月 13 日上谕："俟各省学堂一律办齐，确著成效，再将科举学额，分别停止，以后均归学堂考取。"[2] 张之洞总算松了一口气。但事情依然未了，有人提议重新修复被八国联军破坏的京师贡院，在朝中讨论时，竟有十之八九的大臣附和。明知科举将废，还要修复贡院，这显然是一种抗拒姿态。

---

[1] 刘垣《张謇传记》。台湾，文海出版社，1975 年版。
[2]《光绪朝东华录》（五）。中华书局，1958 年版。

张之洞气急败坏地说:"如此则天下学堂不必办矣,自强永无望矣!"①

不过,1905 年以后的社会气氛,就像钱塘江大潮一样,"政治改革"突然成了主旋律,两部鼓吹,声振云表。张之洞等人精神大振,原以为要用十年时间废除科举,现在看来,有望一步到位。

6 月 30 日,王文韶以年迈"召对跪起艰难"为由,开去军机大臣差使。一块大顽石被搬开了。8 月 31 日,由袁世凯领衔,张之洞、端方、赵尔巽(盛京将军)、周馥、岑春煊等人联名会奏,请立即停止科举,推广学校。"就目前而论,纵使科举立停,学堂遍设,亦必须十数年后,人才始盛。如再迟之十年,甫停科举,学堂有迁延之势,人才非急切可成,又必须二十年后,始得多士之用。强邻环伺,讵能我待。"②9 月 2 日,朝廷正式宣布:

着即自丙午科为始,所有乡会试一律停止。各省岁科试亦即停止。其以前之举贡生员,分别量予出路,及其余各条,均着照所请办理。总之学堂本古学校之制,其奖励出身,又与科举无异。历次定章,原以修身读经为本,各门科学,尤皆切于实用,是在官绅申明宗旨,闻风兴起,多建学堂,普及教育,国家既获树人之益,即地方亦与有光荣。③

一千多年的科举制度,至此划上句号。社会的反应,波澜不兴。

① 张之洞《致京学务大臣张尚书》。《张之洞全集》(十一),河北人民出版社,1998 年版。

②《会奏请立停科举推广学校并妥筹办法折》。《张之洞全集》(三),河北人民出版社,1998 年版。

③《光绪朝东华录》(五)。中华书局,1958 年版。

想象之中，天下士子如丧考妣，呼天抢地，拼死相抗的场面，并没有出现，连王文韶亦不得不向事实低头，把"以死力争"悄悄收起。

废除科举，不仅是教育制度的问题，更重要的是为未来立宪政体下的官员遴选制度，扫清了障碍。由于张之洞筹划周密，事先已有了学堂取代科举的全盘方案，各学校毕业生，可按成绩给予翰林、进士、举人、贡生、廪生等出身奖励。

朝廷确实兑现了承诺。1905 年 7 月，光绪、慈禧召见考试取中的留学生，其中金邦平、唐宝锷给予进士出身，授翰林院检讨；张绪、曹汝霖、钱承等给予进士出身，按所学专业以主事分部学习行走；陆宗舆给予举人出身，以内阁中书用。还有些委以知县分省补用。即使做不了官，新闻、工业、农业、商业、法律、军队等行业，条条大路通罗马，读书人不愁没有出路，故得以平安过渡。

许多外国观察家都认为，中国能顺利废止科举，就没有什么改革是做不到的了。确实，社会对废除科举竟如此坦然接受，仿佛预示着：好戏在后头。

戊戌变法期间，康有为曾有"立宪法开国会"的主张，随着变法失败，"立宪"被打入敏感词汇表中，没人敢再谈。但禁忌总会被打破的，在官场上，最早冲破屏蔽，让这个词重见天日的，是驻日公使李盛铎，他在 1901 年呼吁朝廷："当此更定要政之时，愿我圣明近鉴日本之勃兴，远惩俄国之扰乱，毅然决然，首先颁布立宪之意，明定国是。"[1] 在其后几年里，立宪的呼声，渐渐死灰复燃。

1904 年 1 月，云贵总督丁振铎、云南巡抚林绍年联衔上奏朝廷，

---

[1]《追录李木斋星使条陈变法折》。《时报》1905 年 11 月 8 日。

更提出"全盘西化"的主张:"中国自今以后,一切即尽行改革……期如不数年即悉如泰西各国而后已。"[1]慈禧颇不以为然,但各地官员继续鼓吹。3月24日,驻法公使孙宝琦、驻俄公使胡惟德、驻英公使张德彝、驻美、墨西哥、秘鲁公使梁诚等人,联名电奏朝廷,请求仿英、德、日,明定宪法,改国家政体为立宪国。

当时,张之洞在南京小住,与两江总督魏光焘及张謇、蒯光典等立宪派人士频频见面,私下讨论改革问题。他们都倾向于实行立宪,但在日程表上,张謇主张急进,张之洞主张缓进。张謇把讨论的意见,整理成一份"请立宪奏稿",希望以张之洞、魏光焘的名义上奏,张謇的哲嗣张孝若后来追述,"这篇文章,曾经聚集了四五个朋友,斟酌了六七次,方才定稿。其时别省的督抚,也渐渐有人同样的奏请。"[2]在张謇看来,奏稿"语婉甚而气亦怯",但张之洞仍担心欲速不达,密密圈点,改来改去,又去征求袁世凯的意见,始终不敢上呈。

张之洞究竟怕什么呢?

在中国,只要一提立宪,马上会引出这样的疑问:立宪后还容许皇帝存在吗?皇帝与宪法是一种什么关系?这个问题不解决,随之而来的一大串问题都无法解决:立宪的目的?立宪的程序?什么是国家?什么是政府?如何厘定国家与政府的关系?什么是政府的责任?什么是公民的权限?

每一个问题都很敏感。在张謇4月8日的日记中,有如下记载:

---

① 《癸卯十二月初三日云南丁制台、林抚台来电》。引自李细珠《张之洞与清末新政研究》,上海书店出版社,2003年版。

② 张孝若《立宪运动及咨议局成立》。中国史学会主编《辛亥革命》(四),上海人民出版社、上海书店出版社,2000年版。

"至上海，见是日《中外日报》说南京议宪法，不知伊谁漏言，报即滥载，徒使政府疑沮，无益于事。"[①] 可见，张之洞的担心，并非杯弓蛇影。袁世凯向张之洞、魏光焘建议，为免在理论上纠缠不清，干脆不争论，先从细节入手，有尺水，行尺船。"可有立宪之实，不可有立宪之名"，[②] 可见当时"立宪"还是一个敏感词汇，不能随便乱说。

为了打动朝廷，张謇和张之洞的心腹幕僚赵凤昌刻了《日本宪法》（十二册），呈送到内廷。慈禧看了以后，果然大加称赞，在召见枢臣时说了一句："日本有宪法，于国家甚好。"当时还没有谁看过《日本宪法》，大家面面相觑，无言以对。事后瞿鸿禨赶紧派人到上海，托赵凤昌给他购买各种宪法书籍。

经过慈禧的金口肯定，"宪法"一词，才逐渐"脱敏"，可以公开使用。然而，宪政体制，除了有一部宪法外，还要具备两个先决条件和三大要素。两个先决条件，一是开放报禁，二是开放党禁；三大要素，则为公民参与国家政治、实行有限政府和司法独立。现在，朝廷正小心翼翼地逐步开放报禁，言论尺度，一天比一天放宽，党禁虽然没有开放，但民间结社比以前宽松许多，议论朝政不再是禁忌，民间社会慢慢形成，为开放党禁逐步预热。

梁启超早在1899年就写了一篇《各国宪法异同论》，介绍了各国政体、分权体制、国会制度、选举制度。他精辟指出，光制订一部宪法还不够，因为无论是专制政体，还是立宪政体，都可以有宪法，这说明不了什么问题。光靠钦定宪法是不够的，只有实行了代议政制的国家，才能称为立宪国家。只有议会立宪的国家，才是真正的立宪国。

---

① 《张謇日记》。《张謇全集》（六），江苏古籍出版社，1994 年版。
② 汪大燮函第 138 通。《汪康年师友书札》（一），上海古籍出版社，1986 年版。

商人们已经提出更高的参政要求了，他们希望成立民选的国会，他们质问，国会不开，怎么监督财政？不监督财政，怎么知道政府把捐税用到哪里去了？"谁愿以（民间）有限之脂膏，填（政府）无底之债窟？"

"没代表，不纳税"，是西方宪政国家的一项重要原则。现在，商人们也喊出了相同的口号。不经过民意代表的同意，没有民意代表的监督，公民有权不纳税。因此，梁启超特别看重下议院的组成，议员须由人民公举，代表民意。这是民众参与政治的主要管道。行政、立法、司法三权分立。人民与政府各有权利、义务与责任。①

梁启超是朝廷的通缉犯，1904年，慈禧特赦因戊戌变法获罪人员，但康有为、梁启超、孙文却不在特赦之列。尽管如此，国内的官员有不少梁氏知音，甚至与他暗通款曲。1905年，广东督署副总文案兼广东将弁学堂监督的周善培，曾牵线让岑春煊的幕僚张鸣岐到香港与梁启超见面，张氏"欣然愿去"。岑春煊知道后，很高兴地说："可惜我不能去会他。"并嘱张鸣岐向梁启超致意，问任公出国几年，有什么挽救国家的办法，尽量告诉他。②

这类情况，在开明疆吏主政的地方，是半公开的秘密。没有谁把通缉当回事了。湖南巡抚端方与梁氏一直保持书信往来，不少与新政有关的奏折，都是请梁氏代拟的，据说，梁氏先后替端方等人写了二十余万字的奏折。③

① 梁启超《各国宪法异同论》。《饮冰室合集》（二），中华书局，1988年版。
② 周善培《谈梁任公》。《文史资料选辑》（三），中华书局，1960年版。
③ 丁文江、赵丰田《梁启超年谱长编》。上海人民出版社，1983年版。

北京的第一颗革命炸弹

1905 年，是一个令人惊叹的年份。

在此前一年，中国东北爆发了日俄战争，奇怪的是，一向民族自尊心极强的中国人，不仅没有觉得别国在自己领土上打仗是荒天下之大谬，反而视其为立宪国与专制国之间的战争，不少人希望日本打赢，甚至有人激动得要组织医疗队上前线为立宪国伤兵疗伤。当日本打败了俄国后，人人欣喜若狂，这不仅是亚洲人打败了欧洲人，黄种人打败了白种人，而且更是立宪国打败了专制国。尤其听说俄国内部也因战败而要求立宪时，人们更加急不可待了，要求尽快立宪的声音，在朝野奔腾高涨。

1905 年 7 月 2 日，袁世凯、周馥、张之洞联衔会奏，提议在 12 年后实行立宪。这是地方官员向中央正式提出政改时间表了。据胡思敬观察，袁世凯才是立宪派的真正首领，他说："袁世凯主张立宪，其甘心附和者，大臣中不过数人，曰张之洞，曰端方，曰张百熙，曰赵尔巽。"不过，胡思敬这人满脑子"阴谋论"，似乎任何风吹草动，都隐藏着大阴谋。在他笔下，袁世凯主张立宪，并非出于公心，而是为了自保：

世凯知党援不可尽恃，而孝钦（慈禧）年逾七旬，衰病日增，有髦期倦勤之态，恐皇上亲政后，修戊戍前怨，日夕焦思，反谋益急，遂倡议立宪，冀新内阁立权归总理，天子不得有为，私拟一奏，使载振上之，大旨言救亡非立宪不可，立宪非取法邻邦不可。[①]

所谓"人言可畏"，要毁人好事，最常用的方法，就是说人动机不良。袁世凯练兵，就说他想操纵军权；袁世凯搞责任内阁制，就说他想当副总理大臣；他起用汉人，就说他扶植党羽；他起用满人，就说他用满人做挡箭牌，自己在背后操控。然而，好心办坏事，还是坏事；而坏心办好事，还是好事。事情的好与坏，不以动机好坏而改变。即使袁世凯纯出于自保，也不能否定立宪是一件对国家有益的好事。袁世凯在倡议立宪期限的同时，又向朝廷建议，简派亲贵大臣分赴各国，考察政治，为政改做准备。

一人唱之，百人应之。据张謇说："先是铁良、徐世昌辈于宪法亦粗有讨论，端方入朝召见时，又反复言之，载振又为之助，太后意颇觉悟。"[②]铁良是兵部尚书，而徐世昌则是袁世凯的心腹幕僚，时任新军参谋营务处总办。端方是有名的才子，官场中有流行语云："北京旗下三才子，大荣（庆），小那（桐），端老四（方）。"可见推动立宪的，满汉两族大臣都有，在社会上形成了一股浩大的舆论声势，据时人记述：

驻英汪星使大燮则因各国盼望立宪而奏请速定办法；驻美梁星使诚则因华侨要求立宪而奏请速定宗旨；学部尚书张尚书百熙、礼

① 胡思敬《审国病书》。《退庐全集》，台湾，文海出版社，1970年版。
② 张謇《蔷翁自订年谱》。《张謇全集》（六），江苏古籍出版社，1994年版。

部侍郎唐侍郎景崇、暨署粤督岑制军春煊、黔抚林中丞绍年等，亦纷纷奏请立宪。而士夫于立宪之事，亦知详加研究，以牖启国民。不数月间，立宪之议，遍于全国。盖至是而中国立宪之机，直如火然泉达，有不能自已之势焉。[①]

慈禧心里也明白，潮流所向，无可阻挡，宪迟早是要立的了，只要能确保不损君权、不改服制、不剃辫发、不废典礼，她愿意迈出这关键性的一步。其实，和顽固的枢臣懿亲一样，她最大的担心是立宪以后，皇室再无立足之地。两千年来，皇帝都是天子，现在，在天与天子之间，多了一部宪法，还有纲常伦理吗？7月14日，慈禧在召见端方时，有这样一段对话：

慈禧问："新政都已举办了，还有什么没办的吗？"

端方说："还没立宪。"

慈禧脸色遽变："立宪有什么好？"

端方回答："立宪则皇上可世袭罔替。"[②]

这正是慈禧所需要的答案。人们常说，英国、德国、日本都有君主，也是立宪国，就是很好的范例。要弄清楚别国的政治是如何运作，百闻不如一见，1905年7月16日，慈禧以皇上名义降旨：

方今时局艰难，百端待理。朝廷屡下明诏，力图变法，锐意振兴。数年以来，规模虽具，而实效未彰。总因承办人员向无讲求，

---

① 《立宪纪闻》。中国史学会主编《辛亥革命》(四)，上海人民出版社、上海书店出版社，2000年版。

② 魏元旷《坚冰志》(一)，引自《清史编年》(十二·下)。中国人民大学出版社，2000年版。

未能洞悉原委。似此因循敷衍，何由起衰弱而救颠危。兹特简载泽、戴鸿慈、徐世昌、端方等，随带人员，分赴东西洋各国，考求一切政治，以期择善而从。嗣后再行选派分班前往，其各随事诹询，悉心体察，用备甄采，毋负委任。[1]

镇国公载泽是光绪皇帝的连襟兄弟，满洲正蓝旗副督统，宗室中最有见地、最坚定的立宪派；戴鸿慈是户部侍郎，徐世昌是兵部侍郎。几天后，慈禧又加派商部左丞绍英随同出洋考察政治。路线由德国驻华公使代拟并安排；经费由袁世凯、周馥和张之洞筹措。张之洞还特意从湖北挑选了几个人，随团出发，一起考察。慈禧谆谆告诫五大臣，"每至一国，着各该驻使大臣会同博采，悉心考证，以资详密"。

9月17日，光绪在紫禁城内召见五大臣，再次要求他们留心考察，以备采择。最后还赐给他们一些路菜糕点，祝他们"一路福星"。11月25日，朝廷筹备成立考查政治馆，原称考查宪政馆，后来嫌"宪政"二字敏感，改为"政治"。这就是袁世凯所说的，"可有立宪之实，不可有立宪之名"。

自从朝廷决定派五大臣出洋考察后，立宪派无不额手称庆，朝廷终于肯放下天朝架子，向西方取经了，人们仿佛在山穷水尽之中，又看见了一个新拐点。慈禧曾经问袁世凯：如果不立宪会怎么样，袁世凯回答："恐有革命流血之事。"[2] 他用暴力革命去吓唬慈禧，其实，

① 《派载泽等分赴东西洋考察政治谕》。《清末筹备立宪档案史料》（上），中华书局，1979年版。
② 高树《金銮琐记》。荣孟源、章伯锋主编《近代稗海》（一），四川人民出版社，1985年版。

慈禧要是再问一句：如果立宪会怎么样？答案也是一样的——"恐有革命流血之事。"

革命党人认定，凡是对政府有利的，必是对革命不利的。不立宪，意味着满族垄断政权，当然要反对；而立宪则意味着政府将和平地完成政体变革，也要反对。中国传统文化，一向在儒与侠之间摇摆，"儒以文乱法，而侠以武犯禁"。司马迁称之为"布衣之侠""乡曲之侠""闾巷之侠"者，多以崇拜血腥暴力、鼓吹复仇杀戮，并刻意保持褊狭和极端立场为特征。这种性格，遗传到近代的革命党人身上，并没有多少变化。

吴樾，安徽桐城人，一个性格孤介绝俗、侠肝义胆的热血青年，这时揣着自制的土炸弹，孤身走上街头了。他和大多数革命党人一样，抱定满汉不两立的宗旨，立宪虽好，但绝不能由满人来立；千好万好，不能让满人好，他宣称"满洲皇帝无立宪资格"。在革命者看来，全体汉人都是"扬州十日""嘉定三屠"的受害者，理所当然拥有复仇的权利，理所当然对满人要以牙还牙、以暴易暴。出门前，吴樾写好了遗书：

> 彼以数百万之蛮民，驭四万万之民族，反侧之势，毋怪其然。诚为满人计，决不可使汉人雄飞兽挺，以成尾大不掉之势。而我汉人犹懵然曰："满廷立宪，必利于我。"满之识者，能毋嗤乎？夫立宪之利于民者，莫过于集会、出版、言论、身体、财产诸自由权利。以彼那拉、奕劻、铁良、荣庆诸野物，而甘心以是畀吾族也。谁其信之！

吴樾所提及的慈禧和几个满族亲贵重臣，都是革命党人恨不得食其肉，敲其骨，寝其皮的人物。仅在上一年（1904 年），革命党人已两度暗杀铁良未遂。吴樾断言：

> （立宪之后）地方自治，彼必不甘；三权分立，决不成就；满族权利，必不平等。如是立宪，于汉何利？且不徒无利而又害之，假宪政名义，加重吾族纳税之义务，以供其奴隶陆军，爪牙警察，为镇压家贼之用耳。而彼族固自拥其君主神圣不可侵犯之权利矣。吾族仰望其立宪，利害如此。[①]

归根到底，因为这是一个异族政权，无论它说得如何天花乱坠，哪怕把树上的鸟儿也哄下来，都没有用，只要一日是满人当政，汉人革命就一日不能停止。吴樾登高一呼："排满之道有二，一曰暗杀，一曰革命。今日之时代，非革命之时代，实暗杀之时代也。"[②] 他和革命党同志说，革命是艰难的，暗杀是容易的，他要去做容易的事情，把艰难的事留给同志去做。

9 月 24 日，北京前门火车站，出洋考察团成员陆续登车。站台上，人声鼎沸，欢声笑语，即将出发的人与送行的人，互道珍重，拱手作别。花车已升火待发。吴樾身穿蓝布大衫，头戴红缨帽，冒充仆人，混上了花车。他已下了必死的决心，要与五大臣同归于尽。考察团中有户部侍郎李焜瀛，他是晚清名臣李鸿藻的儿子。据他事后所述：

---

① 《烈士吴樾君意见书》。中国史学会主编《辛亥革命》（二），上海人民出版社、上海书店出版社，2000 年版。

② 章士钊《书甲辰三暗杀案》。《文史资料选辑》（十九），中华书局，1961 年版。

那天王四（徐世昌的仆人）亦站在车上，因为清朝除皇帝出行戒严外，京官素无戒严的办法，所以入站台者不禁，上车者人亦甚多。王四看见身边的那个人面目不熟，就用手推他下车，不料正推在吴樾腰中的炸弹上，遂即炸响，绍英受伤，王四受伤较重，而吴樾当场被炸死。这是北京第一次听见炸弹的响声。[1]

浓烟翻滚之处，人仰马翻。站台上的绍英，被碎片击中，倒在血泊中呻吟，已经登车的徐世昌受火灼伤，载泽眉际碰伤，送行的伍廷芳耳朵都震聋了，但幸而都无生命之虞。而吴樾自己却被炸得血肉横飞，当场死亡。

暗杀虽然没有造成重大死伤，但这是革命党的炸弹，第一次在首都炸响，在专制帝国的心脏响起，心理上产生的震撼，比实际的杀伤力大得多。慈禧听到消息后，不禁凄然落泪说："我要办些事，又出此支节。"

然吴樾的炸弹，不仅没有能够阻止五大臣出洋，反而激起社会舆论对暴力恐怖的反感，各地纷纷给五大臣发来慰问电，上海复旦、南洋等 32 所学校联合致电慰问，以表支持。端方在答谢各界关心时，沉痛地表示："一身原无足惜，中国前途可虑耳。"绍英在病榻上慷慨宣称，"如果以一己之死，换得立宪成功，则死而荣生，死又何惜？各国立宪，莫不流血，然后才有和平。"社会普遍认为，出国考察政治，乃救国急务，不应因一颗炸弹而停止，凡爱中国者，都应努力促成此次考察。

---

[1] 李宗侗《五大臣出洋与北京第一颗炸弹》。台湾，《传记文学》（第四卷第四期），1964 年 4 月。

这年 10 月，俄国沙皇尼古拉二世颁布《十月宣言》，承认人民有言论、出版、结社、集会、信仰、人身自由和参政的权利，开始实行政治体制改革，释放全部在押政治犯，召开国家杜马（议会）。这对中国人是一个极大的刺激，俄国战败后，能够马上觉悟，坐言起行，实行政治改革，而中国早已输光老本，为什么还要忸忸怩怩，半推半就呢？

朝野的立宪呼声，像开了锅一样热闹。直到年底，绍英因受伤未愈，不能出行，而徐世昌亦以出任巡警部尚书，从考察团名单中勾出。朝廷改派山东布政使尚其亨、顺天府丞李盛铎，接替绍、徐二人，兵分两路，克日出发。

冬季来临了，寒风呼号，大雪纷飞。为了躲避革命党的暗杀，官方先是放出声气，说五大臣将从铁路南下武汉，沿长江赴上海，临时忽地改为从天津水路去上海。12 月 7 日，戴鸿慈、端方在严密的保护之下，在上海乘美国"西伯里亚号"轮船，经日本前往美国、德国、意大利、奥地利等国，随行有熊希龄、伍光建、施肇基、温秉忠、陆宗舆等 33 人；12 月 11 日，载泽、尚其亨、李盛铎径赴上海，乘法国"喀利刀连号"轮船，前往日本、英国、法国、比利时等国，随行有周树模、唐宝锷、夏曾佑、杨守仁等人。作为执政者，为了向西方学习，在自己的国家里也要搞得如此神神秘秘，真是可笑复可悲。

当他们的轮船驶向日本之时，正是陈天华蹈海而死之际。中国留日学生为"取缔规则"一事，闹得满城风雨。但五大臣没有听见青年们的声音，他们的心思与目光，都在茫茫大海的那一边，带着一种近乎朝圣的心情，乘风破浪，奔向西方。

梁启超为立宪做枪手

辛亥革命以后，王侯第宅皆新主，亡国君臣自然成了人们掘墓鞭尸、嘲笑怒骂的对象，这是历史上每一次改朝换代的惯例。曾经给中国人带来无限希望的立宪运动，随着大清的灭亡，也就沦为一个"粉饰太平、垂死挣扎"的骗局，而五大臣也从此被丑化为几个只知道吃喝玩乐的白痴。记者出身的史家陶菊隐就曾挖苦五大臣："这一批尸居余气的大臣，若叫他们考察目迷五色的海外繁华，或者可以胜任；但叫他们出国考察政治，却是用非其才。"① 历史学家唐德刚在《晚清七十年》一书中，也把五大臣出洋考察形容为一场"闹剧"："他们看电影，听歌剧，看勇士斗牛、舞女大腿……宪法何从考察起呢？"②

落笔未免刻薄，其实五大臣都是很有头脑的，推动中国政治改革，不遗余力。他们也很清楚，此行备受全国上下，乃至世界的高度关注，马虎不得。出行前他们定下"立宗旨、专责任、定体例、除意见、勤采访、广搜罗"的六项"敬事预约"。以各国议院、政府机关、学校、警察、监狱、工厂、农场、银行、商会、邮局、博物馆等为考

---

① 陶菊隐《筹安会"六君子"传》。中华书局，1981 年版。
② 唐德刚《晚清七十年》（五）。台湾，远流出版事业股份有限公司，1998 年版。

察对象，尤以议院为重点，"若夫游览，风景山川，无关宏旨，概从缺焉"。每到一处考察，都以电报随时向朝廷汇报观感。

在日本，载泽与日本首相伊藤博文举行了会谈。伊藤首先讲解了日本宪法，然后详细解释君权在宪法下的运作模式。他认为中国是几千年的君主国，主权在君而不在民，与日本相似，中国立宪，宜参用日本的政体。

载泽特别询问："立宪后于君主国政体有无窒碍？"

伊藤说："并无窒碍。贵国为君主国，主权必集于君主，不可旁落于臣民。日本宪法第三、四条，天皇神圣不可侵犯，天皇为国之元首，总揽统治权云云，即此意也。"[1]

这令载泽颇为心动。他向朝廷汇报时说："大抵日本立国之方，公议共之臣民，政柄操之君上，民无不通之隐，君有独尊之权。"他认为日本富强之道，虽然有改良法律、精练军队、奖励农工商各业等因，但根本之道，则在于普及教育。[2]

在参观美、英、德、意等国的 17 处议院过程中，载泽把英国政治归纳为："立法操之议会，行政责之大臣，宪典掌之司法，君主裁成于上，以总核之。其兴革诸政，大都由上下两议院议妥，而后经枢密院呈于君主签押施行。故一事之兴，必经众人之讨论，无虑耳目之不周，一事之行，必由君主之决成，无虑事权之不一。"因此，在君

---

① 载泽《考察政治日记》。《李鸿章历聘欧美记·出使九国日记·考察政治日记》，岳麓书社，1986 年版。

②《出使各国考察政治大臣载泽等奏在日本考察大概情形暨赴英日期折》。《清末筹备立宪档案史料》（上），中华书局，1979 年版。

主立宪、三权分立的英国，君主垂拱而治，得以享受"优游之乐"。[①]

与载泽分头考察的戴鸿慈，亦认识到两党制对于保证政府决策的公正性，具有重要作用，他在参观英国议院后指出："议员分为政府党与非政府党两派。政府党与政府同意，非政府党则每事指驳，务使折中至当，而彼此不得争执。诚所谓争公理、不争意气者，亦法之可贵者也。"

在美国，他们看到议员为公事争论不休，但走出了议院，大家依旧握手言欢，并不影响私谊，这种政治文明令他们赞赏不已。戴鸿慈带着倾慕之情写道："然文明国人，恒以正事抗论，裂眦抵掌，相持未下，及议毕出门，则执手欢然，无纤芥之嫌。盖由其于公私之界限甚明，故不此患也。"不是因为洋人的性格特别豁达大度，而是因为他们"公私之界限甚明"。公私之界，不是天生就有的，要在制度上加以清晰划分，才能"甚明"。

这些蓄长辫、穿蟒袍、挂朝珠的中国官员，跑了九个国家，大开眼界，对西方的民权、自由、平等，有了直观的认识。戴氏在他的访问笔记中，悠然向往的心情，跃然纸上：

> 譬如民权，学者之所倡言也。我观西国，其重视主权也良至，几百职司，权必归一，而下此服从焉，未有以分权而能治者也。共和之政治，学者梦想之所托焉耳，殆非我中土之所能有也。美为民主之国，而选举之法，弊亦随之，所见或不逮所闻，而况于人格之不美若乎？此民权之真相也。又如自由，自由云者，人人于其权利

①《出使各国考察政治大臣载泽等奏在英考察大概情形暨赴法日期折》，《清末筹备立宪档案史料》（上），中华书局，1979年版。

范围之中，得以为所欲为，不受压制焉耳，非夫放纵无节之谓也。我观欧美之民，无男妇老少，其于一切社会之交际，相待以信，相接以礼，守法律，顾公德，跬步皆制限焉。自其表观之，至不自由也。此自由之真相也。又如平等，西国之所谓平等者有之矣，上自王公，下逮庶民，苟非奴隶，皆有自主权，其享受国民之权利维均。一介之士，虽执业微贱，苟其学成专门，皆足以抗颜宰相之前而无所屈；盖其执艺平等，而非以爵位之贵贱论也。此平等之真相也。[1]

那时的中国政府，虽然百病缠身，但至少还有一点好，就是勇于承认自己落后，承认专制政体不及民主政体，勇于向西方学习。端方、戴鸿慈明确告诉朝廷："专制政体不改，立宪政体不成，则富强之效将永无所望。"[2] 作为专制政体中的掌权者，敢于说这样的话，是何等胆识，后世许多以诟骂大清为乐的人，连这点勇气都没有。

天不言而四时行。1906 年的春天去了，夏天来了。两路考政大臣先后返国（李盛铎因出使比利时，未随团归国）。这几位万众期待的政治明星，不仅带回了《欧美政治要义》《列国政要》等数百种书籍，以为立宪备考，还带回了一头大象、两头狮子、三只老虎、两匹斑马、两头花豹、两头野牛、四只熊、一只羚羊、四只袋鼠、四只鸵鸟、六只仙鹤、八只鹿、十四只天鹅和三十八只猴子，建立了中国第一家动物公园。

[1] 戴鸿慈《出使九国日记》。湖南人民出版社，1982 年版。
[2] 戴鸿慈、端方《请定国是以安大计折》。《端忠敏公奏稿》（六），台湾，文海出版社影印版。

端方、戴鸿慈抵达北京的第二天，慈禧、光绪就召见了他们，详细了解他们在国外的观感，并要求尽快呈上考察报告。在短短时间内，两宫召见了载泽两次，端方三次，戴鸿慈、尚其亨各一次，垂问周详，其"大旱望云霓"之情，溢于言表。

考政大臣们认为，根据中国的国情，仿行日本、德国的君主立宪制，较为合适。慈禧明确表示，只要立宪能够办得妥当，两宫并无成见。考政大臣们很清楚，这份考察报告写得好不好，能不能打动慈禧，对未来的改革，至关重要，因此，他们不敢率尔操觚。

据胡思敬说，考察报告是袁世凯代笔的。他在《大盗窃国记》一书中披露："五大臣归至天津，世凯劳以酒曰：此行良苦，将何以报命？皆愕然莫会其意。世凯出疏稿示之曰：我筹之久矣，此宜可用。遂上之。"[1] 胡思敬说的话，姑妄言之，姑妄听之。

两路考政大臣回国后，先后上过好几份奏折，是否有一份出自袁世凯，尚待考证，然据更多史家指出，为端方、戴鸿慈捉刀的，不是袁世凯，而是梁启超。按《梁启超年谱长编》记载，在五大臣出访前，梁启超代写的奏折已经成文了。梁氏朋友徐佛苏说，1905 年梁氏曾把奏稿寄给他看，并嘱他"万勿示人"，这份奏稿，"系梁先生代清室某大臣所作之考查宪政之奏议也"。[2]

梁启超虽是朝廷钦犯，但若论对现代政治的见识，国内无人可及，笔锋常带情感，文章自出机杼，成一家风骨。他与端方、戴鸿慈等人，暗中亦素有交往，对政治改革具有共同体认，相互有接近的语言与共识，代写考察报告，非他莫属。于是，5 月间，当端、戴的考

---

① 胡思敬《大盗窃国记》。《退庐全集》，台湾，文海出版社，1970 年版。
② 丁文江、赵丰田《梁启超年谱长编》。上海人民出版社，1983 年版。

察团还在圣彼得堡与沙皇尼古拉二世把盏言欢时,随员熊希龄独自浮海东渡,到日本密晤梁启超。梁启超对参与国内政治改革,当然求之不得,慨然允诺。①

由端方、戴鸿慈会奏的《请定国是以安大计折》《请改定全国官制以为立宪预备折》,就是梁启超执笔的。9月间梁氏致友人信有云:"弟一月前曾为人捉刀作一文,言改革官制者。"②因此,可以推测,这两份奏稿很可能不是一次写就,而是分两次完成,1905年底写了前者,1906年夏天写了后者。

《请定国是以安大计折》对宪政有着深刻见解,它是这样写的:

> 立宪之所以异于专制者,于宪法之有无别之。所谓宪法者,即一国中根本之法律,取夫组织国家之重要事件,一一具载于宪法之中,不可动摇,不易更改,其余一切法律命令,皆不能出范围之中,自国主以至人民皆当遵由此宪法而不可违反,此君主立宪国与民主立宪国之所同也。

理论上是对的。君主立宪是中国向现代国家转型的一条最和平之路,可以把政治动荡减到最低,社会付出的成本最少。奏折特别强调了行政、立法与司法三权分立的重要性:"制度等于责任内阁与议会之重要者,又有司法之裁判,所据一定之法律以裁判刑事、民事之诉讼,乃以此保护人民之生命财产,而其所最重要者,则司法独立于

---

① 夏晓虹《从新发现手稿看梁启超为出洋五大臣做枪手真相》《南方周末》
   2008年11月12日。
② 丁文江、赵丰田《梁启超年谱长编》。上海人民出版社,1983年版。

行政之外，不受行政官之干涉。"

梁启超通过端、戴二人告诉朝廷："专制之国任人而不任法，故其国易危。立宪之国任法而不任人，故其国易安。"理论上这也是对的，但他却没有想到，有宪法，不等于遵守宪法。这世界上，除了立宪国与专制国之外，还有一种挂羊头卖狗肉的"立宪专制国"，即有立宪之名，而无宪政之实。

慈禧何尝不喜欢专制国？只是形势比人强，如果坚决拒绝改革，政治伦理、社会秩序都会面临溃散的危险，只好退求以立宪保皇位的中策，而民主立宪国则不在考虑范围之内。因此，许多大臣（包括张之洞），也就只敢谈民权，不敢谈民主了。这说明当时受儒家教育的中国官员，老实得很，不敢做的就不敢谈，断不会在言论自由的招牌下大兴文字狱，也不会硬把皇权专制说成就是民主宪政国了。

端、戴二人在奏折中希望朝廷早定国是，并请确立六项原则作为国是基础：一、举国臣民立于同等法制之下，以破除一切畛域；二、国是采决于公论；三、集中外之所长，以谋国家与人民之安全发达；四、明宫府之体制；五、定中央与地方之权限；六、公布国用及诸政务。[1] 这是对一个现代文明国家的基本要求，如果连这也做不到，空谈立宪，无异于缘木求鱼。

有汉人血统而入了旗籍的端方，另外又上了一道《请平满汉畛域密折》，建议"请降明诏，举行满汉一家之实，以定民志而固国本"。他已经意识到，满汉问题是大清的死结，这个结一日不解开，大清江山就一日不得安稳。满人声称立宪将令满人利益受损，而汉人则认为

---

[1] 戴鸿慈、端方《请定国是以安大计折》。《端忠敏公奏稿》（六），台湾，文海出版社影印版。

立宪是满人垄断权力的把戏。这样公说公有理，婆说婆有理地争下去，只能令满汉矛盾愈深，立宪愈难。

如何解开这个死结？端方开出两个药方是：一、改定官制，京师各衙门，悉依外、商、学、警四部成例，破除满汉缺分名目，所有堂官、司员，不问籍贯，唯才是用。二、撤各省驻防，减轻国家负担，旗丁挂名兵籍者，仍居原地，编入民籍。①

载泽等人回京之后，也写了一份考察报告给朝廷，建议以五年为期，完成宪政改革。作为皇族成员，载泽在《出使各国大臣奏请宣布立宪折》中，着重解释立宪与君权的关系，以释慈禧的疑虑：

窃维宪法者，所以安宇内，御外侮，固邦基，而保人民者也……且夫立宪政体，利于君，利于民，而独不便于庶官者也。考各国宪法，皆有君位尊严无对，君统万世不易，君权神圣不可侵犯诸条，而凡安乐尊荣之典，君得独享其成，艰巨疑难之事，君不必独肩其责。民间之利，则租税得平均也，讼狱得控诉也，下情得上达也，身命财产得保护也，地方政事得参预补救也。此之数者，皆公共之利权，而受治于法律范围之下。至臣工则自首揆以至乡官，或特简，或公推，无不有一定之责成，听上下之监督，其贪墨疲冗、败常溺职者，上得而罢斥之，下得而攻退之。东西诸国，大军大政，更易内阁，解散国会，习为常事，而指视所集，从未及于国君。此宪法利君利民，不便庶官之说也。而诸国臣工，方以致君泽民，视为义务，未闻以一己之私，阻挠至计者。

① 端方《请平满汉畛域密折》。中国史学会主编《辛亥革命》（四），上海人民出版社、上海书店出版社，2000年版。

关于立宪的步骤，载泽则提出三项建议：

臣等反复衡量，百忧交集，窃以为环球大势如彼，宪法可行如此，保邦致治，非此莫由。惟是大律大法，必须预示指归，而后趋向有准。开风气之先，肃纲纪之始，有万不可缓，宜先举行者三事：

一曰宣示宗旨。日本初行新政，祭天誓诰，内外肃然，宜略仿其意，将朝廷立宪大纲，列为条款，誊黄刊贴，使全国臣民，奉公治事，一以宪法意义为宗，不得稍有违悖。

二曰布地方自治之制。今州县辖境，大逾千里，小亦数百里，以异省之人，任牧民之职，庶务丛集，更调频仍，欲臻上理，戛乎其难。各国郡邑辖境，以户口计，其大者亦仅当小县之半，乡官恒数十人，必由郡邑会议公举，如周官乡大夫之制，庶官任其责，议会董其成，有休戚相关之情，无扞格不入之苦，是以事无不举，民安其业。宜取各国地方自治制度，择其尤便者，酌订专书，着为令典，克日颁发，各省督抚分别照行，限期蒇事。

三曰定集会、言论、出版之律。集会、言论、出版三者，诸国所许民间之自由，而民间亦以得自由为幸福。然集会受警察之稽察，报章听官吏之检视，实有种种防维之法，非若我国空悬禁令，转得法外之自由。与其漫无限制，益生厉阶，何如勒以章程，咸纳轨物。宜采取英、德、日本诸君主国现行条例，编为集会律、言论律、出版律，迅即颁行，以一趋向而定民志。

以上三者，实宪政之津髓，而富强之纲纽。①

　　载泽又另上《奏请宣布立宪密折》，进一步解释君主统治大权的具体范围，计有"裁可法律、公布法律、执行法律、召集议会、开会、闭会、停会，及解散议会、任官免官"等十七条。

　　反对宪政改革的人，总喜欢把"中国人程度较低，不能实行宪政"挂在嘴边。载泽反驳了这种说法，他指出：人的知识永远是有参差的，如果"必待有完全之程度，而后颁布立宪明诏"，恐怕那些知识程度低的人还没觉悟，知识程度高的人，已经"先生觖望，至激成异端邪说，紊乱法纪"了。他的结论是："盖人民之进于高尚，其涨率不能同时一致，惟先宣布立宪明文，树之风声，庶心思可以定一"，"不可以程度不到为之阻挠也"。②

　　中国统治者往往以人民没有宪政知识与训练，而拒绝实行宪政，但如果不实行宪政，人民又从何得到知识与训练呢？这种先有鸡还是先有蛋的诡辩术，早在1906年就被载泽等人戳穿了。

---

① 载泽等《出使各国大臣奏请宣布立宪折》。中国史学会主编《辛亥革命》（四），上海人民出版社、上海书店出版社，2000年版。
② 载泽《奏请宣布立宪密折》。中国史学会主编《辛亥革命》（四），上海人民出版社、上海书店出版社，2000年版。

迈出历史性的一步

　　由梁启超执笔的《请改定全国官制以为立宪预备折》，1906 年 8 月 25 日呈报两宫。奏折以日本明治维新为范例，经明治七年、十八年两次改革官制在先，明治二十三年的宪法才得以顺利推行。中国不妨仿效，先行改革官制，其重点在于：一、实行责任内阁制；二、定中央与地方之权限；三、内外重要衙门，应分主任官、辅佐官，权限明确而归一；四、中央各官署宜酌量增置、裁撤、归并；五、变通地方行政制度；六、裁判、收税与地方官分离；七、以书记官代吏胥；八、选官用考试，去任官回避之制，任官须有专长，增官俸。

　　当时，立宪的声浪很高，但反对的声浪也很高。据时人记载："其间大臣阻挠，百僚抗议，立宪之局，几为所动。"① 这时，袁世凯中流砥柱的作用，愈加凸显了。

　　袁世凯经常会与幕僚讨论各种问题，有时他会让幕僚扮演正方，他故意扮演反方，互相争辩，以求在争论中寻找破绽、完善观点。有一天，袁世凯和幕僚张一麐讨论立宪问题。张氏指出，立宪是各国潮流所趋，我国若不改革，恐无以列于国际地位，且满汉之见深入人心，

---

①《立宪纪闻》。中国史学会主编《辛亥革命》（四），上海人民出版社、上海书店出版社，2000 年版。

若实行内阁制度，皇室退处于无权，可消隐患。"但非有大力者主持，未易达到目的。"他暗示袁世凯就是这样一位天将降大任于斯人的"大力者"。

但袁世凯却反驳说，中国人民教育未能普及，程度幼稚，若以专制治之易就范，立宪之后，权在人民，恐画虎不成，发生种种流弊。张一麐力陈专制之不可久恃，民气之不可遏抑。两人反复争辩很久，还是说服不了对方，张氏长叹一声说："公既有成见，尚复何词。"闷闷不乐地退下。

不料，次日袁世凯却神采飞扬地要求张一麐将预备立宪的各项理由，写成说帖。张氏见其"与昨日所言，似出两人，颇为惊异"。未几，由袁世凯与北洋大臣、考察宪政大臣会衔奏请预备立宪的奏章稿，全盘照抄张一麐的说帖，一字不改。张氏这才恍然大悟，原来袁世凯与他辩论，"实已胸有成竹，而故为相反之论，以作行文之波澜耳"。[1]

袁世凯公开誓言："官可不做，法不可不改！"较之当初"可有立宪之实，不可有立宪之名"的谨慎态度，判若两人。一名御史也记下了当时袁世凯在京城中，对其他大臣造成的威慑作用：

项城（袁世凯）在湖园入觐，卫士如虎如熊，有桓温入觐之概。王（文韶）、瞿（鸿禨）两相国在玻璃窗内观之。观后，凭几而坐，默然不言者良久。[2]

① 张一麐《古红梅阁笔记》。《心太平室集》（卷八），台湾，文海出版社，1966年版。
② 高树《金銮琐记》。荣孟源、章伯锋主编《近代稗海》（一），四川人民出版社，1985年版。

胡思敬甚至把官制改革说成是袁氏刺刀下的产物："孝钦自西巡后，不敢坚持国事，见五大臣疏，踌躇莫决，急召世凯入商。世凯即日挟兵入京，奏言变法须先组织内阁；组织内阁须先从官制入手。孝钦许之。"[①]

经过充分酝酿，8月27日、28日，醇亲王载沣、庆亲王奕劻、军机大臣铁良、瞿鸿禨、世续、徐世昌、大学士那桐、政务大臣张百熙、孙家鼐、户部尚书荣庆、直隶总督袁世凯一干人等，奉旨一连召开两天会议，讨论考察宪政大臣回京后的各项奏陈。

第一天阅读折件，风平浪静。第二天开始讨论，立时沸反盈天。以袁世凯为核心，奕劻、徐世昌、张百熙等立宪派，要求朝廷从速立宪，与反对者铁良、孙家鼐、荣庆展开激辩。奕劻首先发言，他指出立宪的优越性在于全国之人，皆受治于法，无有差别，既同享权利，即各尽义务，而君主虽权利略有限制，而威荣则有增无减。

他继而掷地有声地说：现在全国新党议论，以及中外各报、海外留学生都支持立宪，"我国自古以来，朝廷大政，咸以民之趋向为趋向。今举国趋向在此，足见现在应措施之策，即莫要于此。若必舍此他图，即拂民意，是舍安而趋危，避福而就祸也。以吾之意，似应决定立宪，从速宣布，以顺民心而副圣意。"

孙家鼐起而反驳：一旦立宪，国家一切用人行政之道，无不尽变。"此等大变，在国力强盛之时行之，尚不免有骚动之忧；今国势衰弱，以予视之，变之太大太骤，实恐有骚然不靖之象。"他建议先革除一些较严重的弊政，等到政体清明，才循序渐进地变更。荣庆的

---

① 胡思敬《大盗窃国记》。《退庐全集》，台湾，文海出版社，1970年版。

主张与他差不多，都是建议先整饬纲纪，然后才能谈及立宪。

徐世昌说："逐渐变更之法，行之既有年矣，而初无成效。盖国民之观念不变，则其精神亦无由变，是则惟大变之，乃所以发起全国之精神也。"

孙家鼐马上抓住"国民观念不变"这个理由，以子之矛，攻子之盾："如君言，是必民之程度渐已能及，乃可为也。今国民能实知立宪之利益者，不过千百之一，至能知立宪之所以然而又知为之之道者，殆不过万分之一。"他断言，即使朝廷宣布立宪，但民众犹懵然不知，这对国家不仅无益，而且适为祸端。

张百熙挺身反驳："国民程度，全在上之劝导，今上无法以高其程度，而曰俟国民程度高，乃立宪法，此永无不能必之事也。予以为与其俟程度高而后立宪，何如先预备立宪而徐施诱导，使国民得渐几于立宪国民程度之为愈乎。"

奕劻早与袁世凯结成同盟，张百熙又是袁世凯的儿女亲家，而徐世昌是袁氏幕僚出身，几个人你唱我和。袁世凯指出，所谓中国国情，不是立不立宪的问题，而是中国国民的起点较低，很多基本权利都没有，因此应该先让人民有权，然后再来普及宪政知识："是以各国之立宪，因民之有知识而使民有权，我国则使民以有权之故而知有当尽之义务，其事之顺逆不同，则预备之法亦不同；而以使民知识渐开，不迷所向，为吾辈莫大之责任，则吾辈所当共勉者也。"

铁良说："如是，则宣布立宪后，宜设立内阁，厘定官制，明定权限，整理种种机关，且须以全力开国民之知识，溥及普通教育，派人分至各地演说，使各处绅士商民，知识略相平等，乃可为也。"

袁世凯又进一步指出，改革之路将非常曲折困难："夫以数千年未大变更之政体，一旦欲大变其面目，则各种问题，皆当相连而及。

譬之老屋，当未议修改之时，任其飘摇，亦尚可支持。逮至议及修改，则一经拆卸，而朽腐之梁柱，摧坏之粉壁，纷纷发见，致多费工作。改政之道，亦如是矣。"

他们的争论，亦涉及地方自治和整顿吏治的问题。

铁良："今地方官所严惩者有四，劣绅也，劣衿也，土豪也，讼棍也。凡百州县，几为若辈盘踞，无复有起而与之争者。今若预备立宪，则必先讲求自治，而此辈且公然握地方之命脉，则事殆矣。"

袁世凯："此必须多选循良之吏为地方官，专以扶植善类为事，使公直者得各伸其志，奸慝者无由施其伎，如是，始可为地方自治之基础也。"

瞿鸿禨："如是，仍当以讲求吏治为第一要义，旧法新法，固无二致也。"

双方唇枪舌剑，激辩纵横，其实没有人反对立宪，争来争去，只是速与缓的区别。载沣居中调解："立宪之事，既如是繁重，而程度之能及与否，又在难必之数，则不能不多留时日，为预备之地矣。"他和瞿鸿禨提出折中方案："先实行预备立宪，而不是马上立宪"。[1]

最后大家都接受了这个意见。翌日面奏两宫，请行宪政。1906年9月1日，朝廷发布《仿行立宪上谕》，宣布正式启动宪政改革：

时处今日，惟有及时详晰甄核，仿行宪政，大权统于朝廷，庶政公诸舆论，以立国家万年有道之基。但目前规制未备，民智未开，若操切从事，涂饰空文，何以对国民而昭大信？故廓清积弊，明定

---

[1]《立宪纪闻》。中国史学会主编《辛亥革命》(四)，上海人民出版社、上海书店出版社，2000年版。

责成，必从官制入手。亟应先将官制分别议定，次第更张，并将各
项法律详慎厘定，而又广兴教育，清理财政，整饬武备，普设巡警，
使绅民明悉国政，以预备立宪基础。着内外臣工，切实振兴，力求
成效，俟数年后规模粗具，查看情形，参用各国成法，妥议立宪实
行期限，再行宣布天下。视进步之迟速，定期限之远近。[1]

时距出洋考政大臣回到北京，不过一个月时间。可见在慈禧心
目中，对实行宪政，早有定论，并不存在故意拖延敷衍。真正拖改革
后腿的，不是慈禧，也不是满族亲贵——慈禧、光绪、庆亲王奕劻都
支持改革，镇国公载泽更是改革派的急先锋——拖延改革的，反而是
一批汉族官员。

上谕对立宪期限为五年、十年，抑或十二年，没有具体响应，
但指出立宪要从改革官制入手。9月2日，朝廷宣布开展官制改革，
成立编制局，派载泽、世续、那桐、荣庆、载振、奎俊、铁良、张百
熙、戴鸿慈、葛宝华、徐世昌、陆润庠、寿耆、袁世凯为编制大臣，
同时要闽浙总督端方、湖广总督张之洞、陕甘总督升允、四川总督锡
良、两广总督周馥、云贵总督岑春煊等地方大臣，各选派司道大员进
京随同参议，又派奕劻、孙家鼐、瞿鸿禨为总核定大臣。

立宪上谕一公布，人们奔走相告，举国欢腾，城乡处处响起鞭
炮声，震耳欲聋，宛如过节一般。北京、天津、南京、无锡、常州、
扬州等地都举行了隆重的立宪庆贺会。国内欢声四起，海外呐喊助威，
海内海外，形成空前高涨的政治热潮。《东方杂志》记载了这一盛况：

---

[1]《宣示预备立宪先行厘定官制谕》。《清末筹备立宪档案史料》（上），中华书局，
1979年版。

"海内外人民，咸开大会，举祝典，喜可知矣。"①

　　11 月 25 日，是慈禧的七十一岁寿辰。北京各学堂的万余学子，云集京师大学堂，举行庆贺典礼。人人春风满面，个个喜气洋洋，大家都在欢呼：中国立宪矣，转弱为强，萌芽于此矣！在人们想象之中，早上立宪，通往富强之路，则夕可通矣。慈禧听到各界的反响时，久已愁云深锁的脸庞，亦露出一丝欣慰的笑容。

　　上海是立宪派的大本营，立宪运动搞得蓬蓬勃勃，有声有色。12 月 16 日，以"开发地方绅民政治知识"为宗旨的预备立宪公会在上海成立，这是国内最大的一个合法的民间政治社团，会长郑孝胥，副会长张謇、汤寿潜，会员 274 人，大部分是来自江苏、浙江、福建的商绅，岑春煊在背后给他们撑腰。

　　公会所宣示的纲领，除请愿速开国会的政治主张外，还包括发展实业的一系列诉求。他们并出版《预备立宪公会报》（后改为《宪志》），努力在民间普及宪政知识、推动立宪。公会的政党色彩，已经非常浓厚了。成立之初，会员之中，有主急进，有主缓进，议论极纷驳，显示出民间的思想多元而活跃。张謇主张先搁置争论，因为立宪大本在政府，人民则宜各任实业、教育为自治基础。与其多言，不如人人实行，得尺则尺，得寸则寸。②

　　民间社会正以一种前所未有的速度与规模崛起。

---

① 《立宪纪闻》。中国史学会主编《辛亥革命》（四），上海人民出版社、上海书店出版社，2000 年版。

② 张孝若《立宪运动及咨议局成立》。中国史学会主编《辛亥革命》（四），上海人民出版社、上海书店出版社，2000 年版。

官制改革遭遇狙击

　　1906年"仿行立宪"上谕公布后，朝廷迅速派载泽、世续、那桐、崇庆、袁世凯负责厘定新官制，端方、张之洞、周馥、岑春煊等地方大员派员到京随同参议。编纂官制局由孙宝琦、杨士琦任提调，手下有十几名编纂员，都是些言必称孟德斯鸠三权分立的海外留学毕业生。

　　官制改革（史称"丙午官制改革"），恒以端方、戴鸿慈的奏折为蓝本。端方是袁世凯的结拜兄弟，又是儿女亲家；奕劻之子载振，和袁世凯亦有八拜之交，又还呼为"干爹"——因为载振的相好被袁夫人收为干女儿，所以有了这种兄弟兼父子的复杂关系。整个改革方案，实际上是由袁世凯操盘。

　　由于民间社会已成为重要的政治资源，稍有知识的官僚，无不移船就岸，极力延揽。袁世凯、端方暗中都资助过梁启超等人在海外成立帝国立宪公会，笼络张謇、郑孝胥等人，也不遗余力。端方曾向慈禧保举过郑孝胥，奕劻也在慈禧面前说了郑孝胥不少好话。袁世凯甚至建议郑孝胥到北京当几个月京官，铺好前路，"为将来大用地步"。[①]

---

① 刘垣《张謇传记》。台湾，文海出版社，1975年版。

　　然而，袁世凯与郑孝胥的关系，远不及岑春煊密切。1903 年，岑氏任两广总督时，曾保荐郑孝胥任广西边防督办，专折奏事，协同剿匪，两人有上下级的关系，合作愉快。郑氏在上海筹组预备立宪公会时，岑氏不仅有金钱上的资助，而且向慈禧密保过盛宣怀、张謇、郑孝胥三人。

　　这次改革，备受朝野关注，各方势力都在施展合纵连横的手段，希望能在未来的政治格局中，占一席之地。张謇致函袁世凯，对他盛赞有加："亿万年宗社之福，四百兆人民之命，系公是赖。"[①] 立宪派的声音，亦通过各种管道，上达庙堂，俨然形成了某种程度的民意压力。9 月 4 日，几个编制大臣在海淀的朗润园开会议事，拟定了五大宗旨：

　　一、此次厘定官制，遵旨为立宪预备，应参仿君主立宪国官制厘定，先就行政司法各官，以次编改，此外凡与司法行政无甚关系各官，一律照旧。

　　一、此次厘定要旨，总使官无尸位，事有专司，以期各有责成，尽心职守。

　　一、现在议院遽难成立，先就行政司法厘定，当采用君主立宪国制度，以合大权统于朝廷之谕旨。

　　一、钦差官、阁部院大臣、京卿以上各官，作为特简官。阁部院所属三四品人员，作为请简官。阁部院五品至七品人员，作为奏补官。八九品人员，作为委用官。

---

① 张謇《为运动立宪致袁直督函》。《张季子九录·政闻录》（三），台湾，文海出版社，1983 年版。

一、厘定官制之后，原衙门人员，不无更动，或致闲散，拟在京另设集贤资政各院，妥筹位置，分别量移，仍优予俸禄。

具体改革方案，重点是把现有的军机处与内阁合并，组织责任内阁，作为中央行政总机关，设总理大臣一人，左右副大臣二人；各部尚书均为内阁政务大臣。下设十一部七院一府：外务部、民政部、财政部、陆军部、海军部、法部、学部、农工商部、交通部、理藩部、吏部，资政院、典礼院、大理院、都察院、集贤院、审计院、行政裁判院，军咨府。

袁世凯的如意算盘，引来众多反对声音。会议的争论极其火爆，在编制大臣中，铁良是死硬的反对派，不仅反对取消军机处，还建议另设陆军部，将军权收归中央，矛头直指袁世凯。双方唇枪舌剑，充满火药味。有小道消息说，载沣与袁世凯争论时，被逼急了，竟拔出手枪指向袁世凯。载沣此人拙于言辞，论口才是辩不过袁世凯的，但他带着手枪去开御前会议，甚至拔枪相向，倒也未必。因为，只要他与铁良联手反对，袁世凯的方案要想轻舟强渡，机会微乎其微。

人们猜测，按照这个改革方案，总理大臣一职，非庆王奕劻莫属，而袁氏则居副大臣位置，以他与庆王的关系，等于"影子总理"，左手抓军队，右手抓警察，操控朝政大局，热熬翻饼尔。《汉口中西报》摘引《字林西报》，干脆挑明了："袁督将内用为内阁副总理，庆邸为总理，闻不日将组织完备。"[1] 因此，不仅载沣、铁良反对，瞿鸿禨、张之洞对这个方案也都存了极大的戒心。张之洞主张内阁总理大臣应由内外官用廷推方法产生，避免变原来的君主专制为内阁专制。

[1]《汉口中西报》，1907年7月22日。

编制大臣意见纷纭，下面的分歧，更是沸反盈天了。不少人从根本上反对改革官制，最先跳出来的，是御史刘汝骥，他上了一道《大权不可旁落，总理大臣不可轻设》的折子，直指责任内阁是"把持朝局，紊乱朝纲"。紧接着御史赵炳麟也上奏反对，称责任内阁必然导致"内外皆知有二三大臣，不知有天子"。[①] 内阁中书王宝田则提出"立宪更改官制"有四大谬：其一，日本实际情况与中国国情相别甚大；其二，德国实际情况与中国国情相别甚大；其三，俄国国势衰弱自有其理由，不全是政制之原因；其四，欧洲国家成败得失亦有其自己的国情。说来说去，无非是用国情做挡箭牌。

当时反对声音之强大，几有黑云压城城欲摧的感觉。据袁世凯幕僚张一麟记述："对于司法独立说帖尤多，行政官以分其政权，舌剑唇枪，互不相下。官制中议裁吏礼二部，尤中当道之忌，自都察院以至各部或上奏、或驳议，指斥倡议立宪之人，甚至谓编纂各员谋为不轨。"张氏的一位朋友竟然跑来劝他："外间汹汹，恐酿大政变，至有身赍，川资预备，届时出险。"[②] 京中空气之险恶诡异，可见一斑，不禁让人联想起戊戌变法失败的那个夜晚。

很多朋友都劝袁世凯，危邦不入，不如离京暂避。会议结束后，袁世凯便匆匆以秋操阅军为名，移驻彰德。而对朝中大臣，袁世凯最留意瞿鸿禨的态度，曾想尽办法拉拢，却始终不能奏效。他移船就岸，表示愿列瞿氏门墙，或结拜兄弟，都遭到瞿氏的婉拒。瞿家二公子大婚，袁世凯送上一份厚礼，又被瞿氏原封退回。中国的官场法则，不是盟友，就是敌人，从此，袁、瞿二人便俨然成了对头了。

---

① 《清史编年》（十二·下）。中国人民大学出版社，2000年版。
② 张一麟《古红梅阁笔记》。《心太平室集》（卷八），台湾，文海出版社，1966年版。

瞿鸿禨是湖南长沙人，十七岁中秀才，二十一岁中举人，二十二岁中进士，在二十余年官场生涯中，两充考官，四督学政，门生故旧，遍及五省。其性格峻厉，操守廉洁，被京中清流派奉为领袖。坊间相传，他的相貌与同治皇帝相似，所以极得慈禧宠信。有关改革的议题，每当委决不下时，慈禧便会要求瞿鸿禨、奕劻二人商量一致之后，再行办理。因此，瞿氏的向背，至关重要。

在御前会议上，瞿鸿禨对官制改革方案，并无异议，最后拟定奏稿时，大家签名，他也签名。袁世凯心中暗喜。11月2日，方案上奏两宫，以确立三权分立为原则，关键性条文如下：

> 仿照立宪国先例，立法、行政、司法各有责任，不相统属。（甲）在国会未成立时，先在北京设立资政院，以代替立法机关。（乙）改大理寺为大理院，以为全国最高审判机关，预定采三审制，将来在各省陆续设立地方及高等法院之后，所有民刑诉讼，皆归法院处理，行政官不得干涉。（丙）设立责任内阁之首领，称为国务总理大臣，各部设尚书一人，皆为国务大臣之一，重要行政须经国务会议通过，各部日常政务事务，皆由该部尚书负责处理。（丁）现在之军机处及内阁，应即裁撤，或即以军机大臣改国务总理大臣。①

这个方案，只谈责任内阁，不涉议院，反映了袁世凯重行政、轻立法的心态，结果被反对派扣住了命门。当天，袁世凯入宫请训，试图打探两宫对方案的看法，但不得要领，只好返回天津等候结果。其间，瞿鸿禨却利用慈禧单独召见的机会，密陈反对意见，打了袁世

---

① 刘垣《张謇传记》。台湾，文海出版社，1975年版。

凯一个措手不及。瞿氏指出，立宪国三权分立，相辅而行，有上下议院而情无不通，但中国现在没有议会，也没有地方自治，民智未开，谈什么三权分立？他说，如果觉得军机处不好，可以改为政务处，其他一切照旧。

慈禧本来就没有很坚定的主见，当初听端方说要搞责任内阁，觉得挺有道理；现在听瞿鸿禨说暂不宜搞责任内阁，也挺有道理。11月6日，由瞿鸿禨负责起草上谕，朝廷正式公布新的中央官制："军机处为行政总汇，雍正年间由内阁分出，取其接近内廷，每日入值，承旨办事，较为密速，相承至今，尚无流弊，自无庸编改。内阁、军机处一切现制，着照旧行。"[①] 丙、丁两项被否决，甲、乙两项照准。但丙、丁两项才是官制改革的核心，灵魂没了，中央的官制改革，实际上就失败了。

不仅如此，朝廷还以军机大臣不得兼任各部尚书为由，开去鹿传霖、荣庆、铁良、徐世昌四人的军机大臣，而瞿鸿禨则根据《辛丑和约》规定，可以兼任军机大臣和外务部尚书。在朝廷公布的军机大臣和各部尚书中，六名满人，五名汉人，打破了以往满汉平分的旧例，被时人批评以消除畛域为名，行增满抑汉之实。不管这些大臣是否称职，仅种族身份，已引起汉人的不满了。有人指责，满族只有几百万人，汉族有四万万人，凭什么满人的名额要比汉人多？

中央官制改革横遭斩丧，地方官制改革就更寸步难行了。

11月5日，厘定官制大臣把改革地方官制的方案，下发到各省，请各省督抚们讨论。方案是根据袁世凯的意见拟定的。其内容大概为：

---

① 刘垣《张謇传记》。台湾，文海出版社，1975 年版。

地方政府分为三级：一为府，二为州，三为县；财赋、巡警、教育、监狱、农工商及庶务，合署办公；府州县各设议事会，由人民选举议员，公议本府州县应办之事，并设董事会，则人民选举会员，辅助地方官办理议事会所议决之事；再推广到城镇乡设立自治机关。

省城设行省衙门，合并藩臬以外的司道局所，分设各司，督抚与属官合署办公，提高行政效率；各州府县公牍直达于省，由省径行府州县。每省各设高等审判厅，受理上控案件。行政、司法各有专职，文牍简一，机关灵通。这属于最接近立宪官制的大改。

或以督抚径管外务、军政，兼监督一切行政、司法。以布政司管民政与农工商；按察司管司法行政，监督高等审判厅；财政司管财政与交通事务。学、盐、粮、关、河各司道，一仍旧制。这是在现行官制基础上，略为变通，以专责而清权限。这是属于过渡性质的小改。

由于地方官制改革，直接关系到地方官的利益，难免引起强烈反弹。

各地官员的反应，主张小改的多于主张大改的，主张缓行的多于主张速行的。张之洞的向背，对官制改革的成败，至关重要。而他从一开始就不赞成搞什么官制改革："外官改制，窒碍万端，若果行之，天下立时大乱。鄙人断断不敢附和。"[1] 各省督抚大都指望他出来辩难，但他却并不急于表态，而是稳坐黄鹤楼头，静观南北各省反应，后发制人。

12月下旬，各省对改革方案的复电，陆续到达北京，只差张之洞了。厘定官制大臣、瞿鸿禨、鹿传霖和各省督抚，函电交驰，千呼

---

[1] 许同莘《张文襄公年谱》。商务印书馆，1943 年版。

万唤，几有斯人不出，奈天下苍生何之慨。

直到 1907 年 1 月 2 日，张之洞终于表态了，对改革方案持全盘否定态度。张之洞的原则是：官制改革是为了立宪，凡与宪法无关的，统统不必多所更张。他认为要抓关键，抓总纲，纲举目张，而总纲就是开议院。在方案中，只有设四乡谳局、议事、董事员一项，与立宪有关，是将来立宪的基础。至于其他林林总总的机构改革，不过是形式、名目的变化，新瓶老酒，无关宏旨，不妨"认真考核，从容整理，旧制暂勿多改"。[1]

与袁世凯不同，张之洞是重立法，而行政与司法则不宜大改。改革方案中最核心的一条：司法与行政分立。各省设高等审判厅、地方审判厅和初级审判厅三级审判机关，分别受理诉讼及上诉案件，亦受到张之洞最强烈的反对。他致电袁世凯怒斥："此乃出自东洋学生二三人偏见，袭取日本成式，不问中国情形，故坚持司法独立之议。果如此说，大局危矣。"在张之洞看来，现在中国官府不能干预租界的司法，已经头痛不已，如果将来连本国司法都不能干预，岂不天下大乱？到时"乱党布满天下，羽翼已成，大局倾危，无从补救，中国糜烂，利归渔人"。[2]

张之洞反对地方官制改革，更反对司法独立，是因为行政不得干预司法，即削减行政官的权力。一向以父母官自居的中国官员，若不能干预自己的家事，简直是父不父，子不子，天下必将大乱。张电一出，京师传诵，朝野轰动，各省督抚几乎一面倒地支持，给官制改

[1] 张之洞《致军机处厘定官制大臣》。《张之洞全集》（十一），河北人民出版社，1998 年版。

[2] 张之洞《致军机处、厘定官制大臣、天津袁宫保》。《张之洞全集》（十一），河北人民出版社，1998 年版。

革造成了巨大的压力。张之洞向军机处厘定官制大臣和袁世凯解释，自己也是深盼立宪早成，绝无阻挠之意。他提出了一个解决办法，就是加强议院的地位，使议院不仅具有立法的功能，而且具有监督司法与行政的功能。

不过，载泽、奕劻等人，最终还是顶住了八面来风，1907年7月7日，由总司核定官制大臣奕劻等将地方官制改革方案上奏，保留了行政与司法分立的条文。各省在督抚下设布政司、提学司、提法司（即原按察司）、劝业道和巡警道。裁撤分守、分巡各道，酌留兵备道。布政司掌管户口财赋，考核地方官吏；提学司主管教育行政；提法司主管司法行政，监督各级审判厅，调度检察事务；劝业道专管全省农工商及交通、驿传事务；巡警道专管全省巡警、消防、户籍、营缮、卫生事务。各省设高等审判厅、地方审判厅和初级审判厅三级审判机关，分别受理诉讼及上诉案件。不过，对地方督抚，也作了一定的让步，规定各省布政使、提学使及提法使统受督抚节制。司法只能半独立，不能完全独立。

方案经慈禧、光绪批准，先由东三省做试点，全国在十五年内完成改革：

着由东三省先行开办，如实有与各省情形不同者，准由该督抚酌量变通，奏明请旨。此外直隶、江苏两省，风气渐开，亦应择地先为试办，俟著有成效，逐渐推广。其余各省均由该督抚体察情形，分年分地请旨办理。统限十五年一律通行。[1]

─────────────

[1]《光绪朝东华录》（五）。中华书局，1958年版。

　　尽管朝廷改革的步伐一日千里，但袁世凯仍嫌太慢。早在 1907 年 3 月，他就在自己的地盘天津试办独立审判了。他在天津府设立高等审判厅，在天津县设立地方审判厅，作为司法独立的试验田；在天津城乡设立四个乡谳局，招揽了一批法学家和日本法政学校毕业生，创办谳法研究所，制订一系列审判厅章程。又设立议事、董事两会，为地方自治打基础。

　　然而，行高于人，众必非之。对袁世凯独异于人的行径，瞿鸿禨、铁良、张之洞、盛宣怀、岑春煊等枢臣疆吏，早就重足侧目了。

官场内斗，误尽天下

各方势力对袁世凯的反击，在 1906 年达到了一个高潮。

金秋 10 月，军队在河南彰德府举行大规模会操。朝廷派铁良、袁世凯为阅兵大臣；以袁世凯的王牌第三镇代表北军，张之洞的第八镇代表南军，在汤阴县附近展开马步炮队攻防演习。陆军部侍郎、军学司正使王士珍担任总参议，军学司监督哈汉章担任中央审判长，军学司副使良弼为北军专属审判长，陆军贵胄学堂总办冯国璋为南军专属审判长。

一周的演习结果，北军大胜。但这并未使袁世凯的日子好过一点，相反，告御状的人愈来愈多，朝论汹汹，弹章纷起。慈禧在召见袁世凯时，示以谤书一篓。

袁世凯愤然说："筑室道谋，安能成事。请严惩一二人以息众嚣。"

慈禧说："你兵柄在手，何不把那些议论的人抓来统统杀掉？"①

慈禧的这句话，听似轻描淡写，却有千钧之重。袁氏不禁冷汗直流。

11 月 18 日，袁氏向朝廷请求把第一、三、五、六镇改归陆军部直辖，他只保留继续督练第二、四镇。还主动要求撤去自兼的参预政

---

① 胡思敬《大盗窃国记》。《退庐全集》，台湾，文海出版社，1970 年版。

务、会办练兵事务办理京旗练兵、督办电政、督办山海关内外铁路等八项兼差：

> 自古权势之所集，每易为指摘之所归……若重寄常加于臣身，则疑谤将腾于众口，使臣因此获贪权之名，臣心何以自明，使旁观因此启猜疑之渐，政界亦云非幸。昔曾国藩尝奏称，臣一人权位太重，恐开斯世争权竞势之风，等语。臣区区之愚，窃亦虑此。[1]

对他的辞职，慈禧没有半点挽留，一律照准，并派满族将军凤山接管北洋四镇，在上谕中，袁世凯奏折原文"谨将第四镇、第二镇仍归督练节制"一句，被改为"暂由训练、调遣"，这是慈禧对袁世凯的一个警告，很容易让人联想到是满族王公大臣排斥汉族官员，其实并非如此，不过是袁世凯、瞿鸿禨两个汉族大臣互相倾轧的结果，第一、三、五、六镇北洋军改归陆军部直辖，是瞿鸿禨向慈禧出的主意。而瞿氏的另外一着棋，就是把两广总督岑春煊拉入反袁阵营。

在粤汉铁路事件上，岑春煊与广东地方绅商闹翻了脸，"去岑安粤"的呼声，甚嚣尘上，他在广东已呆不下去了。这年8月，朝廷调岑春煊为云贵总督，由袁世凯的儿女亲家周馥接任两广总督。

云南、贵州乃穷乡僻壤，在全国政治格局中，无足轻重。岑春煊难免气愤填膺，认定"此行实不由两宫本意，特奸臣欲屏吾远去，彼得任所欲为"。[2] 而这个奸臣就是他的宿敌袁世凯。岑春煊决心还

[1] 袁世凯《恳准开去各项兼差折》。廖一中、罗真容整理《袁世凯奏议》（下），天津古籍出版社，1987年版。
[2] 岑春煊《乐斋漫笔》。荣孟源、章伯锋主编《近代稗海》（一），四川人民出版社，1985年版。

以颜色，交卸两广总督后，乘船到了上海，以治病为由，拒绝前往云贵。

瞿鸿禨、岑春煊、奕劻、袁世凯等人本来都是支持立宪的，但因为争夺政治改革的主导权，以至于勾心斗角，水火不容。在朝野风评中，瞿、岑有清流之望，而庆、袁等皆为浊流。郑孝胥对袁世凯个人观感十分恶劣，所以他站到南岑一边，卷入了反对北袁的政潮之中。据当时担任预备立宪公会理事的刘垣透露："是年（1906）九月，岑春煊卸两广总督之任到上海后，请假养病旅沪甚久……孝胥与春煊过从频数，两人预约在预备立宪会所秘密谈话亦有多次……（我）偶与孝胥谈及政局，孝胥则痛诋世凯不止一次。"①

早期的绅商阶层，大都拥有传统功名，与官府的关系，千丝万缕，不是门生故旧，就是做过同袍同泽，往往未能真正扮演独立的公民角色，反而动辄被官僚利用，成为操弄民意、攻击政敌的工具。

瞿鸿禨、岑春煊、盛宣怀在上海秘密结盟。1907年农历新年过后，两宫下诏，岑春煊调补四川总督，并特别饬令他立即驰赴新任，毋庸入京请训。四川位置虽较云贵重要，是有名的肥缺，但岑氏志不在此，他不顾毋庸入京的诏令，连夜乘快车，从汉口直赴北京。他的出现，令人顿时感到北京山雨欲来风满楼。有人形容他是一个"活炸弹"，"无端天外飞来，遂使政界为之变动，百僚为之荡然"②。

果然，抵京当天，慈禧传旨召对时，岑春煊便公然痛斥奕劻："近年亲贵弄权，贿赂公行，以致中外效尤，纪纲扫地，皆由庆亲王奕劻贪庸误国，引用非人。若不力图刷新政治，重整纪纲，臣恐人心

① 刘垣《张謇传记》。台湾，文海出版社，1975年版。
② 孙宝瑄《忘山庐日记》。上海古籍出版社，1983年版。

离散之日，强欲勉强维持，亦将挽回无术矣。"

岑春煊直指目前的"改良"，只是骗局而已，他说：当初在西安行宫时，朝廷决心兴办学校，培植人才，但回銮已经七年，学校课本还没审定齐全，其他更不必问了。朝廷要各省办警察、练新军，诏旨一下，官员们便以筹款为名，今日加税，明日加厘，小民苦于搜刮，怨声载道。岑春煊指出："倘果真刷新政治，得财用于公家，百姓出钱，尚可原谅一二。现在不惟不能刷新，反较从前更加腐败。从前卖官鬻缺，尚是小的，现在内而侍郎，外而督抚，皆可用钱买得。丑声四播，政以贿成，此臣所以说改良是假的。"

慈禧闻言伤怀，不禁泪如雨下。她说："汝问皇上，现在召见臣工，不论大小，即知县亦常召见，均勖以激发天良，认真办事，万不料全无感动。"

岑春煊说："大法方能小廉。庆亲王奕劻，贪庸如此，身为元辅，何能更责他人？"慈禧说奕劻太老实，是上了别人的当。岑春煊当即反驳："当国之人何等重要，岂可以上人之当自解。此人不去，纪纲何由整饬？"他请缨不去四川，留在北京，"为皇太后、皇上做一条看家的恶狗"。

慈禧说："我母子西巡时，如果不是得到汝照料，恐将饿死，焉有今日。我久已将汝当亲人看待，近年汝在外间所办之事，他人办不了，故未能叫汝来京。汝当知我此意。"

岑春煊说："臣岂不知受恩深重，内外本无分别。惟譬如种树，臣在外系修枝剪叶，树之根本，却在政府。倘根本之土，被人挖松，枝叶纵然修好，大风一起，根本推翻，树倒枝存，有何益处？故臣谓根本重要之地，不可不留意。"①

岑春煊虽有"屠官"的雅号，但在慈禧面前如此肆无忌惮地弹劾庆王，甚至自愿留在京城与庆、袁对抗，绝非一时冲动，而是与瞿鸿禨等人商定全盘计划的一部分。按照张之洞的分析，这些人打算在推翻庆、袁之后，以瞿代庆，以岑代袁，清流派遂可主导朝局。几天后，岑春煊奉旨补授邮传部尚书，留京办事。

与此同时，赵启霖、赵炳麟、江春霖等御史，亦纷纷上书弹劾奕劻，你呼我应，激成一股围攻庆王的浪潮。最为轰动的一案，即赵启霖弹劾袁世凯心腹段芝贵买天津歌妓杨翠喜献给奕劻之子载振，并曾以十万金为奕劻祝寿，因而得署黑龙江巡抚。此事一经曝光，朝野哗然，太后震怒，段氏被撤职，载振自请辞去农工商部尚书。慈禧在召见瞿鸿禨时，也流露出庆王声名甚坏，要调出军机处的念头，并要瞿氏在军机处多负责任。

瞿、岑虽小胜一场，但奕劻的反击随即展开。5 月 28 日，他趁上朝独对之机，向两宫指出瞿鸿禨、岑春煊策动政潮的目的，是要"推翻大老（奕劻）排斥北洋（袁世凯）为归政计"。对慈禧来说，推翻大佬、排斥北洋皆不足虑，最要命的是"归政"二字，加上奕劻翻出戊戌年岑春煊保举康有为、梁启超的旧账，令慈禧顿起疑虑。

然而，要把岑春煊逐出京门，还得找个堂而皇之的理由。这时，两广忽然传来警耗，革命党发起连串暴动。5 月 22 日，三合会在黄冈闹事，打了一晚，竟占领了县城，在旧都司衙门成立军政府，以

---

① 岑春煊《乐斋漫笔》。荣孟源、章伯锋主编《近代稗海》(一)，四川人民出版社，1985 年版。

"广东国民军大都督孙（文）""大明都督府孙（文）"名义布告安民，兵分两路，杀向潮州、汕头。6月2日，惠州会党又在七女湖暴动，围攻博罗。

这两次暴动，最后都被广东水师提督李准敉平，但周馥的告急电报，一夕数至，京城震动，恰好为庆王、袁世凯驱逐岑春煊提供了借口。袁世凯说动了慈禧，广东离开岑春煊就是不行，于是命岑春煊复任两广总督。5月28日，朝廷颁旨，着周馥开缺另候简用，岑春煊着补授两广总督。

邮传部尚书的板凳还没坐热，又要收拾行装，一麾出守，岑春煊内心的愤怒，莫可名状，当天便以患病未痊为由，请两宫收回成命，另简贤员。太后不准所请，5月29日再降一旨："该督世受国恩，当此时事艰难，自应力图报称，勉副朝廷惓怀南服绥靖岩疆之意，毋得再行固辞。广西系兼辖省份，着毋庸回避。所请赏假之处，着毋庸议。"①

岑春煊到上海后，再重施故伎，以养病为名，拒绝南下，等待两宫后命。但庆王、袁世凯岂容岑春煊有东山再起的机会。于是，由端方出面，授意上海道台蔡乃煌伪造了一张岑春煊与康有为的合照，作为攻击岑、康勾结的证据，由御史恽毓鼎上奏参劾岑春煊"不奉朝者，退留上海，勾结康有为、梁启超，麦孟华（康有为的弟子、女婿）留之寓中，密谋推翻朝局，情迹可疑"。②

岑春煊与康有为合照是假的，但岑春煊与麦孟华关系密切却是真的。因此，相片送入宫中后，慈禧深信不疑，不禁又是长吁短叹，

---

① 《光绪朝东华录》（五）。中华书局，1958年版。
② 恽毓鼎《澄斋日记》（二十二）。《近代史研究》1989年第5期。

老泪涟涟，如果连岑春煊这样的大臣都靠不住，还有谁可信赖呢？8月12日，朝廷降旨，改派张人骏为两广总督。周馥告老还乡。"岑春煊前因患病奏请开缺，迭经赏假，现在假期已满，尚未奏报起程。自系该督病尚未痊，两广地方紧要，员缺未便久悬，岑春煊着开缺安心调理，以示体恤。"①

岑春煊出局后，瞿鸿禨便陷于孤军作战了。偏偏这时又发生所谓"牌桌泄密"事件，把火引到瞿鸿禨身上。坊间传说，瞿氏在听说庆王要出军机后，一时乐极忘形，告诉了枕边人。不料瞿太太与《京报》老板汪康年、英国《泰晤士报》驻京记者曾广诠的太太都是牌桌上的牌友，打牌时不经意透露给她们听了。

消息传到汪、曾那儿，很快《京报》与《泰晤士报》都刊登出来了，立即引爆了一颗官场震撼弹，由于庆王兼管外务，消息也冲击到国际关系。在一个外交场合中，英国公使夫人直截了当地问慈禧，庆王是否要下台。慈禧惊讶地反问她消息从何听来，公使夫人说：传说是瞿军机大臣鸿禨所言，报章都注销来了。这下把慈禧气得脸都黑了。

庆王、袁氏趁热打铁，由奕劻的幕僚杨士琦起草弹劾瞿鸿禨的奏章，由恽毓鼎代奏，指瞿氏"居心巧诈，蠹政害民，交通报馆，泄漏机密"②。奉两宫朱谕，着瞿鸿禨开缺回籍，以示薄惩。至此，这场史称"丁未政潮"的惊涛骇浪，以瞿、岑二人落水失势，告一段落。

①《光绪朝东华录》（五）。中华书局，1958年版。
②恽毓鼎《澄斋日记》（二十二）。《近代史研究》1989年第5期。

为立宪运动提速

两派势力斗法的细节，波澜起伏，曲折离奇，历来为稗官野史所津津乐道，但从历史的角度观察，这一政潮对宪政改革进程的影响，才是至关重要的。

1907年8月13日，在奕劻的一再要求下，朝廷为考察政治馆正名，改称宪政编查馆，由劳乃宣、杨度充任提调，直隶于军机处，下设编制、统计两局，还有译书处、图书处、官报局等机构，负责办理宪政、编制法规、统计政要以及翻译各国宪法等事务。这一举措，显示出立宪进程并未因政潮而放缓，相反，有加速的迹象。

瞿鸿禨开缺后，朝廷迅速以张之洞顶了他的协办大学士，并命张之洞尽快来京陛见。官场均认为这是张氏入阁拜相的先声，但惯于东张西望的张之洞，却不急于表态，一直以抱恙为由，迟迟吾行。他一面打探朝中消息，了解各方面的反应，一面评估利害得失。直到夏去秋来，北京的紫丁香种子都落尽了，武昌方面，还是"今日不雨明日复不雨，今日不出明日复不出"（张之洞诗）。

9月4日，朝廷同时授命张之洞、袁世凯为军机大臣。张氏充体仁阁大学士，兼管学部，袁氏兼外务部尚书，两人都来京当差。短短几个月中，朝廷不断为张之洞加官晋爵，把他推至人臣极位，绝非稗官小说所说的明升暗降、调虎离山，恰恰相反，反映了慈禧对立宪仍然抱有很大期望。

慈禧并不糊涂，她很清楚，实行君主立宪是挽救危局的一个总机关，她相信抓住了这个机关，革命党骚乱、满汉畛域、皇室地位、与列强关系等问题，都可以迎刃而解。这才是她心目中的当务之急，至于如何排斥汉人、加强满族的权力垄断，并不在她的忧虑之中。

客观而言，在慈禧生命最后几年，为消弭满汉两族的对立，煞费苦心，做了许多努力。1907 年 8 月 10 日，慈禧下了谕旨，要求内外各衙门妥议化除满汉畛域切实办法。官员们提出了五花八门的建议，包括允许满汉通婚；任官不分满汉；裁撤副都统等旗官；旗民编入民籍，耕田务农，自食其力；在法律面前满汉平等，逐步实行旗人犯罪，与齐民同法律、同审判机构等，她甚至委任汉人徐世昌担任东三省的总督，须知东三省是满清的根据地。但两族之间的鸿沟，不可能在短期内填平。

在瞿鸿禨、岑春煊失势后，能够代替他们，继续在中央推动改革，使宪政进程不致中断，又可以制衡庆王、袁氏，不致令其一派独大的，唯有张之洞而已。因此，张、袁入枢，是保证宪政改革平稳推进的最理想方案。

不过，中国官场文化，每逢人事调动，总会搅起无限风波，仿佛一切都是派系斗争的阴谋诡计。当时官场蜚短流长，咸认为"以袁张本不相能，使之入相，如两鼠斗于穴中，两无能为"（叶恭绰语）。而那些讨厌袁世凯的人，则把张之洞看作是对付袁氏的最后一张牌，纷纷劝他尽快入京，早来一日，大局早定一日。京中的各路人马，推波助澜，煽风点火，忙得满天星斗，甚至有"朝议望中堂（张氏）来京如云霓"的夸张说法。

张之洞原打算在武汉过了七十大寿（9 月 10 日）再上京，但鹿传霖促驾的电报纷至沓来，劝他尽快启程，"勿使莠言先入"，"太迟不相宜，最好到京称觞，万望速来"。[1]铁良也说："中堂若早来，某某（指袁世凯）秘计早已瓦解，迟迟其行，始有今日……总之，（入京）愈速愈佳，怠迟则某某布置亦有端倪，对待又当煞费苦心。"[2]张之洞还在离北京一千二百多公里的地方，一步没挪，一句话没说，大家已经把他摆在与袁世凯对阵的位置上了。

9月9日，张之洞终于交卸湖广总督篆务，乘坐京汉火车，向北京进发了。启程之日，朝廷任命外务部右侍郎汪大燮为出使英国考察宪政大臣，学部右侍郎达寿为出使日本考察宪政大臣，邮传部右侍郎于式枚为出使德国考察宪政大臣。

这时的北京，已是寒风习习，秋色甚浓。72岁的慈禧与70岁的张之洞相见，老人的心境颇为萧索，她说："大远的道路，叫你跑来了，我真是没有法子。今日你轧我，明天我轧你，今天你出一个主意，明天他又是一个主意，把我闹昏了。叫你来问一问，我好打定主意办事。"

张之洞说："自古以来，大臣不和，最为大害，近日互相攻击，多是自私自利。臣此次到京，愿极力调和，总使内外臣工，消除意见。"

慈禧再问，出洋学生的排满风潮，愈闹愈凶，如何是好。张之洞一抖胡须说："只须速行立宪，此等风潮自然平息。出洋学生其中多可用之材，总宜破格录用。至于孙文在海外，并无魄力，平日虚张声势，全是臣工自相惊扰，务请明降恩旨，大赦党人，不准任意株连，

---

[1]《丁未七月十六、十八、二十二、二十三日京鹿中堂来电》。引自李细珠《张之洞与清末新政研究》，上海书店出版社，2003年版。

[2]《丁未七月二十三、二十四日京邹道来电》。引自李细珠《张之洞与清末新政研究》，上海书店出版社，2003年版。

以后地方闹事，须认明民变与匪乱，不得概以革命党奏报。"

慈禧说："立宪事我亦以为然，现在已派汪大燮、达寿、于式枚三人出洋考察，刻下正在预备，必要实行。"

[张之洞说] 立宪实行，愈速愈妙，预备两字，实在误国。派人出洋，臣决其毫无效验，即如前年派五大臣出洋，不知考察何事，试问言语不通，匆匆一过，能考察其内容？臣实不敢信。此次三侍郎出洋，不过将来抄许多宪法书回来塞责，徒靡多金，有何用处？现在日日言预备，遥遥无期，臣恐革命党为患尚小。现在日法协约，日俄协约，大局甚是可危。各国均视中国之能否实行立宪，以定政策。臣愚以为，万万不能不速立宪者此也。①

张之洞指出，民间的骚动不足为虑，国家的发展方向与世界潮流脱节，才是致命之伤，中国要长治久安，就不能成为一个让世界侧目、反感、蔑视的另类国家，必须尽快实行宪政。继续考察、讨论，只会耽误时间，千虚不如一实。

在议院、责任内阁与颁布宪法这三者中，究竟谁先谁后？袁世凯认为应先组织责任内阁，以行政推动立宪；而张之洞则认为应先开议院，如果没有国会，谁来监督内阁？没有监督的内阁，只会是"变君主专制之政体为内阁专制之政体"。恒为一针见血的警句。

在立宪问题上，张、袁的主张是基本一致的，如果说有差别，亦不外乎是"南皮（张之洞）主张缓进，项城（袁世凯）主张急进"

---

① 《八月初七日张之洞入京奏对大略》，《时务汇录·丁未时务杂录》，引自孔祥吉《张之洞与清末立宪别论》。载《历史研究》1993 年第一期。

（张一麐语）而已。袁世凯认为改革派的灵魂，舍我其谁，张之洞不过是"皮相的维新派"。但奕劻却深知二人都是改革派旗手，合则可以扭转乾坤，分则两败俱伤，所以极力从中调解，甚至做媒撮合袁家公子与张家孙女联姻。

在张之洞和袁世凯的倾力推动下，宪政改革再次提速。9月18日，署黑龙江巡抚程德全呼吁速开国会，并提出组织责任内阁，与国会并行以符三权分立之制；各府厅州县设议事会；各学堂添设法制课；公布皇室经费；化除满汉界限等要求。张之洞一向是开议院的热心鼓吹手，当年起草江楚会奏时，他已经提出要仿行西方上议院的主张。这是政治改革最重要的一步。

到北京后，他即与朝中各重臣开会，他在会上指出：中国要打算富强，非拢民心不可。现在南省革命盛行，都是由于官府压力太大所致，要消弭此祸，非开议院、设乡官、实行地方自治不可。他的观点，得到大多数重臣的认同，然而，却受到来自奕劻、袁世凯的阻力。他邀请杨度回国主持筹备国会，也备受非议。

以张之洞的性格，断不会抗颜力争，只会退求其次，迂回前进。他马上作了妥协：先成立咨议局，作为各地民间推动国会运动的机关。

9月20日，即慈禧召见张之洞后的第六天，朝廷宣布设立资政院："立宪政体取决公论，上下议院实为行政之本。中国上下议院一时未能成立，亟宜设资政院以立议院基础。着派溥伦、孙家鼐充该院总裁。所有详细院章，由该总裁会同军机大臣妥慎拟订，请旨施行。"①

9月30日，慈禧再降两旨，其一，着学部通筹普及教育的方法，

①《光绪朝东华录》（五）。中华书局，1958年版。

编辑精要课本，以便通行。着民政部妥拟自治章程，请旨饬下各省督抚择地依次试办。其二，要求在京各部院、在外各督抚，收集各国君主立宪政体的成案和名人论说，督率下属各员，分班切实研究。①

①《光绪朝东华录》（五）。中华书局，1958 年版。

冲破 "两禁"

自从朝廷宣布预备立宪后，梁启超便认为："从此政治革命问题，可告一段落，此后所当研究者，即在此过渡时代之条理何如。"① 但中国能否顺利过渡到宪政国家，不仅视乎朝廷的决心与态度，更视乎是否有一个健康的民间社会。

梁启超推动立宪运动，是双管齐下，一方面与官场保持密切联系，暗中物色真正能够扛立宪大旗的领袖人物，另一方面，也不断地在民间进行宣传教育，利用报纸、杂志、书籍、结社等形式，开启民智。他认为，大部分官员都是不学无术的，"若终无绝当意者，则不如仍从民间，一积势力"。他一提到民间，就难掩兴奋之情，他对朋友说，与其指望上层，不如自下而上推动改革，成效也许更著："鄙见仍觉主动者必当在民，若得舆归［论］一途，成一庞大之势力，则上部之动，亦非难矣"②。

舆论的开放程度，是民间社会健康与否的一个重要指标。1896年，李鸿章访美期间，在接受《纽约时报》采访时，承认中国的报纸不敢说真话，"由于不能诚实地说明真相，我们的报纸就失去了新闻

---

① 丁文江、赵丰田《梁启超年谱长编》。上海人民出版社，1983 年版。
② 同上。

本身的高贵价值，也就未能成为广泛传播文明的方式了"①。

一个不能说真话的社会，根本谈不上是健康的。并非中国的记者编辑不愿说真话，而是官府不准他们说。统治者一向以钳制言论，制造文字冤狱，作为管控社会的手段，防民之口，甚于防川。广东的《博文报》转载了一篇文章，说慈禧太后"唇厚口大"，便招来官府的查封。《苏报》一案，更成为新政时期轰动一时的事件。但不可否认，1901年以后，言论环境是愈来愈宽松，而且宽松的幅度与速度，令人咋舌。

早在1902年，梁启超在日本办《清议报》《新民丛报》时，便针对国内的报纸杂志，无限激情地宣称：

> 西人有恒言曰：言论自由，出版自由，为一切自由之保障。诚以此两自由苟失坠，则行政之权限万不能立，国民之权利万不能完也。而报馆者即据言论、出版两自由，龚行监督政府之天职者也。

他认为报馆愈多愈好，报馆愈多，国家愈强；报馆绝非政府的喉舌，而应与政府立于平等地位，有报导事实真相的责任，包括议政与批评政府。他把报纸的作用，提到关乎国家兴亡的高度，盖因目前中国没有政党政治，更没有在野党，"惟恃报馆为独一无二之政监者，故今日吾国政治之或进化，或堕落，其功罪不可不专属诸报馆"。②

戊戌变法前，在地方官员的支持下，中国的民间报业，一度十分繁兴，《中外纪闻》《强学报》《时务报》《苏报》《通学报》《湘学新

---

① 郑曦原编《帝国的回忆》。当代中国出版社，2007年版。
② 梁启超《敬告我同业诸君》。《饮冰室合集》（一），中华书局，1988年版。

报》《湘报》《经世报》《国闻报》《格致新报》《广智报》等五花八门的报纸，遍布各省，但变法失败后，朝廷悍然封闭维新派的一切报馆，缉拿各报主笔，报业一夜之间成了霜打的瓜秧。

不少逃亡的知识分子，在海外继续办报。《清议报》《新民丛报》《新湖南》《湖北学生界》《浙江潮》《江苏》等，都是中国人在日本办的报刊。海外自由思想的新空气，通过各种管道流入国内，令国内的知识界心驰神往。

尽管撑开每一寸的言论与思想空间，都备极艰难，但人们还是不懈地努力，像土中蚯蚓一样，拼命往前挤，硬是挤出一条路来。在广东，1900 年创刊的《商务日报》，首创以小说形式写新闻，避开官方检查；1902 年创办的《亚洲日报》和《开智日报》，肆无忌惮地刊登革命党的言论；1903 年创办的《时敏报》，公然正面记述太平天国事件；革命党在香港办的《中国日报》，在内地也十分畅销。

庚子之后，人心思变，皇帝亦下诏广开言路，官府要防民之口，把社会拉回到几十年前，让大家只看"宫门钞""辕门钞"，已不可能了。国内的书报刊数量与日俱增，《申报》《新闻报》《外交报》《东方杂志》《扬子江》《大陆》《童子世界》及五花八门的白话报，畅销一时。1904 年，仅武汉一地，就有二十几种报刊在市面发行，阅报在城市蔚然成风，甚至成了人们日常生活的一部分，据记者观察："鄂省一区自戊戌政变以来风气大开，凡士商莫不以阅报为唯一之目的"。[1]

按梁启超的说法，报纸有两大天职，"一曰：对于政府而为其监督者；二曰：对于国民而为其向导者是也"。[2] 所谓向导，就是引导

---

[1]《警钟日报》，1904 年 11 月 30 日。

[2] 梁启超《敬告我同业诸君》。《饮冰室合集》（一），中华书局，1988 年版。

民众参与国家政治。而这也正是专制势力所不能容忍的，吏部考功司主事胡思敬说："匹夫而轻议庙堂，此上陵下替之渐，禁令一疏，未有不肇乱者"。他宣称："后世欲开太平之基，必廓清天下报馆，但留邸抄，以符旧制，然后国是可定，民心不摇。"① 代表了相当一部分专制官僚的心声。

幸而慈禧的头脑比胡思敬清醒，她知道"但留邸抄，以符旧制"的时代已经过去了，再也救不了中国了。1905 年，光绪皇帝谕令商部拟具报律草案，妥筹办理。商部很快呈交了草案，交由巡警部酌为修改。

1906 年 7 月，由商部、巡警部、学部会定中国历史上第一部新闻出版法规《大清印刷物专律》（六章四十条）颁行，对出版物实行注册登记制度，只要在"印刷总局"注册登记，就可以堂而皇之地出版；三个月后，颁布《报章应守规则》，针对报刊做出具体规定。

尽管两项法规中，都开列了许多高压线，诸如不得"加暴行于皇帝皇族或政府，或煽动愚民违章国制""不得妄议朝政"之类的条文，禁止业者触犯，1907 年 8 月再颁布《报馆暂行条规》（十条），增加了一项新内容："凡开设报馆者，均应向该管巡警官署呈报，俟批准后方准发行"，比原来的注册方式，有所退步，但揆诸事实，它们的出台，并非对舆论实行更严重的压迫，恰恰相反，这是双方博弈的结果，实际上反映着政府的让步而非进逼，民办报纸争得了自己的合法位置，不再是只有专录圣谕、章奏的"京报"，还有满天飞的日报、旬报、周报、画报、三日报。

上海、武汉、广州这些大城市，都是报刊业、图书出版业最活

---

① 胡思敬《审国病书》。《退庐全集》，台湾，文海出版社，1970 年版。

跃、最繁荣的地方。上海的报纸多不胜数，大部分集中在四马路惠福里和广西路宝安里一带，前者有《苏海汇报》《时报》《游戏报》《新世界学报》《笑报》《选报》《经世文潮》《同文沪报》《南方报》《大陆》《政艺通报》《神州国光集》《国粹学报》《宪报》《神州日报》《警钟日报》《舆论日报》等，后者有《笑林报》《上海》《花世界》《风月报》《浦东同人会报》《阳秋报》《官商日报》《娜嬛杂志》《国魂报》《医学报》《国华报》《春申报》《天铎报》等。而在报业最负盛名的《申报》则在山东路，形成了磁铁效应，报馆都开始向山东路望平街集合，先后迁入的有《新闻报》《中外日报》《神州日报》《民立报》《时事新报》《启民爱国报》等，以至于望平街有了个"报馆街"的雅号。

与新闻自由有着孪生关系的是出版自由。新政以后，各地出版了大量翻译的图书，并得到官方的支持，张之洞在武汉开办湖北洋务译书局，出版了《交涉要览类编》（初集、二集、三集）、《比利时国法条论》《亚东各国属地志略》等一大批图书。人们如饥似渴地搜罗各种新书来看。在 1903 年《汉口日报》上刊登的一份代售书目，开列了一百多种社科类图书，包括《日本维新三十年史》《革命前法郎西二世纪事》《日本现势论》《意大利独立之精神》《各国宪法大纲》《宪法精理》等。[①]

上海出版的图书，在全国影响甚大。这些为读者提供精神食粮的出版机构，大部分在棋盘街、福州路及麦家圈一带。据 1906 年的《上海华商名簿录》所载，上海有名的六十四个出版机构，有二十家在河南路，十五家在福州路，十一家在山东路。

广州毗邻香港，报刊业与图书出版业一向走在全国前面。中国

---

① 刘望龄《张之洞与湖北报刊》。《近代史研究》1996 年第二期。

报业之父梁发是广东佛山高明人，他在马六甲创办了世界上第一份中文期刊。历史上第一份在中国境内出版的中文报刊《东西洋考每月统纪传》（月刊），也是在广州创刊的。广州创办的《广报》，是中国办日报的先导，与汉口的《昭文新报》、上海的《汇报》同为最具影响力的近代日报。

由于广州的出版业较为发达，不少江浙人都跑到广州办书局，双门底的点石斋、蜚英馆、同文书局、纬文书局等书店，都是江浙人开的。时务书局、时敏书局、开明书局专销从上海运来的新书，南方成了近代中国思想变革的滥觞地。不久，商务印书馆、中华书局、世界书局、大东书局等著名书店，先后进驻双门底，开创了一个百花齐放的局面。

在《大清印刷物专律》颁行前夕，浙江发生了一起涉及出版自由、言论自由的"《新山歌》案"，具有很强的示范意义。当时浙江省乐清县有一位叫敖嘉熊的读书人，曾加入上海的爱国学社，又在嘉兴创立演说会、教育会，与朋友陈梦熊在乐清县组织明强女学，并编写了白话文《新山歌》一书，宣传革命思想。他们的言论被地方小吏盯上了，到县府举报。陈氏为免连累敖氏，自行到杭州官府投案。此事震动了当地，温州、嘉兴的著名士绅纷纷出面力保陈氏。最后浙江巡抚张曾扬判告密小吏以诬告罪，予以革职，陈梦熊则无罪开释。此事表明民间对权力的监督，已开始发挥作用。

1908年3月，《大清报律》经宪政编查馆审核议复后，正式公布。对办报馆、发行报纸的限制十分宽松，只要于发行二十日以前，呈由该管地方官衙门申报本省督抚，咨民政部存案即可，办报人的条件是：一、年满二十岁以上之本国人；二、无精神病者；三、未经处监禁以上之刑者。发行人应于呈报时分别附缴一定的保押费，每月发行四回以上者，银五百元；每月发行三回以下者，银二百五十元。如果其专载学术、艺事、章程、图表及物价报告等报，确系开通民智，由官鉴定，认为无庸预缴者，则可以免缴。涉及对报纸内容的限制性条款，只有六条：

第十条　诉讼事件，经审判衙门禁止旁听者，报纸不得揭载。

第十一条　预审事件，于未经公判以前，报纸不得揭载。

第十二条　外交海陆军事件，凡经该管衙门传谕禁止登载者，报纸不得揭载。

第十三条　凡谕旨章奏，未经阁钞、官报、公报者，报纸不得揭载。

第十四条　左列各款，报纸不得揭载：诋毁宫廷之语；淆乱政体之语；扰害公安之语；败坏风俗之语。

第十五条　发行人或编辑人，不得受人贿属，颠倒是非。发行人或编辑人，亦不得挟嫌诬蔑，损人名誉。[①]

对违反规定的发行人或编辑人，分别处以罚金或监禁，直至禁止发行。客观而言，以上条文与国际惯例大体相符，但该报律却另有一些荒唐的规定，如"每日发行之报纸，应于发行前一日晚十二点钟以前；其月报、旬报、星期报等类，均应于发行前一日午十二点钟以前，送由该管巡警官署或地方官署，随时查核"等，这在文明国家是不可想象的，表明朝廷仍然竭力想保留专制时代管制言论的特权。可以肯定，如果对"诋毁宫廷""淆乱政体"等条文，没有更具体而清

---

① 张静庐辑注《中国近代出版史料》（初编），群联出版社，1953年版。

晰的界定，任凭解释权操于"巡警官署或地方官署"之手，那么，文字狱随时可以复活。

　　结社是人的天然需求，所谓"社会"，从字面上看，恒有团结共事、结合成团体之意。民间团体可以反映民意、监督政府、补政府之不足，成为民间与政府良性互动的桥梁。在现代社会，如果不能自由结社，不仅个人独立不能维持，即文明亦难以赓续与光大。然而，在专制国家，却把民间的结社和组党，悬为厉禁。1652年，清顺治皇帝曾特别针对读书人作出规定："诸生不许纠党多人，立盟结社，把持官府，武断乡曲"。并把这规定刻成石碑，立于学宫。甲午战争后，西风东渐，人心觉醒，知识分子纷纷冲破禁锢，结社议政之风大盛。但戊戌变法失败后，政治空气急速恶转，朝廷禁立会社，拿办社员，早期的政党萌芽，落得个春色三分，二分尘土，一分流水。

　　直到1904年以后，新政兴起，戊戌变法才逐渐"脱敏"，部分获罪人员得到赦免。在解除报禁的同时，朝廷对知识分子结社的禁令也放松了，各种"自治研究会""宪政研究会""国会期成会""妇女演讲会""路矿联合会""保路会""教育会"，如雨后春笋般出现。据史家张玉法统计，至辛亥革命前夕，"当时公开性的结社，不下六百余个；其目的全在策动革命者，尚不在内。"其中商业类265个，教育类103个，政治类85个，学术类65个，外交类50个，农业类、风俗类各26个，青年类、艺文类各17个，宗教类6个，工业类、慈善类各4个。张玉法慨叹："虽非当时结社的全豹，可以了解士绅阶级觉醒的一斑。"①

---

① 张玉法《清季的立宪团体》。台湾，中央研究院近代史研究所，1985年2月版。

张玉法之所以把"目的全在策动革命者"排除在外，是因为这部分人根本不会在乎朝廷是否开放党禁，同盟会、光复会、共进会早就有自己的组织了，哥老会、三合会、天地会也早就结了"社"了，他们的目的是推翻政府，所以朝廷愈是倒行逆施愈好，他们又多了揭竿而起的理由。

而恰恰是那些呼吁朝廷开放"两禁"的人，才是朝廷可以依靠的力量，他们对朝政仍怀有良好的愿望、真心想帮助政府改革，推动国家政治走上良性发展的轨道。如果朝廷连这些支持者都要打压，不给他们言论与思想的空间，等于把他们赶入江湖。

1908 年 3 月 11 日，朝廷颁布《结社集会律》（三十五条），对结社与集会作了规定。"凡以一定之宗旨合众联结公会，经久存立者"，为之"结社"，其宗旨与政治有关者称"政事结社"；"凡以一定宗旨临时集众，开会演讲者"，为之"集会"，内容与政治有关者称"政论集会"。凡与政治及公事无关者，皆可照常设立，毋庸呈报；有关政治者非呈报有案，不得设立。政治结社必须经官署特许，不允许学生、教师、女性加入，人数不准超过一百人。凡秘密结社一律禁止，各省会党均属秘密结社，仍照刑律严行惩办等。

尽管报律与结社集会律的基本精神，仍以管制为主，但毕竟承认了政治结社、集会的合法性，为民间自主性力量在不同团体内部发挥作用，提供了法律依据。

当时在国内影响最大的立宪社团，当属郑孝胥、张謇领导的预备立宪公会；而在国外，则属梁启超领导的政闻社。政闻社的前身是由康有为、梁启超领导的保皇会。1906 年，美洲保皇会率先宣布改为国民宪政会（后改为帝国宪政会）。梁启超致函康有为称："我国之宜发生政党久矣，前此未有其机，乃预备立宪之诏下，其机乃大动。

弟子即欲设法倡之于内。"他主张把保皇会改造成一个政党，奉行宗旨为：

一、尊崇皇室，扩张民权。

二、巩固国防，奖励民业。

三、要求善良之宪法，建设有责任之政府。①

梁启超、杨度、熊希龄共同发起组织政党。不料，在筹组过程中，梁启超与杨度发生意见分歧，互相争夺领导权，导致分裂，杨度另组宪政公会，而梁启超则与徐佛苏、蒋智由等人组织政闻社。1907年10月，梁启超创办《政论》，作为政闻社的机关报。《政论》主编是蒋智由，总发行所设在立宪派的大本营上海。

这时国内的立宪运动，已呈风起云涌之势。在杨度的策划下，10月5日，湖南即用知县、宪政讲习会会长熊范舆、法部主事沈钧儒、宗室恒钧、附生雷光宇等一百余人，联名呈请速设民选议院。

中国自开天辟地以来第一份请开国会的请愿书，字字金石，掷地有声：

职等窃维国家不可以孤立，政治不可以独裁。孤立者国必亡，独裁者民必乱。东西列国，往迹昭然，治乱兴亡，罔不由此。今地球之上以大国计者十数，虽国体互异，历史各殊，然无不设立民选议院者，岂必其政府之不欲专制欤？良以世局日新，国家生存之竞争益归激烈，非上下同负责任，则国力不厚，无以御外侮而图自存；

---

① 丁文江、赵丰田《梁启超年谱长编》。上海人民出版社，1983年版。

非人民参预政权，则国本不立，无以靖内讧而孚舆望，此近世以来代议制度所以竞行于各国也。

中国数千年来政体素为专制，故封豕长蛇之患常起于外，揭竿斩木之忧常兴于内。然当闭关自守之时，国际尚未交通，民智尚未发达，故犹可以补苴掇拾，苟且偷安。今则国际之势力与人民之思想均非昔比，苟非上下一心，君民一德，则内讧外患必愈相乘而至。

……

中国近数年来，人心思乱，祸变迭兴，万里神州，几成乱薮。虽朝廷屡施恤民之政，而不能收拾人心；官吏横加杀戮之威，而反使效尤者愈众者，则以民选议院未立，而独裁之政体有以酿成之也。自中东战后，忧时之士，知外祸之频仍，由于内治之不整，于是政治改革之思想流行于内外。然因国家无代议之机关，人民无参政之权利，故舆论不能成为国是，下情不能达于朝廷。海内人民，始而发愤，继而失望，终而怨望，乃不惜铤而走险，泄其不平，以身试法，无所顾忌。上自监司大员，下迄无知会党，连成一气，互相声援，沿海沿江，时闻警报。政府方以人民为不法而诛戮备至，人民复以政府为专断而愤慨愈深，上下暌离，互相疑忌，而受其祸者独在国家。推原祸本，非皆由专制政体阶之厉乎？今非开设民选议院，使万几决于公认，政权广及齐民，则独裁之弊不除，内乱之源不塞，阻碍民权之发达，违背世界之公理，土崩瓦解，岌岌可危，即无外忧，而天下前途已不堪设想矣！所谓民选议院不立，内患终不能平者此也。[1]

---

[1]《湖南即用知县熊范舆等请速设民选议院呈》。《清末筹备立宪档案史料》(下)，中华书局，1979 年版。

请愿书赍递政府，朝野为之轰动，从而掀起了 1907 年秋至 1908 年夏的第一波国会请愿高潮。10 月 19 日，朝廷要求各省尽快设咨议局，由各地合格绅民公举贤能作为议员，凡地方应兴应革的大事，均先由议员共同集议，再由本省大吏裁夺施行。将来资政院选举议员，亦可由咨议局议员公推递升。虽然不是一人一票，全民普选，也不是每个人都有资格成为议员，但这毕竟是民选议院的第一步。

12 月，湖南教育总会会长刘人熙、湖南商务总会会长陈文玮等，向朝廷递交了由杨度起草的《湖南全体人民民选议院请愿书》，热情洋溢地宣称："国家者由人民集合而成。国家之强弱恒与人民之义务心为比例，断未有人民不负责任而国家可以生存，亦未有人民不负责任而国家尚可立宪者也。"培养人民义务心、责任心的最好途径，就是成立民选议院，实行代议政制。有人担心人民参与政治，会导致民气过嚣，国家动乱，请愿书指出，愈压抑民气，不让人民有表达的机会，愈容易发生动乱，相反，让人民有表达的管道，是社会和谐稳定的保证：

> 然各国历史有一共同之公例，无他，即民选议院。开设早者，其祸端常小而时期亦短，如普、意、日本诸国是也；民选议院开设迟者，其祸乱常大而时期亦长，如法兰西、俄罗斯诸国是也。盖有国会以为人民之总汇，斯下情可以上达，国政可以共闻，人民忧时忧国之心，既可藉公论而见诸事实，则暴戾肆恣之气自无由而发生。[1]

---

[1]《湖南全体人民民选议院请愿书》。方学尧编《清末立宪运动文选译》，巴蜀书社，1997 年版。

此时的中国，让人有"暖日晴风初破冻"的感受，太阳每天都是新的，所有信仰、知识、规范、制度，都在重新整合，仿佛有一股内在的动力，推动着国家的前进，充满勃勃生机与希望。时代的契机，就在这个乍寒乍暖的历史十字路口。

1907 年 10 月 7 日，《政论》出版第一期，刊载了《政闻社宣言书》《政闻社社约》《政闻社社员简章》。宣言由梁启超起草，他严厉地批评："凡腐败不进步之政治，所以能久存于国中者，必其国民甘于腐败不进步之政治，而以自即安者也。"人们常说立宪国是顺从民意的，其实专制国何尝不是顺从民意？正因为有甘于臣服专制的国民，才有专制屹立不倒的国家。因此，要改造政治，必须从改造国民入手。

10 月 17 日，政闻社在日本东京神田区锦辉馆召开成立大会。社长暂时虚置，留给康有为，而梁启超则是不挂名的幕后主脑。马良为总务员，徐佛苏和麦孟华为常务员。政闻社的政治主张为：

一、实行国会制度，建设责任政府。

二、厘订法律，巩固司法权之独立。

三、确立地方自治，正中央地方之权限。

四、慎重外交，保持对等权利。

社约规定："本社以国人于政治上，有同一之主义者，组织而成。其主义之大纲如下：一、确定立宪政治，使人皆有参与国政之权。二、对于内政外交，指陈其利害得失，以尽国民对于国家之责任心。三、唤起国人政治之热心，及增长其政治上之智识与道德。"这是政党的雏形了。梁启超充满信心地说："政闻社虽未足称政党，而固俨然为一政治团体，则亦政党之椎轮也。"①

最先出来与政闻社对抗的，不是奉行专制主义的守旧派，而是奉行革命主义的同盟会。他们担心政闻社会抢走一部分处于游移状态的留学生。因此，在政闻社成立大会上，同盟会人在张继、陶成章率领下，集体到场起哄捣乱。梁启超的演讲，刚讲到国会是监督政府的机关，同盟会的人便高声叫骂："什么机关？马鹿！（日语笨蛋之意）"顿时喊打声大作，有人用臭鞋掷梁启超，一下打中了面颊，梁启超从台上摔了下来。据当时在场的人描述："于是几乎乱打起来，带红布条的人（即宪字派的人），都赶紧扯了，纷纷作鸟兽散。"②同盟会员便占领会场，欢呼呐喊。

按日本的警律及刑律，如一方正在合法开会，而另一方硬闯入殴人毁物，属于违法行为，事后日本警方问政闻社是否要追究同盟会的刑责，梁启超深恐本国人士因政见不同，闹上外国公堂，有失国家民族体面，便以息事宁人的态度表示，只是本会中人偶起纠纷，并非他党来袭，所以不予追究。

同盟会乘胜追击，在留日学生中散发传单号召：一、倒政府；二、罢市；三、罢工；四、占交通机关；五、抗纳租税；六、杀官吏；七、杀立宪党。气势上，务求压倒政闻社。同盟会的《民报》与梁启超的《新民丛报》论战，自 1905 年打响，已近两年，交战的结果，用胡汉民的话来说："为民报全胜，梁（启超）弃甲曳兵，新民丛报

①《政闻社宣言》。中国史学会主编《辛亥革命》（二），上海人民出版社、上海书店出版社，2000 年版。

②景梅九《罪案》。中国史学会主编《辛亥革命》（二），上海人民出版社、上海书店出版社，2000 年版。

停版，保皇之旗，遂不复见于留学界，亦革命史中可纪之战事也。"[1]

但用梁启超的话说，却是："盖自去年《新民丛报》与彼血战，前后殆将百万言，复有《中国新报》（皙子所办）、《大同报》（旗人所办）助我张目，故其势全熄，孙文亦被逐出境，今巢穴已破，吾党全收肃清克服之功，自今已往，决不复能为患矣。"[2]

然而，梁启超乐观得太早了。

---

[1] 《胡汉民自传》。存萃学社编《胡汉民事迹资料汇辑》（一），香港，大东图书公司，1980 年版。

[2] 丁文江、赵丰田《梁启超年谱长编》。上海人民出版社，1983 年版。

第四章　积蓄仇恨　诉诸流血

革命党十五年"预备立宪"

　　因《苏报》案入狱的章太炎，1906 年 6 月 29 日刑满获释。在他出狱前几天，民报社已派人来上海，准备聘请章太炎当《民报》主笔。中国教育会已经为他买好去日本的船票。他一走出监狱，蔡元培、叶浩吾、蒋维乔等朋友，都在河南路工部局门口迎接他了。大家相见甚欢，随即用马车把章太炎送到中国公学，当晚，就登上去日本的轮船了。

　　当时有一篇《章太炎先生答问》的文章，是这样记载的："问：'出狱时，孙中山尝遣人接先生。有此事否？'答：'有之，曾遣人来。'问：'先生到东何作？'答：'东京民报馆办笔墨。'"据《总理年谱长编》所记，同盟会派往上海迎接章太炎的，是龚炼百、时功玖、胡国梁、仇亮等人。而四川的老同盟会员熊克武在回忆录中则说，他与但懋辛（四川人，同盟会员）也奉了同盟会之命去接章太炎出狱。他们问章太炎准备去哪里，章氏回答："中山在哪里，我就去那里。"他们说在日本，章氏就去日本了。[①]

　　章太炎到日本后，7 月 15 日，东京的留学生召开欢迎大会。那天，下着倾盆大雨，两千多学生冒雨前来，把会场挤得水泄不通，迟

---

① 汤志钧《章太炎年谱长编》（上）。中华书局，1979 年版。

来的只能站在室外浇雨，但大家的热情丝毫没有降低。章氏即席发表演讲，他说：

> 壬寅春天，来到日本，见着中山，那时留学诸公，在中山那边往来，可称志同道合的，不过一二个人，其余偶然来往的，总是觉得中山奇怪，要来看看古董，并没有热心救汉的心思。暗想我这疯颠的希望，毕竟是难遂的了，就想披起袈裟，做个和尚，不与那学界政界的人再通问讯。不料监禁三年以后，再到此地，留学生中助我张目的人，较从前增加百倍，才晓得人心进化，是实有的。以前排满复汉的心肠，也是人人都有，不过潜在胸中，到今日才得发现。

在谈到做事的方法时，他告诫青年："第一，是用宗教发起信心，增进国民道德；第二，是用国粹激动种性，增进爱国的热肠。"最后他大声疾呼："要把我的神经质，传染诸君，传染与四万万人！"[1]

7 月 25 日出版的《民报》第六号，刊登了一则广告："本报社编辑兼发行人张继君有南洋之行，适余杭章炳麟枚叔先生出狱来东，特继其任。自次号始。"[2] 8 月 4 日，宋教仁、胡汉民等到新宿与章太炎见面，促膝长谈。宋、胡二人都竭力邀请章太炎担任《民报》总编辑。章太炎慨然应诺。从第七号（9 月 5 日出版）起，由章太炎主编。当时同盟会诸人，都把章太炎当作金漆招牌一样，高高挂起，希望借他的名气与才气，吸引青年追随，与东京的保皇派一争短长。

章太炎到日本时，孙文正在南洋推销革命军债券。10 月 9 日，

---

① 章太炎《东京留学生欢迎会演说辞》。《民报》（第六号），1906 年 7 月。
②《广告》。《民报》（第六号），1906 年 7 月。

孙文一身风尘从安南回到日本，几天后在民报社与章太炎会晤。在孙文的介绍下，章太炎加入同盟会。秋天，由孙文、黄兴、章太炎等人在东京制定了一份《革命方略》，最初包括13个档，后来扩充至15个档。其中以《军政府宣言》为总纲，对同盟会的十六字纲领作详细阐述，并把革命分为军政、训政、宪政三步走，庄严承诺：

> 第一期为军法之治。义师既起，各地反正，土地人民，新脱满洲之羁绊，其临敌者宜同仇敌忾，内辑族人，外御寇仇，军队与人民同受于军法之下……每一县以三年为限，其未及三年已有成效者，皆解军法，布约法。
>
> 第二期为约法之治。每一县既解军法之后，军政府以地方自治权归之其地之人民，地方议会议员，及地方行政官吏，皆由人民选举。凡军政府对于人民之权利义务，及人民对于军政府之权利义务，悉规定于约法，军政府与地方议会及人民皆循守之。有违法者，负其责任。以天下平定后六年为限，始解约法，布宪法。
>
> 第三期为宪法之治。全国行约法六年后，制定宪法，军政府解兵权、行政权，国民公举大总统，及公举议员以组织国会。一国之政事，依于宪法以行之。[①]

也就是说，即使马上开始军政，至实行宪政，也需时十五年。两年前的1904年，袁世凯、周馥、张之洞等人提议在十二年后实行立宪，革命党人狠批他们拖延时间，但革命党提出的期限，却比任何一个赞成立宪的清朝大臣提出的期限都要长。可见革命党关心的，不

① 孙文《中国同盟会革命方略》。《孙中山全集》（一），中华书局，1981年版。

是什么时候立宪，而是谁来立宪，怎么立宪。

革命党主张，立宪须两个先决条件，第一是要汉人立宪，第二是要经过革命。汪精卫在一篇文章中写道："中国今日，满汉不并立，人所同知者也，故非种族革命不能立宪……则中国苟欲立宪，舍革命外，更无他策。革命者，建立宪政之唯一手段也。"[1]

12 月 2 日的东京，气温清凉，飘着小雨。同盟会在东京神田锦辉馆举行《民报》周年纪念大会。由黄兴主持，章太炎致贺词，到会五千余人，欢呼声、鼓掌声，直达云霄，风头十分鼎盛。宋教仁和宫崎寅藏等人迟到，门外人山人海，竟无法进入会场，只能从窗口爬进去，当他们挤到演讲台前时，鞋子都已经挤掉了，可见当时会场听众之多。孙文在会上发表长篇演说，阐述他的政治理想。

孙文说："惟是兄弟曾听见人说，民族革命是要尽灭满洲民族，这话大错。民族革命的原故，是不甘心满洲人灭我们的国，主我们的政，定要扑灭他的政府，光复我们民族的国家。这样看来，我们并不是恨满洲人，是恨害汉人的满洲人。假如我们实行革命的时候，那满洲人不来阻害我们，决无寻仇之理。"

在谈到民权主义的时候，孙文指出：

至于民权主义，就是政治革命的根本。将来民族革命实行以后，现在的恶劣政治固然可以一扫而尽，却是还有那恶劣政治的根本，不可不去。中国数千年来都是君主专制政体，这种政体，不是平等自由的国民所堪受的。

---

[1] 汪精卫《再驳新民丛刊最近之非革命论》。《民报》（第四号），1906 年。

他接着说："我们推倒满洲政府，从驱除满人那一面说是民族革命，从颠覆君主政体那一面说是政治革命，并不是把来分作两次去做。讲到那政治革命的结果，是建立民主立宪政体。照现在这样的政治论起来，就算汉人为君主，也不能不革命。"

孙文很明确地把革命的目标定为"建立民主立宪政体"，即不仅要打倒满清君主，而且要打倒一切专制君主。他大声疾呼："惟尚有一层最要紧的话，因为凡是革命的人，如果存有一些皇帝思想，就会弄到亡国。"在同盟会的十六字纲领中，"驱除鞑虏"和"创立民国"是两位一体的。这比起当年他把反清革命视同汤武革命，愿奉李鸿章为帝王时的思想，已经向前跨了一大步。

孙文指出，民国的要窍就在于"平均地权"。在讲民生主义时，孙文说，解决民生问题，关键在于定地价。简言之，就是趁现在地价较低，把全国的地价都确定下来，以后地价上涨了，上涨部分就归国家。十年前是一千元的，十年后涨到一万元了，地主仍然是拿一千元，至多是拿到两千元，另外的八九千元就归国家。这样，可以避免少数富人垄断财产。国家愈富有，文明就愈进步。到时人民不用纳税了，国家是最大的地主，靠收地租成为全世界最富有的国家。

这方法听起来简单易行，但撇开经济学理论不谈，单就政治而言，孙文似乎没有意识到，国家的权力大到可以随意把属于私人财产的土地价格定得很低，然后收归国有，再抬得很高租给人民，这样的国家有可能是民主宪政国家吗？不能划清公私界线，不能确保私有财产权得到尊重和保护，算得上自由民主国家吗？除了专制君主，哪个政府能有这样大的权力？

对于未来的宪法，孙文提出"五权宪法"，即行政、立法、司法、考试、纠察五权分立，他把这称为"破天荒的政体"。他希望大家在这个基础上，对五权宪法继续讨论完善。"这便是民族的国家、国民的国家、社会的国家皆得完全无缺的治理，这是我汉族四万万人最大的幸福了。"①

接着，章太炎也登台演讲，他说："目下言论渐已成熟，以后是实行的时代。但今日实行有一种魔障，不可不破。因以前的革命，俗称强盗结义；现在的革命，俗称秀才造反。强盗有力量，秀才没有力量。强盗仰攀不上官府，秀才仰攀的上官府，所以强盗起事，没有依赖督抚的心，秀才就有依赖督抚的人。"他说，只有草茅崛起的革命，才能把前代的弊政一扫而尽，"像现在官场情景是微虫霉菌，到处流毒，不是平民革命，怎么辟得这些瘴气"。②

会场上的狂热掌声，如同海潮一般轰鸣，人人手舞足蹈，脸红耳赤，兴奋不已，庆祝这个实行的时代来了！

---

① 孙文《在东京〈民报〉创刊周年庆祝大会的演说》。《孙中山全集》（一），中华书局，1981 年版。
② 《纪十二月二日本报纪元节庆祝大会事及演说辞》。《民报》（第十号），1906年 12 月。

萍浏醴会党大暴动

1906年，凡有中国人的地方，都在谈论立宪，革命者在谈，统治者在谈，王公贵族在谈，知识分子在谈，贩夫走卒也在谈。但大家谈的目的并不相同，有人信服它，有人怀疑它，有人想推进它，有人想推倒它。1901年以来，朝廷虽然推行新政，努力澄清吏治，但经过太平天国与庚子之变后，整个统治系统已趋于松弛，中央对地方鞭长莫及，各地官吏肆无忌惮地贪污腐败，搜刮掠夺，人如草芥，民怨沸腾，社会积累了巨大的仇恨和暴力能量。这时要鼓动人民起来反抗，是轻而易举的事情，整个社会就像绷得过紧的发条，只要有一点小小的断裂，就可能引致全盘瓦解。

同盟会成立以后，中国将迎来一个全面武装暴动（军法之治）的时代。

1906年冬，一批同盟会员奉黄兴之命，从日本潜回内地，在湖南联络会党、煤矿工人和部分防营兵勇，动员了三万人，准备在醴陵、浏阳和萍乡发动大规模暴动，分兵进取长沙、南昌。拜当年曾国藩的湘军所赐，湖南的会党势力十分雄厚，遍地山堂，如金龙山、腾龙山、泰华山、锦华山、楚金山、金凤山、天台山等，都是称雄一方的堂口。

在同盟会的协助下，萍乡的哥老会举行开山大典，改称为"六龙山洪江会"，奉哥老会首领龚春台为"大哥"，以"忠孝仁义堂"为最高机关，歃血为盟，"誓遵中华民国宗旨，服从大哥命令，同心同德，灭满兴汉，如渝此盟，神人共殛"。

12月4日凌晨，浏阳麻石的洪江会众二三千人高揭起"大汉"白旗发难，各地的同盟会、洪福会、哥老会，在龚春台一声令下，同时发动。他们散发的檄文，以大篇幅历数满族对汉人犯下的罪恶，宣布其宗旨是："专以驱逐鞑虏收回主权为目的"。为了证明他们绝非历史上的"草昧英雄"，亦毫无帝王思想，檄文声称：

> 且必破除数千年之专制政体，不使君主一人独享特权于上。必建共和民国，与四万万同胞享平等之利益，获自由之幸福。而社会问题，尤当研究新法，使地权与民平均，不致富者愈富，成不平等之社会。[①]

虽然罗列了共和、民国、自由一类名词，但与现代立宪民主国家的概念，并没有什么相同之处，不过重复老掉牙的"等贵贱、均贫富"而已。在大旗山、大光洞、九鸡洞一带的洪福会，打出"新中华大帝国南部起义恢复军"旗号，聚众万余，起而响应，他们的檄文更清楚地宣称：

> 勿狃于立宪、专制、共和之成说，但得我汉族为天子，即稍形专制，亦如我家中祖父，虽略示尊严，其荣幸犹为我所得与。或时

---

①《中华国民军起义檄文》。中国史学会主编《辛亥革命》（二），上海人民出版社、上海书店出版社，2000年版。

以鞭扑相加，叱责相遇，亦不过望我辈之肯构肯堂，而非有奴隶犬马之心。我同胞即纳血税，充苦役，犹当仰天三呼万岁，以表惘忱爱戴之念。[①]

孙文尝言："丙午（1906年）萍醴之役，则同盟会会员自动之义师也。"他把这次起义称为"革命同盟会会员第一次之流血"，有些史书也把它誉为"民主革命第一枪"。但观其檄文，只反满清，不反皇帝，只要皇帝是汉人，则虽"纳血税、充苦役，犹当仰天三呼万岁"，不仅与"民国"的理念背道而驰，甚至比梁山宋江、闯王李自成还不如，指望这样的江湖好汉"誓遵中华民国宗旨"，无异缘木求鱼。

各地的哥老会山堂，打着"国民军""恢复军"旗号，蜂拥而起，占据了萍乡、宜春、万载、浏阳、醴陵五县。江西袁州的清军迅速赶往弹压。两江总督端方派步兵、炮兵、骑兵前往增援；张之洞也派出湖北新军步兵四个大队、炮兵一个中队驰援。参与围剿的官军，多达五万余人。无论武器还是人数，都占了优势。

孙文对这次起义事前并不知情，直到12月12日，日本的报纸刊登了相关消息，孙文、黄兴方知其事。他们兴奋莫名。这毕竟是自太平天国以来，最大规模的一次反政府暴动，也是同盟会成立后第一次大规模起义。

在日本的同盟会同志，争相请缨回国参战。据孙文记述："东京之会员莫不激昂慷慨，怒发冲冠，亟思飞渡内地，身临前敌，与虏拼命。每日到机关请命投军者甚众，稍有缓却，则多痛哭流泪，以为求

① 《新中华大帝国南部起义恢复军布告天下檄文》。中国史学会主编《辛亥革命》（二），上海人民出版社、上海书店出版社，2000年版。

死所而不可得，苦莫甚焉。"[1] 孙文宣称他要传檄十八省会党，联络声气，立刻举事。而黄兴也准备返回国内，亲赴前线指挥。

但萍浏醴起义来得太突然了，不仅在日本的同盟会总部措手不及，连近在咫尺的湖北同志，也懵然不知，不能及时回应。经过一个月的激烈攻防，直杀得天昏地暗，血流成河。革命党械劣弹乏、未经训练，人数亦较官兵为少，终被荡平。革命党首领大部分不是裹尸马革，就是被捕砍头。龚春台仅以身免，逃往长沙。三万余义军，留下一万余具尸体在北风凛冽的荒郊野外。

萍醴浏起义虽已平定，但余波未了。搜捕行动，殃及数省。革命党在武昌的秘密机关日知会，被官府查封，负责人刘静庵被捕。上海革命党人黄易、张宝卿也被捕；奉孙文之命，回国联络会党的醴陵党人杨卓林，亦在扬州被官府抓获，搜出革命檄文、炸弹、刊物等一批，杨卓林在衙门慷慨陈词："法国鲁索云，不自由无宁死。佛家云，众生一日不出地狱，即余一日不出地狱。"然后从容就义。孙文另派党人孙毓筠回国运动军队，谋刺端方亦事败，锒铛入狱。

黄兴在日本接到一连串事败的消息，党人损失惨重，不禁痛哭失声，写诗哀悼："啾啾赤子天何意，猎猎黄旗日有光。眼底人才思国士，万方多难立苍茫。"黄兴这时的心情，可谓酸甜苦辣，五味俱全，不仅因起义失败，还因同盟会内部已出现了裂痕，才令他有"万方多难立苍茫"的悲怆之感。

由于清政府认定孙文是革命党的首领，因此要求日本政府驱逐孙氏出境。日本政府始而婉拒，不愿意担驱逐政治活动家的恶名，但

---

[1] 孙文《建国方略》。《孙中山全集》(六)，中华书局，1981 年版。

经不住清政府一再要求，只好答应劝告孙氏离境，据同盟会员谭人凤记述："日政府派交涉员劝中山出境，送以程仪万金，中山受之；并于神户巨商铃木（久五郎）处借得万金，遂去日本。"① 即先后收受日人金钱两万元（也有说日本政府赠予的是五千元）。1907年初，孙文决定先到香港，再转赴东南亚国家。

启程前夕，孙文与黄兴、胡汉民、宋教仁等同盟会主要负责人，召开会议，讨论未来的国旗问题。黄兴一到会场，便发现墙上挂着一面青天白日旗，孙文解释，这是将来中华民国的国旗。但黄兴脸色一沉，不满地指出，这面旗帜像日本的旭日旗，"是效法日本，必速毁之"。他建议改为井字旗，寓井田之意，为社会主义的象征。

孙文反唇相讥，指井字旗既不美观，又有复古之嫌。两人发生了激烈争吵。孙文断然说："我在南洋，托命于是旗者数万人，你想毁它，先开除我才行。"② 黄兴拂袖而去，宣称要退出同盟会。宋教仁亦对同盟会内弥漫着"疑心疑德"的空气，深感失望与厌倦，表示要辞去在同盟会的职务，"以免烧炭党人之讥"。

黄兴、宋教仁对孙氏的领袖做派，早有不满，据宋教仁记述：

余则细思庆午（黄兴）不快之原因，其远者当另有一种不可推测之恶感情渐积于心，以致藉是而发，实则此犹小问题。盖□□（孙文）素日不能开诚布公，虚心坦怀以待人。作事近于专制跋扈，有令人难堪处故也。今既如是，则两者感情万难调和，且无益耳，

---

① 谭人凤《石叟牌词》。甘肃人民出版社，1983年版。
② 章太炎《自订年谱》。汤志钧《章太炎年谱长编》（上）。中华书局，1979年版。

遂不劝止之。①

1 月 5 日，黄兴先行返回国内，临行前给胡汉民写了一封信，忿然表示："名不必自我成，功不必自我立，其次亦功成而不居；先生何定须执着第一次起义之旗？然余为党与大局，已勉强从先生意耳。"②

十五年预备立宪，关山万里，才刚刚迈出第一步，革命党内部，已呈现出嫌隙、猜疑、挑剔、斗争的种种征兆。这种内耗传统，后来一直贯穿于国民党的历史，成了这家百年老店的特征之一。

2 月 25 日，孙文邀集了一班好友，在自己的寓所举行告别宴会，宋教仁、胡汉民、章太炎和几个日本人出席了。大家从下午 4 时一直吃到晚上 9 时。宋教仁描写宴会的场面："坐良久，遂各一席，有艺妓七八人轮流奉酒。又良久，歌舞并作，约三四出讫。诸人不觉皆醉，余亦带醉意矣。夜九时始罢。"③

据胡汉民说，孙文从收受日本人的一万元中，取出两千元给《民报》作经费，其余的八千元，统统给了同志做路费，但他没有提及日本政府赠予的那笔金钱。④而谭人凤则说，孙文只拿出了五百元给《民报》。甚至有人说孙文被日本政府收买了。⑤

3 月 4 日，孙文、胡汉民等人，乘坐"阿里斯王子号"轮船，也

---

① 《宋教仁日记》。湖南人民出版社，1980 年版。
② 《胡汉民自传》。存萃学社编《胡汉民事迹资料汇辑》（一），香港，大东图书公司，1980 年版。
③ 《宋教仁日记》。湖南人民出版社，1980 年版。
④ 胡汉民《南洋与中国革命》。存萃学社编《胡汉民事迹资料汇辑》（四），香港，大东图书公司，1980 年版。
⑤ 谭人凤《石叟牌词》。甘肃人民出版社，1983 年版。

离开了日本，经香港、新加坡、西贡、海防，日夜兼程，抵达河内。孙文去后，他收受日本政府金钱一事，被加入了同盟会的日本人发现，和宫崎寅藏争吵起来，事情遂曝了光。

铃木久五郎赠送的那一万元，虽然章太炎觉得孙文只给《民报》两千元太少了，但尚不会引起太大的争议，倒是日本政府送的那笔钱，让章太炎、张继、刘师培、谭人凤等人哗然，认为有损革命党威信。

谭人凤说："日本政府既无理干涉，堂堂总理，受此万金何为？厥后日人对我党，日存鄙夷之见，何莫非因此事以启其轻侮之心耶？吁！可慨也矣！"张继则忿然声称："革命之前，必先革革命党之命！"

当时章氏穷得叮当响，"寓庐至数月不举火，日以百钱市麦饼自度，衣被三年不浣"，[①]忽然听说孙文有这么一笔钱，居然不拿出来资助大家，不禁火冒三丈。他素有疯子外号，跑到民报社，把挂在民报社的孙文像撕了下来，大笔一挥，在上面题写几个大字："卖民报之孙文应即撤去"，然后把照片寄往香港给孙文（以为孙文在香港）。这场大风波，成为章、孙关系破裂的导火索。

留在日本的同盟会随即发生分裂，一批党人为孙文接受日本政府金钱一事，要求孙文引咎辞职，张继主张召开大会，另选黄兴为总理，孙文断然拒绝。这件事虽然暂时不了了之，但谭人凤觉得，同盟会同志的精神，"则由此稍形涣散矣"。[②]

① 黄侃《太炎先生行事记》.《量守庐学记》，三联书店，2006 年版。
② 谭人凤《石叟牌词》. 甘肃人民出版社，1983 年版。

江湖好汉，纵横两广

两湖风起云涌，两广也不甘后人。从 1906 年开始，广东惠潮、钦廉各属频频发生抗捐骚动，会党乘机推波作浪，搅得四乡江翻海扰。孙文认为机不可失，委任潮安人许雪秋为"中华国民革命军东军都督"，策动惠潮会党举事。

许雪秋少年任侠，素有"小孟尝"之称，和惠潮一带的三合会往来晋接，混得透熟，平日与余丑、陈涌波等帮会头子也是酒肉朋侪，无分彼此。在他介绍之下，三合会分子纷纷加入同盟会，合二而一。当许雪秋向潮汕铁路公司承领筑路工程之后，余丑立即招募了上千名路工，以修路为名，集结待命，以图大举。

1907 年初，许雪秋在宏安乡召开江湖大会，密谋在各乡发起抗捐暴动。同盟会在香港设了总机关，由胡汉民指挥，负责策应两广的活动。他的计划，潮惠与钦廉东西两路同时发动，使官府首尾不能相顾。孙文在给同志的函中，意气风发地宣称："日来潮起于东，钦廉应于西。尚有数路，次第俱发。当合广、韶、惠、潮、钦廉诸军，以联为一气，则粤事机局宏远，大有可为也。"[1]

大批江湖人士聚集黄冈，在城厢内外游游荡荡，已引起官府疑

---

[1] 孙文《致张永福陈楚楠函》。《孙中山全集》（一），中华书局，1981 年版。

忌，潮州镇道一面急报两广总督衙门，一面派兵进驻黄冈防范。5月21日，黄冈城北门外演戏，当地防勇调戏妇女，引起乡民骚动，官兵奉命驱赶人群。在混乱之中，官兵抓了两名姓余的会党分子，都是余丑的族人。这下麻烦惹大了，三合会山堂连夜开会，决定实时起义。5月22日晚，几千民众举着火把、大刀、锄头、鸟枪、土炮和青天白日旗，把黄冈城围个水泄不通。

天亮时，城内的官员已四散逃命，骚乱民众焚烧衙门，占领了各衙署，把抓获的官员统统诛杀。陈涌波被推为革命军总司令，余丑为副司令，出榜安民。5月26日，革命军分两路出击，一路攻洪洲，一路攻潮汕。但都未能得手，水师提督李准率领防勇10营，水陆兼程，驰援粤东。革命军不是李准的对手，一战即败，丢下了七十余具尸体，被迫退回下围乡，再退回黄冈。

5月27日，余丑自认失败，宣布队伍就地解散。余丑逃往香港，陈涌波逃往新加坡。官军入城后，为了报复官吏被杀，大肆抢掠，屠杀乡民二百余人。当初你砍我的人头，现在我也砍你的人头，直杀得人头滚滚。据时人记述："全城人民七八万，携男带女，各自逃生，肩摩踵接，路途挤拥，惨不忍闻。号称岭东繁华市场，顿成一座空城，良可慨叹。"①

黄冈发难，事出突然，不仅西路未及响应，即东路各属也措手不及。许雪秋在5月24日才得知消息，立即从香港潜入汕头，企图策动丰顺、揭阳、惠阳、潮安各县回应。可惜三更开门看，方知子夜变。黄冈民变，才闹了五天就曲终人散了，但这时七女湖的会党已箭

---

① 邓慕韩《丁未黄冈举义记》。中国史学会主编《辛亥革命》（二），上海人民出版社、上海书店出版社，2000年版。

在弦上，不得不发。

七女湖离惠州府约 10 公里。6 月 2 日，会党头目陈纯聚起一伙好汉，半夜一把火起，攻入清军防营，抢夺枪械，连克杨村、三达等墟。四乡会党闻风而来，愈聚愈多。各地巡防营一闻会党进攻的锣声，已是惊惶失措，不战自退。广州大为震动。两广总督周馥只得再调李准移师惠州，从澳头登陆反攻。经过几天的追剿，会党纷纷溃散，东路遂归于平静。

按照同盟会的计划，东西两路应同时发难，但东路因黄冈民众与军队冲突的偶然事件，提前爆发了。而西路也因民众抗捐抗粮发生了严重的骚乱，事情起因，廉州方面，因谷价昂贵，官府要求验查富绅存谷，除留基本口粮外，余谷出粜。但乡民却发现富绅王师浚隐藏少报，囤积谷物，一时群情激愤，强挟知府到王家验查。饥民愈聚愈多，一声呐喊，乘机强抢王家积谷。然后聚众两三千人，竖旗起事。

钦州那黎、那彭、那思三乡，素以出产蔗糖著称，官府亦依靠糖捐兴办学堂、工艺，但负担之重，令乡民无法承受。6、7 月间，几十位绅耆到官府为民请命，请求蠲减糖捐。官府不仅分文不减，还把请愿的乡绅统统抓起来，关进牢房。乡民被激怒了，有人登高一呼，大家齐声响应，抄起家伙就去砸衙门、冲大牢，把被囚的乡绅解救出来。当官兵驱散乡民时，遭到反抗，官兵开枪打死了几十名乡民。

事态愈闹愈大。两广总督周馥命统领郭人漳率巡防营二营，从肇庆赶往钦廉；标统赵声率兵一营，驰往弹压，围剿抗捐乡民，甚至动用大炮，血洗乡村。据冯自由记述，"以炮洗之，庐舍为空，老稚之尸山积，钦廉人民以是之故，怨怼益深，乃派代表赴越南河内乞援于革命党首领孙总理（文），愿为内应。"①

　　奇怪的是，这些围剿乡民的军队，大部分与革命党都有联系。赵声秀才出身，江苏丹徒（今镇江）人，毕业于江南陆师学堂，一年前在日本留学时和黄兴认识，加入了同盟会。郭人漳是黄兴的湖南同乡，一向同情革命，并在黄兴的介绍下加入了同盟会。

　　孙文说："予乃命黄克强随郭人漳营，命胡毅生随赵伯先（声）营，而游说之，以赞成革命。二人皆首肯，许以若有堂堂正正之革命军起，彼等必反戈相应。"②孙文又派人去游说当地的绅士乡团，一致行动。他期望在安南招募正式军队两千余人，然后集合钦州得乡团勇六七千人，加上郭、赵两营新军六千人，组成一支声势甚大的军队，占领两广，出长江以合南京、武昌新军，光复全国。

　　可惜，订购的军火未能如期运到，宏伟计划，又成画饼。郭人漳、赵声继续围剿会党与乡民，郭军攻克米仔村，赵军攻克木兰塘。会党不支而溃，残部退守那彭关隘。郭人漳督炮队猛攻，炮火飞腾，照耀山谷。会党不敌，阵脚大乱，四面寻路奔走。

　　孙文本来就不太相信这些官兵，他们都是唯长官之命是从的奴才，不明革命道理。相比之下，会党更讲义气。在黄兴、胡毅生与郭人漳、赵声联络的同时，孙文已组织起"第三支人马"，委任在两广绿林赫赫有名的王和顺为"中华国民军南军都督"，和许雪秋的"东军都督"遥相呼应，在三那各乡拉起了一支会党队伍。

　　王和顺是广西宣化人，在柳州、梧州、南宁、郁林各属大小堂口，他的名字响当当。当年岑春煊在广西督师剿匪，悬赏十万元购他

---

① 冯自由《革命逸史》（五）。中华书局，1981 年版。
② 孙文《建国方略》。《孙中山全集》（六），中华书局，1981 年版。

的人头。后来，王和顺被岑春煊剿得走投无路，逃入安南，认识了孙文，加入同盟会。

粤西的乡间，在经过抗捐冲突之后，已充满仇恨与怨愤，火药桶只要投入丁点火星，马上就会爆炸燃烧。1907年9月1日，王和顺率领两百多人，在钦州王光山揭竿而起，攻占防城，以南军都督名义，发布《告粤省同胞文》，这位出身行伍的草莽英雄，自从追随孙文之后，不仅精通江湖切口，而且学会了一堆"自由、平等、博爱、民主、立宪"的时髦概念：

> 及从孙文先生游，得与闻治国之大本，始知民族主义虽足以复国，未足以强国，必兼树国民主义，以自由平等博爱为根本，扫专制不平之政治，建民主立宪之政体，行土地国有之制度，使四万万人无一不得其所……今者以孙文先生十数载之经营，民党势力，日益充实，虏廷罪恶，既已贯满，革命之军，风起云合，义旗一举，四方皆应。①

会党之所以"义旗一举，四方皆应"，皆因民间对官府的愤怒，无处发泄，人人内心怒火中烧，不造反，怎泄我心头之愤。造反与"有没有活路"相关，与"民主立宪"无关。胡汉民说："防城的事件是怎样发动的呢？起先有钦州人民抗拒粮捐，廉州人民闹着荒年，于是有本党同志和他们会合起事。"②都是由一些小事件，因官府的颟顸、

---

① 香港《中国日报》，1907年9月28日。
② 胡汉民《南洋与中国革命》。存萃学社编《胡汉民事迹资料汇辑》（四），香港，大东图书公司，1980年版。

傲慢，激起民怨，逐步升级，会党乘虚而入，造成连锁反应的。

郭人漳驻守钦州，和黄兴约好，只要王和顺的南军到达钦州，他们就倒戈附义。黄兴事先潜入城内，把一切布置妥当，以为这回是三个指头捡田螺——十拿九稳了。讵料，当南军冒着暴雨来到钦州城外时，郭人漳却不敢动弹，黄兴怎么劝他也没用，只好自带一队兵勇，以出巡为名，到涌口和王和顺见面，相约里应外合攻城，逼郭氏反正。

然而，革命党的活动，已引起了钦廉道知府王瑚警觉，亲自领兵巡城，各城门要道都换上了他的亲军把守。王和顺率领队伍摸到城外，只见城上挂满灯笼，光如白昼，四门紧闭，旌旗齐竖，知道事不谐矣，赶紧悄悄掉头离开涌口，向南宁转进。郭人漳为了消除王瑚的猜疑，竟在王和顺走后，派一彪兵马突袭防城，留守的南军不及提防，被杀得七零八落，死者不知其数，城池也被郭人漳夺去了。

9月11日，王和顺的南军行至离灵山城六公里的檀墟，与清军发生激战。他们打算夺取城外的六峰山炮台，却遇到清军顽强阻击，屡攻不下，死伤盈野。打了整整一天，也没把灵山攻下。翌日，清军援兵从南乡赶至，王和顺且战且退，向廉州伯通、花会厂、五王山转移，指望赵声能够起兵接应。但赵声见郭人漳没有动静，也不敢发动。如此一误再误，竟至全盘皆输。弹尽援绝的王和顺在罗蒙小洞宣布解散残余南军。不久，赵声也因为受到官府怀疑，被革除了标统职务。

同盟会在两广发动的起义，前波未灭后波生。12月，同盟会在广西、安南边境又再发难。孙文委任外号"八哥"的会党领袖黄明堂为镇南关都督，率领几十名乡勇，从小路而进，翻越断涧危崖，一拥杀入敌营，夺取了右辅山第三炮台。

　　孙文、黄兴、胡汉民、胡毅生一行人，亲赴前敌，胡汉民豪情万丈地高呼："快前进啊！必须在日没以前，到达山巅，如果能够借残阳，即照准连射数炮。如果今日不去，天下的事，就难定了啊！"他们开始奋勇攀山。胡汉民事后回忆这段艰苦的路程："从下午5时爬到10时，还没有爬到。爬上去的时候最辛苦的有三个人：一个是法国炮兵大尉，因为他身上背着一只藏烟枪的箱子，非常累赘；一个是克强，他是一个胖子，越爬越喘气；还有一个，算是我了，当时我的身体非常羸弱，他们都没有生病，惟有我是生病了。"[1]他们足足爬了六个小时，12月3日深夜，才爬到山顶。胡汉民又饿又累，竟倒地昏迷不醒。

　　黄明堂不知从哪里弄来了一支乐队，在山上大吹大擂，奏乐欢迎孙文等人。孙文神采飞扬，在炮台上竖起青天白日旗，还亲自发炮轰击清军阵地。他兴奋地说："反对清政府二十余年，此日始得亲发炮击清军耳。"据黄兴自述：

　　我也拿着枪射击了，命中得不错，可是我们只能用枪打。孙先生和我们一道持枪作战。因为他是医生，当出现了伤员，就在附近进行抢救，他两者兼顾，忙得不可开交。加之这个炮台缺水，伤员要用的水，也由孙先生跑到几百公尺的溪谷里去取，所以他是最忙的一个人。[2]

---

① 胡汉民《南洋与中国革命》。存萃学社编《胡汉民事迹资料汇辑》（四），香港，大东图书公司，1980年版。
② 吴相湘《孙逸仙先生传》（上）。台湾，远东图书公司，1982年版。

　　不过，他们并无军队，也无弹药，只是象征性地打了几炮，就要撤离炮台了。孙文十分不情愿走，他说："我不愿意下去！因为我十多年没有踏过中国的地方。我现在踏在这个山上，觉得很高兴，简直舍不得下去。我认为我们在这里总会有办法的。"[①] 黄兴、胡汉民以下山筹饷接济为由，硬把孙文劝下了山。12 月 6 日，孙文一行人乘火车返回河内。孙文离去后，清军援兵开到，包围攻击炮台，黄明堂死守两天之后，12 月 8 日突围，退入安南燕子山中。

　　镇南关事件后，中国政府向安南的法国殖民当局提出交涉。法国总督通知孙文，必须离开安南境内。孙文只好改道前往新加坡，他在给朋友的信中，怆然写道："弟不愿为法国总督带来烦扰，遂与印度支那暂别，更觅自由的新天地。于是飘然离开河内，重过沦落天涯的亡命生活。"[②]

---

① 罗刚《中华民国国父实录》（二）。台湾，财团法人罗刚先生三民主义奖学金基金会，1988 年版。
② 孙文《复池亨吉函》。《孙中山全集》（一），中华书局，1981 年版。

秋风秋雨愁煞人

从 1906 年开始,东京的同盟会员纷纷取道回国,准备大干一场。宋教仁去了东北联络马贼;陶成章潜返浙江,与当地的警察头子徐锡麟合谋,在绍兴开办大通学堂,设立秘密机关,准备打劫当地的钱庄。据陶成章说:"锡麟开办大通学校之本意,原为劫钱庄匿伏藏获之所。"[①] 但后来因同党中没有人会驾驶才作罢。没抢成钱庄,徐锡麟又打算趁开学日,邀请绍兴城大小官吏来观礼,一网打尽,统统杀死。又想派人到南京搞暗杀,制造混乱,然后各方同时起事。

徐锡麟,浙江绍兴人,1904 年在上海加入光复会。1905 年在绍兴创立体育会,后又创立大通学堂,入校学生均为光复会会员,进行兵操训练。1906 年他在安徽任武备学校副总办、警察处会办;1907年任安庆巡警处会办兼巡警学堂监督、陆军小学监督。

1907 年,徐锡麟把大通学堂交给了秋瑾主持。秋瑾也是大名鼎鼎的会党首领,她祖籍绍兴,出生于福建厦门,自号"鉴湖女侠",在日本留学期间,是学生中的活跃分子,发起组织共爱会、十人会等小团体,创办《白话》杂志,后来经冯自由介绍,在横滨加入洪门三

---

① 陶成章《浙案纪略》。中国史学会主编《辛亥革命》(三),上海人民出版社、上海书店出版社,2000 年版。

合会，在这个最庞大的地下社会中，受封为"白纸扇"（军师）。秋瑾宣誓，如果对帮会有二心，则"上山逢虎咬，出外遇强人"，并当场杀了一只大公鸡，与众人共饮鸡血。1905 年秋瑾归国，由徐锡麟介绍加入光复会。夏天再赴日本，加入同盟会，被推为评议部评议员和浙江主盟人。1906 年，她回到国内，在上海创办中国公学。

秋瑾原计划招收女生，编练成女国民军，自任督率。但遭到当地绅学两界齐声反对，认为女人兵操太不像话，也没有女子来报名，只好在金华、处州、绍兴三地招了几十名会党分子入学，练习兵操。她自己也经常身穿军衣，在城中扬鞭策马，驰骋出入，十分招摇，引起当地士绅的侧目。不过，官府却以为她是响应朝廷号召，举办新式学堂，大表支持，知府大人还即兴挥毫，赠她一副对联："竞争世界，雄冠全球"。由于有官府撑腰，人们对她即使不满，也不敢说什么了。

秋瑾一边暗中学习制造炸弹，一边四处招揽会党。三山五岳的好汉，纷纷到绍兴拜码头，今日桃园结拜，明日梁山聚义，以大通学堂之名，行"山堂香水"之实，"各属会党翕然就范……其势力遍及金、处、绍各府县，即其它府县会党亦多受其部勒"。[①]

秋瑾按照会党的规矩，把光复会员分为 16 级，她写了一首诗："黄祸源溯浙江潮，为我中原汉族豪。不使满胡留片甲，轩辕依旧是天骄。"前 16 个字代表了会中 16 个层级，"黄"字辈为最高首领，由徐锡麟等人担任，"使"字辈为基层职员，各有金指环为记。

革命者常说他们只是利用会党，但他们不仅加入了会党，而且是会党的组织者和领导者，甚至连会规、纪律都是他们制定的，行为模式是会党的，思维方式也是会党的，仅仅说"利用"是不够的。实

---

① 冯自由《革命逸史》（二）。中华书局，1981 年版。

际上，他们就是会党。如果因为后来革命成功了，执掌政权了，觉得会党身份不光彩，就说当年只是利用会党，这对会党也有失公平。

1907年5月，秋瑾编定各地会党为八军，分别以"光复汉族大振国权"八字命名八军，准备7月6日在金华发难，处州、绍兴响应，聚兵攻击杭州。如果不得手，就由金华、处州进入江西，与在安庆举义的徐锡麟会合。

各地会党接到山堂命令，纷纷抄起家伙，赶来听候差遣。但秋瑾忽然把举义日期改为7月19日，搞得那些江湖好汉个个莫名其妙，但那把火已经被点着，再也等不下去了。6月中旬，绍兴会党不管三七二十一，自行揭竿而起。秋瑾仓促间又把举义日期改回7月6日。这时风声早已外泄，端方在上海查获了一份革命党人名单，转交安徽巡抚恩铭，徐锡麟也看到了名单，上面赫然有自己的名字，不禁惊出一身冷汗，决定马上在安庆发难。

徐锡麟在安庆并没有什么革命基础，巡警学堂里的同志也寥寥无几。只是觉得时不我待，与其坐以待毙，不如孤注一掷。于是连夜起草了一份《光复军告示》，宣布：遇满人者杀！遇汉奸者杀！

7月6日是巡警学堂毕业典礼，恩铭等官员都来出席。当时学堂内外布满卫兵，徐锡麟几个人，势单力薄，根本没有任何成功的希望，但他顾不了那么多了。恩铭一下轿子，徐锡麟就邀他先去吃饭，准备在席间把他杀了。但恩铭却执意要先参加典礼，再去吃饭。徐锡麟见劝不动恩铭，干脆大喝一声："今日有革命党起事！"恩铭惊问："革命党在哪？"徐锡麟说："就在这里！"从靴中抽出手枪，对着恩铭连开七枪，恩铭延至下午毙命。

刹那间风云变色。徐锡麟跑到礼堂中对学生中高呼："抚台已被刺，我们去抓奸细！快从我革命！"学生们听了一头雾水，不知他究竟是想抓奸细，还是想革命，因而没有几个人响应。徐锡麟带着少数人跑进军械库，取出武器准备举义，才发现武器大多不能使用。官兵已经把军械库重重包围，双方从中午对峙至下午4时，徐锡麟等人力屈被捕。

审讯时，徐锡麟声称自己"专为排满而来"，"杀尽满人，自然汉人强盛。再图立宪不迟"。[1]审官追问他是否受孙文指使行刺，徐锡麟笑道："我与孙文宗旨不合，他亦不配使我行刺。"当晚，徐锡麟被杀，临刑时仰天长啸："功名富贵，非所快意，今日得此，死且不悔矣！"终年三十四岁。

安庆事败，官府大索党人，搜获徐锡麟与秋瑾的通信，又有人举报，大通学堂乃革命党机关，正在策划起事。秋瑾在报纸获悉徐锡麟被杀，坐立不安，学堂里的同志都主张即日起事，先杀知府，占领绍兴府城。秋瑾则坚持必须等嵊县的义军开到再举事，并在本来就不多的同志中，抽派了二十几人到杭州城内作内应。结果，党人在绍兴的力量，就更加单薄了。许多人对秋瑾的布置不理解，其实这时的秋瑾，与其说还想起义，不如说只想自己有一个轰轰烈烈的死法。

7月12日，秋瑾接到"水涨"（官兵要来抓人）通知，她知道求仁得仁的时刻到了，于是匆匆把党人名册烧掉，让大家埋掉武器，疏散隐蔽，自己则留在学堂，等候官兵的到来。次日，通往学堂的大路上，扬起了滚滚尘土，马蹄声敲碎了黄昏的寂静，数十缇骑策马而来。大家劝秋瑾赶快从后门上船逃走，她只淡淡地说："革命要流血才能成功。如满奴能将我绑赴断头台，革命至少可以提早五年。"她摆张椅子在居室中间，端坐不动，充分表现了一个洪门英雄视死如归的本色。

---

[1] 冯自由《中华民国开国前革命史》（中）。革命史编辑社，1928年版。

在审讯中，秋瑾一语不发，仅挥毫书下"秋风秋雨愁煞人"七个大字。7月15日就义于绍兴轩亭口。冯自由感叹："迹其生平，行事之勇敢，处事之公正，虑事之周密，临事之沉毅，不独在清季浙江党人中无出其右，即以全国党人而论，亦属凤毛麟角。"[1]

---

[1] 冯自由《革命逸史》（二）。中华书局，1981年版。

共进会在中，同盟会在南

　　同盟会是由大大小小、形形色色的山头结盟而成，几乎所有会员都有跨团体的身份，在孙文看来，跨团体、跨党派并不是很大的问题，只要听我号令、为我所用就行。但这些团体大都具有地域色彩，如兴中会以两广为重点，华兴会以两湖为重点，光复会则以浙皖为重点；他们的活动目标，有些侧重城市士绅，有些侧重军队，有些侧重会党。其战略亦各不相同，来自南方的孙文，主张从边远地区发动革命，从外往里攻；但来自内陆地区的党人，则指责这是"渐进主义"，主张在全国心脏的长江地区发动，从里往外反。

　　1907年，孙文和黄兴为国旗式样吵了一架，离开日本去南洋以后，一批来自内陆省份的留学生——以四川张百祥、江西邓文辉、湖南焦达峰、湖北刘公、彭汉遗、孙武等人为首——马上另立山头，在同盟会之外组织共进会。他们声称这并非分裂，只是大家工作重点不同，同盟会重宣传，他们重行动。但几乎所有的人都知道，这是同盟会分裂的征兆。

　　共进会打的依然是反满旗号："我们中国自从盘古以来，就是汉种人居住，汉种人做皇帝。"因此，"共进者，合各党派共进于革命之途，以推翻满清政权，光复旧物为目的，其事甚光荣，其功甚伟大，其责任亦甚艰巨也。"他们的《光复堂》诗宣称："堂上家家气象新，敬宗养老勉为人。维新守旧原无二，要把恩仇认得真。"诗的后两句，如改成"民主专制原无二，汉满恩仇认得真"，就是他们的真正宗旨了。

共进会第一任会长是张百祥。1908年张氏回国后，由邓文翚继任。刘公为第三任会长。其组织一切依照帮会开堂、烧香、结盟、入伙的仪式，订立中华山、兴汉水、光复堂、报国香等名目，各有打油诗为凭，并制订三等九级军制，旗式为红底黑心轮角，外加十八颗黄星，表示十八省黄帝子孙的铁血精神。

据邓文翚称："凡会员在内地要拜各处码头者，先要记熟本会山水堂香，能够记熟山水堂香，还要记得念山水堂所系的诗，然后可以得到一切的帮助和照顾，否则认为是假，不能得到各码头的帮助照顾。"无论从组织形式、宗旨，以及行动方式来看，这都是一个货真价实的江湖会党，而非"为打鬼借助钟馗"。

黄兴与谭人凤从安南到了东京，一看这架势，就不禁皱了眉头，认为这种帮会开山堂的仪式，既反文明又野蛮，不足为训。但焦达峰等人却坚持不改，这是他们精神支柱，是两百年来反清复明的老传统。

共进会与同盟会最引人注意的区别，就是他们把同盟会的"平均地权"主张改为"平均人权"。共进会为什么不接受平均地权，而要标新立异谈人权呢？他们所说的人权，究竟是什么？据邓文翚说，共进会有十条法规，所谓"平均人权"，就是"男女平等；废除娼妓、奴隶和猪仔交易"。法规同时还规定"私人资本不得超过百万，超过百万者，以其超过之数充公，收归国有"。[1]共进会的所谓人权，与

---

[1] 邓文翚《共进会的源起及其若干制度》。《近代史资料》第三辑。

私有财产权、政治平等权，都没有关系，并不包含对私有财产权的尊重与保护。

在十条法规中，还有一条"民族平等，不得分汉满蒙回藏大小优劣的歧异，养成天下一家的风气"。但在宣言中，却又宣称"要把满人杀尽"。这些自相矛盾的主张，并非偶然之误，而是贯穿于他们的所有言论之中，显示这些会党组织，并没有什么坚定的政治理念，一切都是为了动员民众，什么好听就说什么。

共进会的十条法规，仅见于邓文翚的回忆文章，其中甚至有"收回租界与治外法权"的超前主张，被史家质疑是事后的贴金之辞，并不完全可信。也有人说，平均人权是为了提高江湖会党的社会地位，[①]有人说是为了改变满人压迫汉人的现状，[②]仅此而已。这是比较贴近真实的。

不管出于何种理由，共进会都刻意把自己与同盟会区别开来。黄兴从安南赶到东京，质问共进会领导人焦达峰，为何另立山头。焦达峰说："同盟会行动太过缓慢，共进会要采取急进的策略，并非立异。"黄兴提出了一个革命者最关心的问题："这样革命就有二统了，同盟会与共进会，哪个才是正统？"当初与孙文国旗之争，本质上，也是这个问题。焦达峰回答："革命还没起来，你急什么？他日你成功了，我追随你；我成功了，你追随我。"[③]显然他认为二者互不统属，是平等的伙伴。

共进会主要的地盘在两湖地区。1908 年，孙武与焦达峰从日本

---

① 杨玉如《辛亥革命先著记》。科学出版社，1958 年版。
② 江炳灵等《座谈辛亥首义》。《辛亥首义回忆录》（一），湖北人民出版社，1957 年版。
③ 张难先《湖北革命知之录》。商务印书馆，1946 年版。

回国，立即在汉口和湖南设立分部，发展组织，收纳了大量哥老会成员，编成五镇。这些平日大碗喝酒，大块吃肉的江湖好汉，一旦多了个革命者的身份，便如水鬼升了城隍，更加意气飞扬，恨不得马上起事，"砍了鸟皇帝，夺了鸟位"。

同盟会并非只重宣传，不重行动，仅 1907 年，他们在南方连续发动了黄冈之役、惠州七女湖之役、防城之役、镇南关之役，闹得天翻地覆。1908 年初，朝廷悬赏二十万两缉拿孙文，并向安南的法国殖民当局要求逮捕引渡孙文，但法国人只同意驱逐孙文出境，不同意逮捕。孙文到了新加坡后，朝廷又命令驻新加坡领事与海峡殖民地总督交涉，要求将孙文驱逐出境，非要把他赶尽杀绝不可。

1908 年 3 月，黄兴潜赴安南，率领两百多名会党和安南华侨，取道东兴，驰驱北上，直取钦州。据当日钦廉道龚心湛与郭人漳给两广总督张人骏的电报称："钦廉游勇土匪勾结逆首孙文，倡乱起事，先后两扑钦州，一攻东兴，一围灵山，一陷防城，匪势浩大，股数不一。"[①]

当时法国守兵对革命军绝不干涉，而且还鼓掌助兴。黄兴高揭起青天白日旗，吹响军号，列队通过东兴附近的大路村，四处张贴中华国民军南军总司令的告示，乡民纷纷燃爆竹欢迎。4 月 2 日，革命军在马笃山与清军激战，击溃了三营清军，俘虏了三十几名清兵，把他们的辫子统统剪掉。当革命军逼近钦州时，已扩充至六百多人了。

郭人漳再次答应黄兴，等革命军杀到时里应外合。黄兴也再次相信了他，以为取钦州易如反掌，不料，郭人漳本是个投机分子，事到临头，

---

① 引自罗刚《中华民国国父实录》（二）。台湾，财团法人罗刚先生三民主义奖学金基金会，1988 年版。

不仅没有起兵响应，反而对黄兴迎头痛击，和衔尾追来的清军，形成前后夹击。革命军陷入苦战，打了一昼夜，才突破了清军包围，转进于隆雁、柳营、凤冈一带。郭人漳一面向两广总督张人骏告急，一面调兵遣将，围追堵截。革命军在钦州、上思等地苦撑了几十日，且战且退。

四乡民众原来是非常欢迎革命军的，但革命军遇挫后，态度也发生了180度大转弯。胡汉民向孙文报告说："则钦军（指钦州的革命军）颇难复振，有两大原因：一、则将士疲怠，难以得力，无论战时平时均难以军法约束。二、则民心日不如前，所到前极欢迎者，今则多不许留宿。盖人见革命军势力不大振，官兵则以威乘其后，故极好之乡，亦只能一宿而已。"① 5月17日，弹尽援绝，黄兴不得不遣散残部，只身回到河内。

那些被遣散的散兵游勇，一旦失去约束，便完全恢复了绿林好汉的本色。他们大部分被遣送到新加坡，安置在各埠的矿山、农场，但这些人过惯了江湖生活，不受管束，有的嫌饭菜不好而聚众滋事，有的闹事打架惊动了警察，有的劫掠行旅破坏治安。所有告状的都找到孙文那儿，闹得他头大如斗。

马笃山的枪声还没完全平息，云南河口又打起来了。这是孙文在南方策动的第八次起义。4月，黄明堂、关仁甫、王和顺等会党大老收拢在镇南关失败后撤出的会党分子一百多人，秘密开到云南边境，会合河口一带的会党、游勇，再度发难。4月29日深夜，黄明堂、关仁甫、王和顺率众从老街渡河，清军防营一营归降，遂向河口城中发起攻击。城内警察全体反正，4月30日清晨4时许，革命军

---

① 引自罗刚《中华民国国父实录》（二）。台湾，财团法人罗刚先生三民主义奖学金基金会，1988年版。

已占领河口。清军管带黄元桢投降，并致书铁路在线李兰亭、黄茂兰两营清军，劝其投降。李、黄二营在得悉河口失守后，都向革命军投降。革命军遂分兵北上，连克新街、南溪等地。

5月5日，孙文委派黄兴为云南国民军司令，赴前线督师。但黄兴刚从钦州败下阵来，光杆司令一个，三山五岳的会党怎么会听他的号令？云贵总督锡良调兵镇压，广西提督龙济光也率军助攻。5月6日，关仁甫进攻蛮耗失败，形势开始逆转。清军大队援兵，从四面八方源源开到，原来投降革命军的清军，见势不妙，又纷纷反水，掉转枪头打革命军。

黄兴风尘仆仆，赶到河口，督促黄明堂沿铁路向昆明进军，但黄明堂却以粮饷不足为由，勒兵不前。黄兴劝了一天都无效，不禁急火攻心，干脆向黄明堂要了一百多人，亲自率领开赴前线。但才走了不到一里路，士兵们便停下来，一齐朝天开枪，大呼疲倦不已，走不动了。黄兴不断鼓励他们，他们却一哄而散，跑了大半。黄兴只好单人匹马踅返河口，派人和王和顺联系，请他出兵支持，王和顺也以兵少弹缺为由，不肯出动。黄兴长叹一声，知道自己指挥不了这些绿林好汉，决计返回河内，招集自己的队伍再来。

5月10日，王和顺进攻白河，被清军击败。黄兴从河内再返回云南时，在老街被法国人认出，拘留遣送去新加坡。黄兴空忙一场，无功而返。5月26日，清军攻陷河口。黄明堂、王和顺丢下队伍，逃进安南境内，由他们的下属收拾残部，取道镇边八角山等处进入广西。河口之役，又告失败。

在革命党的策动下，各地的会党骚乱，此起彼伏，风起云涌。四川泸州、成都、叙府等地，均爆发大规模的哥老会骚乱。从南至北，从东至西，偌大神州，几无一寸安静土。

第五章　最后一线希望

亲者痛，仇者快

1908 年的秋天，革命党与立宪派在赛跑。

自辛丑回銮后开启的政治改革，已进入最关键的时刻。焦点在于为立宪的进程定一个时间表。政闻社在东京成立后，马上派了大批社员回国，到各地煽国会之风，点立宪之火。不过，这时政闻社总人数尚不满万（安徽六七百，湖南二千余，江苏不过四五百），政闻社希望在短期内增加至一二万人，发动一次大规模的请愿，以雪舆论批评政闻社不能活动之耻。1908 年 2 月，政闻社本部迁往上海，马良、徐佛苏、麦孟华等中坚分子纷纷束装就道，返回上海，就近主持大局。

然而，在慈禧心里，戊戌变法是挥之不去的阴影，她可以不再追究其他参与者，但对康有为、梁启超则始终无法释怀。而康有为对袁世凯也不能释怀，认为他在戊戌变法中告密，导致六君子被杀，是变法失败的罪魁祸首，这段血海深仇，不能不报。

其实，梁启超对袁世凯并不太排斥，只是碍于康有为的态度，不便公然结纳。政闻社成立后，袁世凯曾一度向其示好，梁启超也承认，"袁（世凯）、端（方）、赵（尔巽）为暗中赞助人"。政闻社搬回国内后，袁世凯又拟延揽其重要成员徐碧泉入幕，但康有为定下的策略，是联合肃王（善耆）、铁良、良弼，排斥袁世凯、奕劻，梁启超不得不服从老师的主张，把"倒袁"作为首要目标。

康有为写信给梁启超出主意，要倒袁，先要离间袁世凯与庆王奕劻的关系："袁劻（即袁世凯）反谋，诚非常之大忧。离庆（即庆王）乃第一策。"倒袁的手段，不外乎金钱与子弹。马良直截了当地建议，对袁世凯，"一贿，二丸，徒恃口无用也。""一丸送土（即袁氏）足矣。"[①]袁世凯试探了几回，见梁启超不为所动，便转而与杨度合作。从此杨度逢人就说，政闻社是挂立宪的羊头，专卖倒袁的狗肉，搞得政闻社浑身是嘴也说不清。

在倒袁的同时，政闻社对立宪派的另一员大将张之洞，则千方百计加以拉拢，甚至打算在汉口办一份报纸替他做宣传。袁、张二人都是立宪运动的顶梁柱，联张倒袁，其实就是拆立宪派的台。政闻社集结了大批士绅精英，本应在立宪运动中发挥更重大的作用，可是它一开始就把撕裂立宪派阵营作为自己的策略，不能不说是中国政治的悲剧。

当时改革的阻力还是很大，张之洞原来是主张"速开国会"，也就是马上召开国会，遭到慈禧否决后，张之洞、袁世凯等改革派大臣同意为立宪设一个过渡期，也就是所谓"预备立宪"期。

但这个预备期应该多长？五年？十年？十五年？还是更长？民间的声音是要求两年，至多三年。6月30日，预备立宪公会张謇、郑孝胥、汤寿潜等致电朝廷，要求以两年为期，召集国会。7月2日，政闻社也以全体成员名义，致电宪政编查馆："开设国会一事，天下观瞻所系，即中国存亡所关，非宣布最近年限，无以消弭祸乱，维系人心。"他们认为十年太久，足以"灰爱国者之心，长揭竿者之气"，

---

① 丁文江、赵丰田《梁启超年谱长编》。上海人民出版社，1983年版。

应以三年为期，召集国会。①

1908 年的夏天，北京热气腾腾。有一个谣言，从官场传到民间，说朝廷担心立宪不利于满族，正酝酿取消预备立宪的上谕，立宪派闻讯群情激动，江苏、浙江、福建的预备立宪公会联合湖南宪政公会、湖北宪政筹备会、广东自治会，以及河南、安徽、直隶、山东、山西、四川、贵州各省民间代表，齐集北京，向都察院递交国会请愿书。

7 月 25 日，在法部担任主事的政闻社社员陈景仁领衔致电朝廷，呼吁三年内开国会，并请革于式枚谢天下。于式枚是邮传部右侍郎，做过李鸿章的幕僚，曾任出使德国考察宪政大臣，先后两次上疏反对立宪和开国会，认为国政归于一人则臣民无非分之想，散于众则臣民有竞进之心，贸然立宪与开国会，必将重蹈法国革命的覆辙。

慈禧看到陈景仁的条陈后，初并不以为意，后来听袁世凯说，政闻社实际上是康梁余党的组合，几个月前，政闻社在海外联合二百埠侨民上书朝廷请愿，提出九大主张，其中包括撤帘归政、尽裁阉宦、迁都江南，改大清国号为中华国等，每一条都足以让慈禧心惊肉跳。她立即下令革去陈景仁的职；8 月 13 日，再下令查禁政闻社：

> 近闻沿江沿海暨南北各省设有政闻社名目，内多悖逆要犯，广敛资财，纠结党类，托名研究时务，阴图煽乱，扰害治安。若不严行查禁，恐后败坏大局。着民政部、各省督抚、步军统领、顺天府严密查访，认真禁止，遇有此项社夥，即行严拿惩办，勿稍疏纵，致酿巨患。②

---

① 丁文江、赵丰田《梁启超年谱长编》。上海人民出版社，1983 年版。
②《光绪朝东华录》（五）。中华书局，1958 年版。

当时官场耳语，称查禁政闻社是袁世凯从中捣鬼，实为丁未政潮的余波。袁世凯把瞿鸿禨、岑春煊逐出北京后，还是不放心，怕他们会借康、梁之力，死灰复燃，所以打击政闻社，是为了扬汤止沸，斩草除根。

不过，徐佛苏后来却说，是张之洞奏请慈禧查禁的："及外间有康梁秘联粤督岑春煊谋倒张之洞、袁世凯之谣，于是袁党力促张之洞奏请清后举发康梁乱政秘谋，张氏甚恐留学界鼓吹立宪，为康梁所利用，乃毅然奏请解散政闻社，通缉首犯，而清廷谕令即下。"① 张之洞是政闻社曲意笼络的对象，竟然成了举发政闻社的第一人，可见政闻社对复杂的官场，也是两眼一抹黑。

已加入革命党的章太炎，在《民报》上也有文章分析政闻社被封原因，他说："自陈景仁上书以前，康有为已遍发檄文，传入腹地，以改号、撤帘、迁都为号。夫请开国会者，亦欲清政府之听从耳。今先讼言改大清国为中华国，以触胡人之怒；讼言撤帘以触老妪之怒；讼言迁都金陵，示将拥岑春煊为相国，使百官总己以听，以触袁世凯之怒。是使请开国会书有驳斥而无听从也。"②

政闻社的倒袁策略，从根本上就是错的，今天联甲倒乙，明天联丙倒丁，搞得官场中鸡犬不宁，人人侧目而视。这种合纵连横的手段，在战国时代也许是把莫邪剑，但移植到 20 世纪，就败事有余了，因为一旦阴沟翻船，不是某个策士的得失，而是整个立宪事业受损，

---

① 徐佛苏《梁任公先生逸事》。引自丁文江、赵丰田《梁启超年谱长编》。上海人民出版社，1983 年版。
② 章太炎《政闻社解散之实情》。《民报》第二十四号，1908 年 10 月 10 日。

拖累的，不止某个组织，可能是整个国家，甚至整个世界了。

客观而言，慈禧查封政闻社，目的是要打击"康梁余党"，而不是想中止立宪进程。她不能让康、梁来主导立宪运动。但中国官场，历来是上有所好，下必甚焉，上头查封政闻社，下面就要查封一大片。更猛烈的逆流随之而来：言论的尺度迅速收缩，《江汉日报》因刊登海外华侨请愿的新闻，被官府查封；在一片风声鹤唳的政治低气压下，政闻社被迫解散，人员纷纷四散，躲避缉捕。当时报纸哀叹："目下政学绅商已无敢再述及立宪二字，即江苏、江西、安徽、广东、浙江各省公派入京之代表，亦均拟束装回省。"① 几乎是戊戌变法失败一幕的重演。

造成这样一个可悲的双输局面，双方都有责任。早在 1908 年初，政闻社内已有人警告过，不宜过于激进，匆匆浪战，求急反缓，既费财力，又必狼狈。但政闻社最终没有采纳这个意见，反而在请愿中提出撤帝归政、迁都改国号这类与立宪关系不大，但很具刺激性的要求，结果，当慈禧要查禁政闻社时，无论立宪派还是守旧派，统统举手赞成。

这一事件也暴露出慈禧对宪政的认识，其实非常模糊；她之所以接受政治改革，完全是被动的、不得已的，因此，把她往宪政的路上拉，每走一步都要花九牛二虎之力，但要她走回头路却轻而易举。

谁从这次逆流中获益了呢？最大的获益者是革命党。他们早就宣称朝廷没有立宪的诚意，只是在拖延时间，欺骗国人了，现在朝廷主动为他们提供了最有力的证据，很多原来因吴樾的炸弹而站到朝廷一边的人，现在被朝廷推向了革命党的阵营。立宪派士绅普遍感到悲

①《申报》，1908 年 8 月 25 日。

观失望，开始同情起革命了。同盟会在东京与政闻社论战、砸政闻社的会场，闹得鸡飞狗上房，也没有能够把政闻社砸垮，现在朝廷把它砸垮了。天底下有哪一个政府比大清国的政府更颟顸、更愚蠢的呢？

公布《钦定宪法大纲》

在戊戌变法十年之后、新政启动七年之后、查禁政闻社两周之后——1908 年的 8 月 27 日——千呼万唤的《钦定宪法大纲》，终于刊印誊黄，分发各部堂和地方衙门，正式公诸于世了。

君上大权

一、大清皇帝统治大清帝国，万世一系，永永尊戴。

二、君上神圣尊严，不可侵犯。

三、钦定颁行法律及发交议案之权。凡法律虽经议院议决，而未奉诏命批准颁布者，不能见诸施行。

四、召集、开闭、停展及解散议院之权。解散之时，即令国民重行选举新议员，其被解散之旧员，即与齐民无异，倘有抗违，量其情节以相当之法律处治。

五、设官制禄及黜陟百司之权。用人之权，操之君上，而大臣辅弼之，议院不得干预。

六、统率陆海军及编定军制之权。君上调遣全国军队，制定常备兵额，得以全权执行。凡一切军事，皆非议院所得干预。

七、宣战、讲和、订立条约及派遣使臣与认受使臣之权。国交之事，由君上亲裁，不付议院议决。

八、宣告戒严之权。当紧急时，得以诏令限制臣民之自由。

九、爵赏及恩赦之权。恩出自君上，非臣下所得擅专。

十、总揽司法权。委任审判衙门，遵钦定法律行之，不以诏令随时更改。司法之权，操诸君上，审判官本由君上委任，代行司法，不以诏令随时更改者，案件关系至重，故必以已经钦定为准，免涉分歧。

十一、发命令及使发命令之权。惟已定之法律，非交议院协赞奏经钦定时，不以命令更改废止。法律为君上实行司法权之用，命令为君上实行行政权之用，两权分立，故不以命令改废法律。

十二、在议院闭会时，遇有紧急之事，得发代法律之诏令，并得以诏令筹措必需之财用。惟至次年会期，须交议院协议。

十三、皇室经费，应由君上制定常额，自国库提支，议院不得置议。

十四、皇室大典，应由君上督率皇族及特派大臣议定，议院不得干预。

附臣民权利义务，其细目当于宪法起草时酌定

一、臣民中有合于法律命令所定资格者，得为文武官吏及议员。

二、臣民于法律范围以内，所有言论、著作、出版及集会、结社等事，均准其自由。

三、臣民非按照法律所定，不加以逮捕、监禁、处罚。

四、臣民可以请法官审判其呈诉之案件。

五、臣民应专受法律所定审判衙门之审判。

六、臣民之财产及居住，无故不加侵扰。

七、臣民按照法律所定，有纳税、当兵之义务。

八、臣民现完之赋税，非经新定法律更改，悉仍照旧输纳。

九、臣民有遵守国家法律之义务。

立宪原则，用一句话概括，就是"大权统于朝廷，庶政公诸舆论"。与"宪法大纲"同时公布的，还有一份非常详细的"议院未开以前逐年筹备事宜清单"。定九年为筹备召开国会之期，筹备事宜包括地方自治、编定法律、普及教育、化除满汉畛域、调查户口、试办财政预、决算等。

朝廷要求廷臣与疆吏必须照单依次办理，每半年奏报一次筹办实绩。宪政编查馆设立专门机构，切实考核；都察院负责察访，指名纠参逾限不办或阳奉阴违者。"自本年起，务在第九年内将各项筹备事宜一律办齐，届时即行颁布钦定宪法，并颁布［召］集议员之诏。"[1]

这份"宪法大纲"，"钦定"色彩甚浓，仍然是皇帝以"朕即法律"的姿态，把议院的权力，当成是皇恩浩荡的赐予，想给什么权力给议院，就给什么。议院这也不能干预，那也不得擅专，设了种种限制，其出发点是保障皇帝的权力。

①《宪政编查馆资政院会奏宪法大纲暨议院法选举法要领及逐年筹备事宜折》。《清末筹备立宪档案史料》（下），中华书局，1979年版。

两宫先后驾崩

宪政运动好不容易才走到这一步，但慈禧与光绪都注定不能看到它的结局了。11 月初，北京气温一天比一天寒冷，慈禧与光绪的健康状况，都随着冬天的来临迅速恶化。11 月 2 日，慈禧、光绪在紫光阁接见达赖喇嘛，这是皇帝的最后一次公开活动。

由于光绪没有儿子，将来由谁继承光绪的大统，是慈禧最放心不下的事情。她听到一个可怕的消息，袁世凯打算拥戴奕劻的儿子载振为新皇帝。这是慈禧断不能接受的。11 月 7 日，慈禧命奕劻驰往东陵，以验收普陀峪陵寝工程为名，把他支开，然后密召张之洞和军机大臣世续入宫，商议立储之事。慈禧提出立醇亲王载沣子溥仪为穆宗（同治皇帝）嗣，入承大统。载沣是光绪的胞弟，其子溥仪这时不过是三龄稚童，张之洞、世续都说："国有长君，社稷之福，不如径立载沣。"

慈禧神色黯然说："卿言诚是，然不为穆宗立后，终无以对死者。今立溥仪，仍令载沣主持国政，是公义私情两无所憾也。"

张之洞说："然则宜正其名。"

慈禧问："古有之乎？"

张之洞说："前明有监国之号，国初有摄政王之名，皆可援以为例。"

慈禧点头称善，决定载沣用监国摄政王的名义，主持国政。张之洞又说，光绪临御三十余载，不可使无后，古有兼祧之制，似可仿行。慈禧沉吟良久，尽管她不太喜欢这个主意，但最后还是同意了。[①]接着，在病榻旁起草诏书。又召袁世凯入宫，命他在宫中弹压，以防宗室懿亲中有异动。

次日，奕劻从东陵归来，听说立储安排后，颇为失望地说："方今国家多难，选储似宜年长者。"诸臣邀他向慈禧陈述意见。奕劻入宫后，慈禧把草诏给他看，但不容置疑地说："趣下诏，布天下。"奕劻知道无可挽回，只得默然退下。[②]11 月 12 日，迎溥仪入宫。

11 月 14 日傍晚，自戊戌变法失败后，长期被软禁在瀛台的光绪皇帝，怀着壮志未酬的遗憾，在瀛台涵元殿病逝。朝廷向全国公布了这位年仅三十七岁的大行皇帝的遗诏：

三十四年中仰禀慈训，日理万几，勤求上理，念时事之艰难，折衷中外之治法，辑和民教，广设学堂，整顿军政，振兴工商，修订法律，预备立宪。期与薄海臣庶共享升平。各直省遇有水旱偏灾，凡疆臣请赈请蠲，无不恩施立沛。本年顺直、东三省、湖南、湖北、广东、福建等省先后被灾，每念我民，满目疮痍，难安寝馈……

尔京外文武臣工其精白乃心，破除积习，恪遵前次谕旨，各按逐年筹备事宜，切实办理，庶几九年以后，颁布立宪，克终朕未竟之志。在天之灵，藉稍慰焉。[③]

① 胡思敬《国闻备乘》。荣孟源、章伯锋主编《近代稗海》(一)，四川人民出版社，1985 年版。
② 徐珂编《清稗类钞》。中华书局，2003 年版。
③《光绪朝东华录》(五)。中华书局，1958 年版。

遗诏正式公布之前，"龙驭上宾"的消息，早已在民间哄传。按照《大清通礼》规定，国丧期间，所有臣民，一律不准剪发、不准举办婚礼。于是一个滑稽的场面出现了：大家都想赶在遗诏公布之前，剃头的剃头，婚嫁的婚嫁，北京城内的剃头生意格外红火，大红花轿满街走。大街胡同"嫁娶者纷纷，竟夕鼓乐声不绝"（胡思敬语），比过年还要热闹。

11月15日，另一个更惊人的消息从宫中传出来了：慈禧太后也去世了，这个统治中国长达四十七年的女人，终于撒手尘寰。两宫升遐，相隔不到一天，几乎所有稗官野史，对此都大加渲染，有说光绪其实已死数日，只是因继承未定，秘不发丧；也有说慈禧临死时，先杀了光绪，免得他在自己死后重掌朝政；也有说慈禧比光绪还要先死，但秘而不宣，由袁世凯、奕劻等人把光绪毒死，然后把二人的死亡时间颠倒公布。溥仪在回忆录中说：

> 但我更相信的是她（慈禧）在宣布我为嗣皇帝的那天，还不认为自己会一病不起。光绪死后两个小时，她还授命监国摄政王："所有军国政事，悉秉承予之训示裁度施行。"到次日，才说："现予病势危笃，恐将不起，嗣后军国政事均由摄政王裁定，遇有重大事件有必须请皇太后（指光绪的皇后，她的侄女那拉氏）懿旨者，由摄政王随时面请施行。"①

不管光绪是被暗杀的，还是病死的，但两宫在这么短时间内相继去世，这种惊人的巧合，为本来已风雨飘摇的政局，再蒙上一层阴影。

---

① 爱新觉罗·溥仪《我的前半生》。同心出版社，2007年版。

直到 2008 年，由清西陵文物管理处、中国原子能研究院反应堆工程研究设计所、北京市公安局法医鉴定中心等机构利用光绪的头发鉴定，最终确认光绪是死于砒霜中毒。国家清史编纂委员会主任戴逸教授等十三位专家联合撰写的《清光绪帝死因研究工作报告》指出，常人口服砒霜 60～200 毫克就会中毒身亡，而光绪帝摄入体内的砒霜总量明显大于致死量。至此，人们更加相信是慈禧毒死光绪的了。

革命者们认为时机到了！古人说："得国常于丧，失国常于丧"，此其时也，江湖上登时风浪大作、四方骚然。安徽省城安庆聚集着以新军炮营队官熊成基为首的一批革命党人，策划趁两宫驾崩，南洋各镇新军正在太湖举行秋操，安庆空虚之际，举行起义。

熊成基，江苏扬州人，私塾出身，后改学军事，先后毕业于安徽练军武备学堂和江南炮兵学堂。1904 年加入安徽新军中反清秘密革命团体"岳王会"，1907 年成为岳王会的领导，在兵士中散发《革命军》《猛回头》《警世钟》等读物。还筹款开办了"集贤旅馆"，作为秘密机关。

11 月 19 日下午，熊成基邀集各营革命者十余人，在"叶氏试馆"召开紧急会议，议定当晚举行起义，据他自述："因各省军队俱赴太湖秋操，又值国丧，人心皇皇，皖省留防军队，仅有数千人，我本意如能攻开省城，据有根本重地，再连夜直赴太湖之秋操演习地"，直捣黄龙。大家公推熊成基为"安庆革命军总司令"，并发布作战密令十三条。

当晚 9 时许，驻在东门外炮营的千余名新军，焚烧炮营为号，整队而出，马营、步标也纷纷加入，攻占了菱湖嘴弹药库，然后猛攻安庆城北门。但原约定在城内接应的步营队未能打开城门，加上安徽巡抚朱家宝在当天赶回安庆，闭城固守。

起义军久攻不下，士兵一昼夜没吃饭，已饿得手脚发软。江上的军舰不停发炮，弹如雨下，起义军死伤惨重，不得已向集贤关退却，后取道桐城，且战且退，撤至合肥东乡时，伤亡惨重，仅余三四十人，只好宣告解散，熊成基本拟自杀，但又想到大丈夫做事，不可以失败灰心，留此残躯，或可再举。"然身无分文，大地茫茫，投向何所，不觉放声大哭。"[1] 最后在亲友的协助下，逃往日本。

两年后，熊成基再潜回国内，谋刺载洵，讵料又告失败，在哈尔滨被捕，旋处死于长春巴尔虎门外。临刑时，从容含笑，对围观的人说："诸君珍重，我死犹生。吾愿以一腔热血，灌自由之花。"

寒流滚滚，小雪飘飘。安徽、湖北两省仍在追剿起义新军。11月27日上谕："皖北内地空虚，叛兵余党尚有五六百人之多，该处素多伏莽，倘其煽惑裹胁，不难立成大股。"[2] 这时光绪已经死去13天，而距新皇上的登基还有五天，皇宫内没有皇帝。

12月2日，不满三岁的溥仪——宣统皇帝——即位。其父摄政王载沣监国，定1909年为宣统元年。据说溥仪在太和殿登基时哭闹不已，非要回家不可，闹得典礼也进行不下去，载沣只好不停哄他："别哭别哭，快完了，快完了！"文武百官面面相觑，仿佛有一种不祥之感："怎么可以说'快完了'呢？""说要回家是什么意思啊？"溥仪后来在回忆录中说："大臣们都为了那两句话惶惑不安，倒是

① 《熊烈士供词》。中国史学会主编《辛亥革命》（三），上海人民出版社、上海书店出版社，2000年版。
② 《安庆马炮营起义清方档案》。中国史学会主编《辛亥革命》（三），上海人民出版社、上海书店出版社，2000年版。

真事。"①

文武百官惶惑不安，但康梁一派却为之欢欣鼓舞，充满希望。因为载沣虽然不是铁腕强人，但他与袁世凯是死对头，仅此一点，已值得额手相庆了。他们深信，载沣"其人深沉而有远略，所布置者颇多，现在不遽发者，徒以在大丧中虑失国体，大约百日服满后，必有异动"。②袁世凯的日子不多了。

载沣是因 1902 年代表中国出使德国，为庚子年德国公使克林德被杀事件向德皇赔礼道歉，在政界崭露头角的。众所周知，那是一个非常艰难的任务，但他却完成得很出色，在对手的面前做到有礼有节，不卑不亢，备受中外好评。他在德国参观军校、博物馆、电机厂、造船厂和军火工业，西方文明给他留下深刻印象。他并不反对向西方学习。

事态的发展，证实了立宪派对他的期望，12 月 3 日，摄政王以皇帝名义下旨，强调立宪期限绝不改变：

> 大小臣工，均应恪遵前次懿旨，仍以宣统八年为限，理无反汗，期在必行。内外诸臣，断不准观望迁延，贻误事机。③

载沣对立宪的坚定态度，令民间深受鼓舞，仿佛漫天的疑云一扫而空，人人都在跂足延颈，展望未来。慈禧去世才半个月，但她的时代，似乎已经成了遥远的历史。

---

① 爱新觉罗·溥仪《我的前半生》。同心出版社，2007 年版。
② 丁文江、赵丰田《梁启超年谱长编》。上海人民出版社，1983 年版。
③《重申仍以宣统八年为限实行宪政谕》。《清末筹备立宪档案史料》(上)，中华书局，1979 年版。

老臣的凋零

满朝上下，真正为慈禧之死感到悲哀与恐惧的，可能只有袁世凯一人。他深知因戊戌变法出卖光绪一事，一直被记在账上，这笔债迟早要还的。宫中传言，光绪临终时，曾握着胞弟载沣的手嘱咐，要他务必杀了袁世凯；又传言隆裕太后曾面谕载沣，要杀袁世凯以报先帝之仇。这些骇人听闻的传言，虽无从证实，但三人市虎，足以震撼人心。连载沣的弟弟载涛事后也含糊其词地说："是否真有其事，我也无从判断了。"①

以前有慈禧的提携卵翼，袁世凯在官场往往遇险呈祥，如今大树倾倒，他的政治生涯，也将发生重大变化。对此他是有心理准备的，但做梦也没有想到，变化竟来得那么快，那么猛烈。比康、梁所预料的"百日服满"还要快，慈禧死去才57天，尸骨未寒，讨债鬼就上门了。

1909年1月2日，皇上降旨："军机大臣外务部尚书袁世凯，夙承先朝屡加擢用。朕御极后，复予懋赏。正以其才可用，俾效驰驱，不意袁世凯现患足疾，步履维艰，难胜职任。袁世凯着即开缺回籍养

---

① 载涛《载沣与袁世凯的矛盾》。《晚清宫廷生活见闻》，文史资料出版社，1982年版。

屙，以示体恤之至意。"

下谕前，隆裕太后曾召奕劻独对，载沣也在座。隆裕直截了当地说：先帝手敕办袁世凯。奕劻吓得伏地不敢出声。隆裕问他有何意见，奕劻说："召汉大臣议。"意思是征询张之洞的意见。隆裕立即召张之洞入对。

张之洞对袁世凯的心态，颇为复杂。两人既是对手，又是盟友，明知不能合作，但又离不开对方。因此，无论出于维护立宪事业也罢，出于兔死狐悲的心情也罢，张之洞都极力反对杀袁，他搬出的理由是："主幼时危，未可遽戮重臣，动摇社稷。"

这个理由也很堂皇，隆裕不便反对，但默然不语。张之洞建议不如罢斥驱逐出京。袁世凯手握北洋最精锐的军队，万一狗急跳墙，恐变生肘腋。一说到军队，载沣就哑口无言了，他深知北洋军是袁氏的私家军，自己手无寸铁，这会儿如果袁世凯杀入宫内，他连一支可以抵挡一下的御林军都没有。心中既愤激，又无奈。

经张之洞这么一吓，载沣果然退缩了，原拟的上谕中，本有"居心叵测，着拿交法部严讯"一句，最后改为"开缺回籍养屙"。

当时袁世凯也在宫外等候消息，张之洞一出来，马上去问结果，张氏说："回去休息良佳。"袁世凯脸上顿时变色说："世叔成全。"然后匆匆回家，收拾细软。对袁世凯来说，那是一个惊险万状的夜晚，他几乎要步康、梁当年的后尘，连夜逃往日本了。张国淦记述：

袁由内廷返锡拉胡同寓所，已备悉遣斥经过，异常惊惶，惟恐尚有后命，遂匆遽微服赴津，暂憩于英租界利顺德饭店，令人密告直隶总督杨士骧嘱图一晤。杨闻之大惊，立遣其长子毓瑛（字璞山）往见，始知袁"拟连夜搭轮赴日本避祸"。毓瑛告以"其父不便出署，但太老师（杨拜门受业，故毓瑛称太老师）系奉旨穿孝大员（袁以军机大臣外务部尚书，奉旨赏穿百日孝），今擅释缟素，又不遵旨回籍，倘经发觉，明日续有电旨令拿办赴京，则祸更不测，且亦决无法庇护"。袁听之彷徨无策。[①]

经杨毓瑛提醒后，袁世凯惊出了一身冷汗。如果朝廷发现他私自跑到天津，就完全有理由以抗旨罪把他杀了。老奸巨猾的袁世凯，竟虑不及此，可见当时确实慌了手脚。杨毓瑛陪着袁世凯连夜悄悄返京，第二天清晨再从北京坐火车返回老家河南彰德，这才逃过一劫。

梁启超听说袁世凯被革职后，仿佛一声惊雷轰开满座顽云，兴高采烈地说："知元恶已去，人心大快。监国英断，使人感泣，从此天地昭苏，国家前途似海矣！"[②]他建议朝廷公开宣布袁氏罪状，把他彻底搞臭，永世不能翻身。

然而，这一回他又高兴得太早了。

载沣性格与乃兄光绪相似，虽有见识，却少大志，更无勇气。他上台做的第一件事，就是要铲除袁世凯，这本来是他立威的机会，但下了这么大的决心，闹出这么大的动静，最后却只是"开缺回籍养疴"。放虎归山，窝囊透顶。

载沣在不甘心之余，愈加觉得抓军队的重要性与迫切性。1902年他访问德国时，德皇曾说过一番语重心长的话："君主国家必须强

---

① 张国淦《北洋军阀的起源》。《北洋军阀史料选辑》（上），中国社会科学出版社，1981年版。
② 丁文江、赵丰田《梁启超年谱长编》。上海人民出版社，1983年版。

干弱枝，由皇室总揽兵权，这是关系到国家盛衰和皇室安危的问题。"
这番话一直在他心头挥之不去。处理袁世凯受挫，充分证明没有军队
腰板就硬不起来。

　　他必须把军队抓过来，但谁可助他一臂之力呢？张之洞年纪太
大了，不能有什么作为了；汉人中的将才寥寥无几，即使有，也与袁
世凯关系密切，不可信赖。就算他想依靠汉人，也没有谁可以让他依
靠。反而在满人中，铁良、良弼都是一流的知兵强将，更重要的是，
无论天下怎么变，他们都绝不会站在袁世凯一边。载沣要抓军队，不
靠他们还能靠谁呢？

　　1909 年 2 月，载沣决定成立禁卫军，在满朝文武中找来找去，
最后让擅演猴戏的贝勒爷载涛担任统领，良弼任训练大臣兼第一协
协统，直到第二年，好不容易才找了一位汉人将军王廷桢任第二协
协统。

　　1909 年 7 月，宣统皇帝宣布出任全国陆海军大元帅，亲政之前，
由摄政王代理。载沣随即在军队中打扫庭除，清除袁世凯的势力。他
根据良弼的建议，仿日本参谋本部，设立军咨处，派载涛、毓朗两位
贝勒掌管。又派肃亲王善耆、镇国公载泽、陆军部尚书铁良负责筹备
建立海军，设立海军部，由贝勒载洵、萨镇冰任筹办海军大臣，派载
洵赴日本、欧美各国考察海军。

　　一时间，皇亲国戚、八旗贵胄纷纷登场，令人有满人何厚，汉
人何薄之怨。张之洞曾经劝告载沣，但被摄政王一句"这是我们的家
事"挡了回去，令他心中悒悒不欢，竟积成肝郁。6 月间，津浦铁路
总办道员李德顺营私舞弊，受人参劾，有旨革职，永不叙用；而他的
上司吕海寰则以失察被开去督办铁路大臣。载洵、载涛推荐前全国铁
路总公司督办唐绍仪接任，载沣征询张之洞的意见，张氏以舆情不属

反对，载沣仍坚持，张之洞说："岂可以一人之见而反舆情？舆情不属，必激变乱。"

载沣脱口而出说："有兵在！"

听了这句话，张之洞哑口无言了。出宫后，他仰天浩叹："不意闻此亡国之言！"[1]一时忧愤填膺，意气郁结。不久，右胁即隆起肿块，剧痛不已，病倒在府中，从此不能入值。他对人悲叹："我已入膏肓，自念时局，心已先死矣。"他在病中作诗，流露了对载沣、对朝廷、对这个末世的失望之情：

> 诚感人心心乃归，君臣末世自乖离。
> 不知人感天方感，泪洒香山讽喻诗。

人感天方感，人怒天亦怒。朝廷"亲贵联翩进用"，在社会上，激起一片批评潮，指载沣借立宪之名，行皇族集权之实。当时京师有一个很流行的段子："近支排宗室，宗室排满，满排汉。"讽刺皇族揽权的现实。

孙文在海外对革命党人说："你看他们三兄弟（载沣、载涛、载洵），一个是监国摄政，暂行代理大元帅，是一切军权都操纵在手了；一个是管理军咨处，军咨处就是德日的参谋本部；另一个筹备海军的海军大臣。这样就可看出，海军、陆军和参谋作战的计划等等大权都在他们三兄弟手中了。"这是一个什么问题？这就是一个皇族集权，集军政大权的问题！[2]

---

[1] 许同莘《张文襄公年谱》。商务印书馆，1946 年版。
[2] 孙文《与李是男黄伯耀的谈话》。《孙中山全集》（一），中华书局，1981 年版。

　　批评的声音，不仅来自革命党，也来自官僚集团内部，连张之洞也说，现在不是汉人排满，简直是满人在排汉了。平心而论，这一系列举措，虽不排除载沣有加强皇族统治、排斥汉人的用意，但事实上，除了皇族，他还真没有人可依靠；不依靠皇族，他根本就没办法把军队抓过来，试问当时有哪个汉人将军是真心辅助他的？有哪个汉人将军愿意与朝廷同履艰贞？

　　张之洞对未来充满忧虑，自从6月与载沣发生正面冲突之后，情志更加抑郁，导致肝病迅速恶化。经过几个月的治疗，药石无效，病侵入胃脘，每日呕吐不已，痛楚益剧。

　　这位"少年解元，青年探花，中年督抚，晚年宰辅"的老人，毕竟是三朝元老，历史悠久，资历雄厚。礼节上，载沣应该去慰问一下，但他迟迟吾行，实在是因内心讨厌张氏。直到10月4日，张之洞已病势危殆，载沣才勉强上门探访。

　　两人相见，亦没有什么话可说，载沣说了几句"中堂公忠体国，有名望，好好保养"之类的空话，张之洞用微弱的声音说："公忠体国，所不敢当，廉正无私，不敢不勉。"前面一句，把载沣的称赞挡了回去；后面一句，似乎是讥讽摄政王滥用皇族，任人唯亲，不能做到"廉正无私"。载沣听了格外刺耳，内心又添了几分不快。

　　载沣离去后，张之洞抚榻长叹："国运尽矣！盖冀一悟而未能也。"当日，张之洞在病榻上起草遗折，略云："当此国步维艰，外患日棘，民穷财尽，百废待举，朝廷方宵旰忧勤，预备立宪，但能自强不息，终可转危为安。"[1] 他又把儿子们都召到榻前，嘱咐他们"勿负国恩，勿堕家学，勿争财产，勿入下流，必明君子小人义利之辨"。他还不

---

[1] 张之洞《遗折》。《张之洞全集》（三），河北人民出版社，1998年版。

放心，要每个儿子都把这段遗嘱背给他听，背错的要改正重背。最后，他平静地说："我生平学术，行之四五；政术行之五六；心术则大中至正。"[①] 他对自己一生的评价，似乎还算满意。夜9时许，张之洞溘然长逝。

这一天，距离全国咨议局成立之期，恰好还有10天。《时报》有一则电讯写道"闻张相临终尚以宪政勿迟行为言"，[②] 许多张之洞的相知故旧，看到这里，都有不胜凄婉之感。

---

① 许同莘《张文襄公年谱》。商务印书馆，1946年版。
②《时报》，1909年10月7日。

咨议局为地方自治奠基

朝廷在 1907 年 10 月和 1908 年 7 月，先后两次下诏，要求全国各省成立咨议局，并规定 1909 年 10 月 14 日为正式日期。按 1908 年出台的《咨议局章程》列明，咨议局享有议决本地应兴应革事项、岁出入预算、岁出入决算、税法及公债、担任义务的增加、单行章程规则的增删修改、权利的存废和选举资政院议员、申复资政院咨询、申复督抚咨询、公断、和解自治会的争议、收受自治会或人民陈请建议等权力。

在"议院未开以前逐年筹备事宜清单"里清楚规定，必须在 1909 年完成"举行咨议局选举，各省一律开办"；"颁布资政院章程，举行该院选举"；"筹办城镇乡地方自治，设立自治研究所"等项工作。[①]

一踏入 1909 年，大江南北的立宪派都开始摩拳擦掌，跃跃欲试了。江苏一向是立宪运动的领头羊，全国六十多个自治团体，有六分之一在江苏；而张謇又是江苏立宪运动的领头羊。其哲嗣张孝若说："我父在江苏又居众望所推的地位，虽然那时候各省对于筹备立宪，都惟江苏的马首是瞻，但是咨议局是初创的机关，一点依傍都没有，

①《宪政编查馆资政院会奏宪法大纲暨议院法选举法要领及逐年筹备事宜折》。《清末筹备立宪档案史料》（下），中华书局，1979 年版。

所以苏人那时候就先在南京碑亭巷设立了一个筹备处，集议研究，调查各项办法。"[1] 筹备处在《咨议局章程》基础上，制订了《初选举投票所细则》和《初选举开票所办事细则》。

地方自治的大船，终于缓缓起航了。

2月，张謇兴致勃勃地四处踏勘，最后在南京鼓楼东北选定了江苏咨议局的局址，然后派人到日本参观国会议院，收集了许多建筑图纸回来，大兴土木，修建咨议局议堂。不过，议堂还没盖好，人们已经急不可待地在筹备处开始议事了。

根据《咨议局章程》规定，要成为一个选举人，必须是本省籍贯，25岁以上的男子，且具备下列条件之一：一、在本省地方办学务及其他公益事务满三年以上，著有成绩者；二、曾在本国或外国中学堂及与中学同等或中学以上之学堂毕业，得有文凭者；三、有举贡生员以上之出身者；四、曾任实缺文七品、武五品以上未被参革者；五、在本省地方有五千元以上之营业资本或不动产者（非本省籍贯，寄居满10年以上，如有一万元以上的营业资本或不动产者，亦得有选举权）。有不端品行者或从事贱业者不能成为选举人。

经调查，江苏省合格的选举人数，宁苏两属共计161676人，其中苏属五府州共59643人，宁属共102033人，约占江苏省（含上海）总人口的0.48%，即选民总数不足全省人口1/200。就年龄与性别条件而言，若剔除25岁以下男人和全部妇女，合格的选举人数，约占成年男子的1/60。但若再考虑文化程度、经济状况等条件，合格的选举人数更少。"可见这只是少数人才享有的选举权，而且在政治实践

---

[1] 张孝若《立宪运动及咨议局成立》。中国史学会主编《辛亥革命》（四），上海人民出版社、上海书店出版社，2000年版。

中由于种种原因实际参与的人更少。"①

中国人长于在官场上的勾心斗角，却从来没有公开、公平竞选的经验，记者用尖刻的言词写道："江苏初选之先，运动者纷纷，至有多为之法，见好于农夫野老，使之举彼。"②"受运动者尤盲人瞎马，百无一知，不识选举为何事，举人与被举于人为何意，徒以运动者一言之故，遂群焉从之。"③把选举描绘成一幕闹剧，其实，在民主社会的竞选，"运动""拉票"，都是十分正常的现象，只要在法律范围之内，无可厚非。中国第一次民选议员，有此成绩，已足可自豪，记者的嘲讽，不过是少见多怪而已。

事实证明，民选出来的议员，大都是地方精英，滥竽充数者毕竟少数。张孝若对当选的议员有这样的评论：

> 当时议员从各地当选，差不多完全是人民的意志自动的认为优秀可靠，就选他出来，拿最重大的代表责任和地位，加在他的身上；势力和金钱的作用的运动，在那时竟没有人利用，也没有受利用的人。那当选的议员，也人人自命不凡，为代表民意力争立宪而来，拿所有的心思才力，都用在这带来的责任上边。所以彼此的交接，和自处的来路，都是极纯正清白，大家都没有一点含糊；所以观念和动作，自然而然和后来完全两样。

1909 年 10 月 14 日，除新疆暂缓之外，全国 21 个行省的咨议局

---

① 傅怀锋《试析清末民众的政治参与》，《二十一世纪》，2004 年 2 月号。
②《时事报》，1909 年 3 月 28 日。
③《时报》，1909 年 4 月 13 日。

均如期成立，一律开议。全国各地响起了经久不息的鞭炮声，处处龙旗飘扬，人们沉浸在狂欢的气氛中，开封、长沙的学校，甚至放假一天，让大家尽情庆祝"我国人民获得参政权之第一日"。《申报》用红色印刷版面，敬贺咨议局成立。

民间士绅首次有了参政议政的正式管道，大家怀着天下兴亡、匹夫有责的责任感，神情庄严，步履坚定，第一次登上议会讲坛。无论选举过程如何不成熟，出现多少纰漏，都是可以理解的。有了第一回，就会有第二回、第三回，就会从不完善走向完善，从不成熟走向成熟。

江苏省咨议局在成立第一年，讨论了田赋征银解银、铜圜流弊、筹集地方自治经费等三件事；秋天，议决了联合各省请愿速开国会，组织责任内阁的议案。1910 年 2 月，又议决了地方自治经费预算、厘定地方税界限、应请开国会等议案。9 月，最引人注目的议案，包括弹劾总督违法案两件、全省预算案一件。

在讨论问题时，"大家都认真真当一件事做，总得要商找出一个相当妥善的结果，才算有交代。在开会的时候，陈述理由，滔滔不绝，大家都息心静听；一到辩论的时候，各逞词锋，好像临阵杀敌，你一刀我一枪，毫不退让，完全在正理和事实的范围以内，争论出一个真理来；到了议决以后，大家就抛弃我见，服从多数；就是遇到了不能立时解决的争执，只要议长一声停止，或是休会，那全场就立刻收起阵来，鸦雀无声。这才叫表示议员本身的人格，议长领导的重望，和议会地位的尊严"。①

---

① 张孝若《立宪运动及咨议局成立》。中国史学会主编《辛亥革命》（四），上海人民出版社、上海书店出版社，2000 年版。

这种西方议会的场景，竟然可以在中国出现，足以证明中国人并非天生的专制奴才，说中国人程度太低，不配享受更民主的政制，是根本站不住脚的。咨议局让人看到了中国未来的一线曙光。

这种情形，并非仅见于江苏，在其他省份，也不遑多让。

当全国各地的立宪团体像雨后春笋般冒出时，广东却没有一家挂立宪招牌的团体，广东人似乎更重视地方自治。1907 年 11 月，由梁庆桂、许秉璋在广州组织广东地方自治研究会，由陈惠普、李戒欺组织成立粤商自治会。在兴筑粤汉铁路事件上，显示出自民间社会的力量，已渐成气候。

和全国各省一样，广东咨议局在 1909 年 2 月成立筹备处。6 月选举议员。广东全省合格选民 141558 人，选出议员共 94 人。据美国驻广州领事的观察："南海算是广州府内一个主要的县区，而且以有前进性著名的，在 1600 合格选民中，实际上去投票的只有 399 人。这 399 票选出 89 个选举人，其中一选举人得最多票数为 16 票，其它有 60 个选举人，每人只得一票。以广州府全府来说，360 个选举人最后在绅商界里，推举出 36 个议员。中国官方对这次选举结果和选民的缺乏兴趣，极感失望。"

尽管投票不算热烈，但公众对选举却十分关注。在选举过程中，出现了一些瑕疵，比如错计票数、行贿买票等（坊间传言，每票可值一百至五百港元），都引起舆论的强烈质疑，甚至在广州城内有公众集会抗议。有贿选不可怕，可怕的是不允许人民监督选举，不允许人民抗议贿选。现在人民有这样的觉悟与自由，中国就有希望了。美国领事引述前两广总督张人骏在年初离任时，对新任两广总督袁树勋说的一段话："南方的人民，智识程度已渐提高，政府官吏必须注意民意。"在民意的监督下，选举结果，尚属差强人意。因此，美国领事乐观地预言：

> 中国人口大部份仍是文盲，此次选举并不是一个普通的赋予人民选举权的创举。只有职业界、学界，和有产业过二千金元的公民，才能为合格的选民。然而，这次选举是第一次的试验，无疑地，其范围将渐为扩大，如果选民能慎用其权利，被选者能尽其职责，则我们可有信心的庆贺立宪时代将真正的降临在中国。①

10 月 14 日广东省咨议局正式成立。16 日选举副议长，当年在台湾领导抗日的民族英雄丘逢甲当选，18 日选举常驻议员 19 人，其中一人是来自海丰的陈炯明，以 53 票当选，他是一位年轻而充满激情的秀才。11 月 6 日，咨议局新局址落成，举行正式开幕典礼。

1909 年 11 月 8 日，咨议局开第一次会议。讨论的第一个议案是关于厉行禁绝赌博的。

广东人好赌，天下闻名，从花会、番摊、山票，到白鸽票、闹姓、麻雀，林林总总，遍及城乡，被讥为"赌国"。鸦片战争后，国库空虚，财政奇绌，从朝廷到地方，都把招商承缴赌捐，当成摇钱树。1863 年郭嵩焘任广东巡抚，大开赌禁；他的后任蒋益澧厉行禁赌，而总督瑞麟却厉行开赌；后来巡抚张兆栋主禁，总督英翰主弛；巡抚马丕瑶主禁，总督李瀚章主弛；李鸿章任两广总督时，全面弛禁。

总督袁树勋向咨议局提出了一个禁赌草案，希望议员们研究，用什么方法与步骤，才能既禁了赌，又不影响政府财政收入。总督代

---

① 引自陈定炎《陈竞存（炯明）先生年谱》。台湾，桂冠图书公司，1995 年版。

表王秉恩登台发言，他说，此草案系制台提出，赌博害人，人人皆知，自应设法筹禁。此事关系全省利害，必使官吏合作，方可达禁绝目的，今与诸君商议筹禁法，如分乡筹禁，筹有一乡抵款，先禁一乡；分类筹禁，筹有一种抵款，则禁一种。大家合力，总易办到。

这时，陈炯明议员大步登上讲台，这位广东法政学堂毕业的优等生，在家乡海丰办了一份《陆安自治报》（后改名为《海丰自治报》），自任主笔，他的性格富有激情，英勇而坦荡。陈炯明指出，所谓分期分类禁绝之说，"先禁甲种，次禁乙种，丙丁两种之禁期，视筹抵之迟速为差"，实际上，只是缓兵之计。他大声疾呼，要禁就全面禁，不能分类禁，"赌虽不一，而染赌之人其罔利之心则一，原非择定一赌以为嗜好，分类禁绝，不过减少赌博之名目，而嗜赌之人既有此数，仍可移其罔利之心于未禁之赌类，无论实际毫无裨益，即太仓去一稗米，仍于赌害不能遏绝。"[1] 分类、分期、分区禁赌，都是禁而不止，等于不禁。11月10日，陈炯明提交了一份《审议禁赌筹抵修正案》，斩钉截铁地要求："禁赌问题绝对赞成，惟办法拟请定期一律禁绝！"[2]

咨议局一致通过"全省限期一律禁绝赌博"的议草成立，由局交两广总督袁树勋，请照陈炯明修正案办理。但袁树勋给咨议局写了一封复函：

查议员陈炯明（理由）书大致以分类分区，不如定期一律禁绝。

---

[1] 陈炯明《在广东咨议局对厉行禁赌的发言》。段云章、倪俊明编《陈炯明集》（上），中山大学出版社，1998年版。

[2] 陈炯明《审议禁赌筹抵修正案》。段云章、倪俊明编《陈炯明集》（上），中山大学出版社，1998年版。

惟饷项骤绌，不能不另行筹措，责之乡邑，实属偏枯，筹自全省，始见均平等语……今日筹抵问题，须先从事实上着想，法律上之效力，但能拘束未来，而不能追溯既往……广东赌饷自光绪十年奉旨弛禁，二三十年来，继长增高，虽有历任贤明大吏，亦不能不从筹抵着手。当国家行政费，地方行政费未分之际，此项防练新旧军各费，势不能取偿于中央……前任张督（人骏）部堂奏覆禁赌折内，声明无论筹得何款，均先拨抵赌饷。本署部堂奏折内，亦声明与司道等，筹有的款，分别减禁，何尝尽责于一乡一邑……现在预备立宪，迭奉谕旨，官民共尽责任，此次交议之意，无非以责任二字相为期望，以议员等为之模范，庶免徒托空言。①

复函基本否定了陈炯明修正案，最后一句话，显然是告诉议员们，总督把议案交给你们讨论，无非是要你们举手通过，不是要你们指手画脚，说三道四的。

事实上，咨议局并不具立法权力。总督对咨议局，处在监督的地位，如果不同意咨议局的决议，可以不必施行，也可以要求咨议局复议；而且在必要时，总督可以下令咨议局停议，如果认为咨议局的决议"有轻蔑朝廷，或妨害国家治安等情形"，甚至可以奏请解散咨议局；相反，总督如有侵夺咨议局权限，或违背法律情形，咨议局却不能提出弹劾，只能呈请资政院劾办。

广东咨议局的第一次年会，原定11月22日闭幕，后来因为议案太多，讨论费时，袁树勋批准延期十天，于12月2日闭幕。议事二十五条，从其结果可以看出，咨议局的权力，实在非常有限，官府

---

① 引自陈定炎《陈竞存（炯明）先生年谱》。台湾，桂冠图书公司，1995年版。

可以理你，也可以不理你：

如何筹款以抵偿禁赌后所损失之赌饷（这条由总督撤回，未向咨议局再行请议）。

撤销警保局。警保局是在政府的警察局成立前，由绅商所设立的（已为总督批准）。

改良监所（总督尚未决定）。

由祖传族产（尝产）拨款兴办家族工艺（总督尚未决定）。

设立游民教养院（总督尚未决定）。

联合教育会与劝学所（总督尚未决定）。

调查公费，支配学费（总督尚未决定）。

裁撤善后局（总督不批准，该局于12月初改称为筹饷局）。

澳门中葡勘界事（总督尚未回复）

筹拟粤省禁烟（总督尚未决定）。

革除差役，代以警察（总督尚未决定）。

统一本省财政（总督尚未决定）。

请部取缔外人游猎章程（总督尚未决定）。

请查绝户不准粮差讹索（总督尚未决定）。

选举劝学所总董，停止由政府指派（总督尚未决定）。

恩平仍隶肇庆（总督尚未决定）。

防止乡族械斗（总督尚未决定）。

设立女子小学（总督尚未决定）。

保护内河航路（总督尚未决定）。

筹办简易识字贫民院（总督尚未决定）。

地方官员调查杀案，旅费由政府负担（总督尚未决定）。

监督监所改良之办法（总督尚未决定）。

政府鼓励民间商界，组织民团或商团，以保治安自卫（总督尚未决定）。

诉讼保释条理（总督尚未决定）。

如何清除盗匪（此议交审查会拟订详细条例与办法）。

官府对付民意的办法，就是一个"拖"字诀。拖到最后，希望不了了之。但这却不是一个能够"拖"的时代。自戊戌变法被镇压至今，政府的合法性资源，已被耗去十之八九了，现在，最想拖的是政府，最拖不起的也是政府，再拖就要崩盘了。官府的不作为，逼迫着议员们做出选择：要么争取更大的合法权力，要么放弃合法途径，走向革命。

陈炯明就是在这样的环境中，愤然走向革命的。

风起云涌的国会大请愿

各省咨议局第一次年会结束后，情绪高涨的议员们不愿就此各散东西，他们觉得串连一起，可以做更多的事情。张謇与江苏省的议员们商议，不如趁此机会，联合各省督抚和各省咨议局，发动一次全国性的大请愿，要求朝廷召开国会，组织责任内阁。

张謇的主张，得到大家的积极响应，经商议后，决定由江苏巡抚瑞澂联络各省督抚，张謇联络各省咨议局。12月7日，七省咨议局议员代表应邀齐集上海，在预备立宪公会事务所召开联席会议。未几，又有九省议员代表陆续抵达，总人数达五十多人。广东的陈炯明，便是代表之一，出席了这次集会。

大家推举福建省咨议局副议长刘崇佑为主席，先后开了六次会议。在纵谈中国立宪前景时，人人握拳透爪，情绪激昂，有如一堆篝火，把冬天的严寒，驱散得无影无踪。会上，来自湖南的代表罗杰、刘善渥向大家展示了由长沙修业学校教员徐特立断指所写"请开国会，断指送行"的八字血书，更把会场气氛，推到了沸点。

大家推举直隶代表孙洪伊、湖南代表罗杰等三十三人组成"咨议局请愿联合会"，定于12月底前往北京请愿。张謇设宴为他们钱行。致词时，张謇以沉痛的语气说："悲乎哉！二千年沉暗之人民，今乃得以与忧国家之忧为大幸乎！"

这一声浩叹，把人们内心搅得如刀剜一般痛楚。难道中国人真的是劣等种族，不配生活在更好的政治制度之下吗？难道中国人真的如此不幸吗？张謇说："幸而先帝之明，上师三代，旁览列国，诏定国是，更立宪法，进我人民参预政权之地，而使之共负国家之责任。是古之君子所谓'国之兴亡，匹夫有责'之言，寄于士大夫心口之间。今之责不必士大夫，而号称列于士大夫者顾或诿焉，而可无疚于心乎？"

[张謇接着说]我中国神明之胄，而士大夫习于礼教之风，但深明乎匹夫有责之言，而鉴于亡国无形之祸，秩然秉礼，输诚而请，得请则国家之福，设不得请而至于三、至于四、至于无尽，诚不已，则请不已，未见朝廷之必忍我负人民也。即使诚终不达，不得请而至于不忍言之一日，亦足使天下后世知此时代人民固无负于国家，而传此意于将来，或尚有绝而复苏之一日。①

人们都被张謇的凛然正气打动了。然而，细细咀嚼这段话，却充满了悲观的苦味，请愿乃基于"未见朝廷之必忍我负人民也"这个善良的前提，但如果朝廷硬是要用斧锁与监牢来回应人民的输诚呢？如果朝廷真的颟顸到硬是"必忍我负人民"呢？那时又该怎么办？还有第二条路可走吗？张謇神情悲壮地说，那就只能付与后世了。让后人知道，我们这一代人，已经做了我们该做的事情了。

张謇还亲自写了一篇《请速开国会建设责任内阁以图补救意见

---

① 张謇《送十六省议员诣阙上书序》。《辛亥革命前十年间时论选集》（三），三联书店，1977 年版。

书》，交由请愿代表送往北京，准备递交给摄政王。他在意见书中质问朝廷，所谓九年后开国会，其理由是各省地方财政与人民程度参差不齐，所以一定要等全国一千七百多州县的自治，都按时间表完成了，才能开国会，这虽然是最稳当的办法，但问题是现在中国在列强环伺之下，命悬一线，危在旦夕，列强的蚕食与鲸吞，都不会等九年后才开始。张謇明确提出，必须把开国会的日期，提前到 1911 年。

　　12 月 28 日和 29 日，三十三人的请愿代表团分两批登上京汉路火车，向着大雪茫茫的帝都出发了。1910 年 1 月 16 日，请愿团踏着厚厚的积雪，步行到都察院递交由孙洪伊领衔的请愿书。1 月 30 日，再递交孙洪伊等人的"恳请速开国会呈"和满族代表文耀的"请一年内开国会呈"。并把请愿书的副本送给了各王公大臣，争取他们的支持。奕劻、那桐、载涛、毓朗、鹿传霖、戴鸿慈等人，纷纷表示同情，并愿竭力相助。

　　政府倒没有抓捕请愿代表，更没有用斧锧与监牢招待他们，而是客客气气，优礼相待，好言安抚，但最后却拒绝了请愿书的要求。1 月 30 日，内阁奉上谕，坚持九年预备期不变，理由仍然是"我国幅员辽阔，筹备既未完全，国民智识程度又未画一"之类的陈词滥调。上谕称："俟将来九年预备业已完全，国民教育普及，届时朕必毅然降旨，定期召集议院，庶于励精图治之中，更寓慎重筹维之意。"①

　　朝廷的顽固态度，反而更激起了民间高涨的请愿热潮，原来的请愿是咨议局议员为主，现在，各行各业的人士都开始直接向朝廷递交请愿书了。大家下了"至于三、至于四、至于无尽"的决心，

_____

① 《俟九年预备完全定期召集议院谕》。《清末筹备立宪档案史料》（上），中华书局，1979 年版。

充满了一种溅热汗，未怕累，溅热血，未畏惧的热情，誓要中国这片古老的土地上种出自由花。徐特立的血书被印成传单，分送各省，见人辄给，广为散发。直隶省的戏剧界人士，把徐特立断指血书的故事，编成新戏演出。2月6日，请愿团组成"请愿即开国会同志会"和酝酿组织"各省咨议局联合会"，继续请愿，对朝廷进一步施加压力。

立宪派在北京召开会议，决定了两件事，一是联合全国咨议局及各界民众，呈请政府废除立宪年限，立即召集国会后，再由国会协议宪法；二是由各省咨议局议员筹款在北京创办一份日报。并推举徐佛苏为请愿国会和日报的主撰人。

梁启超精神大振，那些日子，他几乎是夜以继日、不眠不休息地伏案撰文，为国会请愿运动鼓与呼。他的一系列文章《论政府阻挠国会之非》《为国会期限问题敬告国人》《国会期限问题》《立宪九年筹备案敬跋》发表后，都在立宪派阵营中争相传阅。

梁启超的心早已飞回国内，飞到北京。徐佛苏在北京成为梁启超与国内立宪派之间的联络人，与孙洪伊、汤化龙、林长民等人"通简政论，联络公义私交"，立宪派的报纸《国民公报》创刊后，"（梁启超）先生于开办数月之内，每三四日寄文一篇，畅论国民应急谋政治革命之理由，言论精透，胜于《新民丛报》"。①《国民公报》迅速成为立宪派的舆论核心。

5月的阳光照耀着北京。愈来愈多的立宪团体、商会、学会代表，

---

① 徐佛苏《梁任公先生逸事》。引自丁文江、赵丰田《梁启超年谱长编》。上海人民出版社，1983年版。

像融冰后的河流，从全国各地奔淌而来，带着喧哗，带着憧憬，在这座古城碰撞，相激相荡，形成滔天巨浪。各民间团体与原来在京的各省咨议局代表联合组成一百五十多人的庞大请愿团，以"北京国会请愿同志会"名义，发起第二次国会请愿。

6月16日，由各省咨议局代表孙洪伊、各省商会代表沈懋昭、苏州及上海商会代表杭祖良、南洋二十六埠中华商会代表陆乃翔、各省教育会代表雷奋、各省政治团体代表余德元、各省绅民及旗籍代表李长生、文耀等十人为领衔代表，向都察院递交了有各界民众三十余万人签名的请愿书。

这是一个历史应该永远记住的场面，代表们迎着强权而上，坚决不后退，从冬天坚持到夏天，他们向全世界传递着一个强烈的信息：中国人醒了！中国有希望了！

据说，载沣看到请愿书后，也被三十万人的签名震撼了，曾一度犹豫，是否应该让步，但最后决定还是不能屈服于民意，因为担心一旦让步，民众的其他要求，就会像潮水一样涌来，令朝廷无从应付。6月27日，朝廷降谕，仍坚持国会九年预备之期，不容变更。

6月29日、30日，代表团连续开了两天会议，会后通电全国，不惜与反对势力展开拉锯战，发动第三次请愿运动，誓言"矢以百折不挠之心，持以万夫莫拔之力，三续、四续、乃至十续，或可有望成功"。孙洪伊也声称："我等受父老重托，为天下所仰望，苟不得到开国会之目的，我孙某抵死不出京城一步也。"①

入夏以后，气氛愈加炽烈。7月1日，一千多留日学生在东京锦辉馆举行集会，声援请愿代表团，呼吁留学生积极参加第三次国民

①《申报》，1910年7月17日。

大请愿。7月16日，山西国会请愿团抵达北京，受到各界热烈欢迎，在京的晋籍官员都到火车站与代表们见面，互相激励。南洋、美洲和日本等地华侨的声援电报，如决堤潮水般涌来。7月22日，一份有两万余人签名的请愿书，呈递到宪政编查馆。

8月10日，由国会请愿代表组成的"各省咨议局联合会"在北京正式成立，会长汤化龙。这个团体与"请愿同志会"，宗旨一致，范围不同，联合会是纯议员团体，而同志会则是社会各界的联合团体。8月12日，联合会召开会议，提出的议案，包括"陈请修改结社集会律"，要求有更大的结社与集会自由，还有"请速开国会提议案""请迅定官制提前施行提议案""请开国会公呈"等。

"各省咨议局联合会"向外界发表一份纲领性的意见书，长达一万四千余字，其要领可概括为三条，代表了当时立宪派的基本观点：

一、我国若能速开国会，可以革除一切贫弱之源。我国贫弱之源，一在君民情感不通，二在官僚不负责任，三在财政困窘。若能速开国会，则以上数弊皆可免除。

二、我国事实上有决可速开国会之理由。官僚反对速开国会，理由凡三：一谓资政院与国会相似，二谓人民程度不足，三谓预备各事尚未完全。实则资政院与国会性质绝对不同，人民程度无不足之虑，筹备宪政各事亦无不完全之虑。

三、我国人民欲速开国会，当有政党之预备。我国今日若有政党，可以集合多省人士以扩充请愿之声势，可以养成他日大党之精神及其基业，可以消弭地方党派之弊害，可以矫正一切不正当之舆论。国会请愿同志会为政治结社，与政党相近。[①]

没有结社、组党自由的立宪，不是真立宪。因此，推动开放党禁，成了请愿运动的一个重要目标。据《梁启超年谱长编》说："是年运动开放党禁的事，从夏秋间就开始进行。主持其事的是先生（梁启超）同学潘若海、麦孺博、长寿卿。他们运动的门径大概是载涛、载洵、善耆等几个人。"[②]

10月7日，孙洪伊、李长生、温世霖率领代表团前往摄政王府请愿。来自东北的学生代表赵振清、牛广生在路上拦住他们，声色俱厉地高呼："国家瓜分在即，非速开国会不能挽救，今第三次请愿势不能再如前之和平！学生等与其亡国后死于异族之手，不如今日以死饯代表诸君之行！"[③]

他们边说边拔出刀子，要当场切腹，以明心迹。大家大吃一惊，纷纷上前劝阻。两人见自杀不成，便趁着人群混乱，挥刀从自己的胳膊和腿上各割下一块肉，把鲜红的血抹在请愿书上，奋臂疾呼："中国万岁！""代表诸君万岁！"然后咬牙忍痛，踏着悲凉的秋风，踉跄而去。这个血淋淋的场面，令代表们个个触目惊心，人人魄荡魂摇。请愿团到了王府，摄政王避而不见，大家就在王府门前席地而坐，声言不见摄政王，决不离开。最后由肃王善耆出面代收请愿书。

根据立宪时间表，作为国会基础的资政院，如期在1910年9月

① 张玉法《清季的立宪团体》。台湾，中央研究院近代史研究所，1985年2月版。
② 丁文江、赵丰田《梁启超年谱长编》。上海人民出版社，1983年版。
③《申报》，1910年10月14日。

23 日正式成立。资政院设总裁，在王、公、大臣内特简；副总裁，三品以上大臣内简充，下设秘书厅，有秘书长、秘书等。资政院议员分钦定、民选两种，共二百人。新疆因咨议局尚未成立，缺少两名民选议员，钦选议员也减少两名。钦定议员包括宗室王公世爵十六人，满汉世爵十二人、外藩王公世爵十四人、宗室觉罗六人、各部院官三十二人、硕学通儒与纳税多额者各十人，均由皇帝委派。民选议员由各省咨议局推选。

10 月 3 日，资政院召开第一次会议，摄政王载沣到会致开幕词。这时，全国的请愿活动，相继迭起，呈现一派凄凉悲壮的气象，资政院自然不能置身事外。10 月 9 日，请愿团向资政院递交了请愿书。资政院是国会的过渡形式，议员们当然希望国会愈早开愈好了。

湖南议员罗杰在发言中，提出三点要求：一、本院议员应全体赞成通过速开国会案；二、议长应从速上奏；三、摄政王应即允速开。他警告说，现在国民之断指、割臂、剔股者相继，都表示以死请愿的决心，朝廷不可忽视。此案付表决时，全体与会者一致起立通过，议员们无不欢呼雀跃，一齐喧声呼喊："大清帝国立宪政体万岁！" 10 月 26 日，资政院一百四十一名出席议员，一致通过了请速开国会的奏稿。28 日，资政院总裁溥伦把奏稿连同三个附件，一并上奏朝廷。

有了资政院做后盾，请愿活动更加升温了，并迅速向全国各地蔓延，形成一股声势浩大的风潮。直隶省爆发了示威游行，两千多民众在天津举行请愿大会后，列队前往总督署递交请愿书，要求总督陈夔龙代奏。

10 月 16 日，河南开封召开请愿大会，三千多人包围了巡抚衙门，群情激昂，呐喊不绝，宣称如果请愿失败，"学则停课，商则罢市，工则休息作，咨议局亦不许开会"，直到巡抚答应代奏才散去。

10月9日，保定各学堂宣布罢课，要求速开国会。

10月23日，山西太原有一千多人集会，要求朝廷速开国会。陕西也有万人大会，会后游行到巡抚衙门请愿，递交了五千余人签名的请愿书。

10月30日，福建九府二州五千多人集会，前往巡抚衙门请愿。同日，四川有六千余人大会，要求明年即开国会。

各级官员也开始卷入请愿运动了。10月5日，云贵总督李经羲、湖广总督瑞澂联名奏请朝廷"设内阁以立主脑，开国会以定人心"；10月24日，广西巡抚张鸣岐奏请设责任内阁。紧接着，东三省总督锡良、吉林巡抚陈昭常、黑龙江巡抚周树模、湖广总督瑞澂、两广总督袁树勋、云贵总督李经羲、伊犁将军广福、江苏巡抚程德全、安徽巡抚朱家宝、山东巡抚孙宝琦、山西巡抚丁宝铨、河南巡抚宝棻、新疆巡抚联魁、江西巡抚冯汝骙、湖南巡抚杨文鼎、广西巡抚张鸣岐、贵州巡抚庞鸿书等十七省地方大员联名奏请1911年召开国会，设立责任内阁。

在亲贵枢臣中，载涛、载洵都是极力主张速设责任内阁与缩短国会年限的。载涛在枢臣会议上明确表态："国会早开一日，则中国早治一日，士民得参政权，担任国责，上下一心，共谋进步，中国之危局可于是挽回。"[1]载洵出国考察海军回国后，也对载沣痛陈利害，他指出中国目前的情况，不仅军队与外国相差天壤，而且行政立法等事，亦纷乱异常。他引用美国总统对他说的一番话：中国的危状"几有不可终日之势，再迟一二年后恐吾国将无以自存"。[2]载洵建议最

①《时报》，1910年11月4日。
②《申报》，1910年11月14日。

好明年就开国会。载沣闻言，欷歔不已。

载泽、溥伦每次见到载沣，总是喋喋不休劝他尽快召开国会，以救陆危而慰民望。溥伦把载泽邀请到资政院演说财政问题，载泽把"财政危迫种种，并种种无法，而归结于国会不可不速开"。[①] 载沣被他们烦得受不了，只好答应："姑缩一年。"溥伦缠着说："至少缩三年。"《时报》上描写载、溥二人的对话，就像在集市买菜讨价还价一样：

（载沣问溥伦）情势如此，期限不能不缩，然则一年可乎？对曰：不可。又曰：二年可乎？对曰：不可。大抵至少之非缩短三年，不足以餍天下之望。监国默然。[②]

事态闹到这一步，几乎所有人都深信，这回朝廷无路可退了，非让步不可了。11 月 3 日、4 日，连开两天御前会议，但枢臣意见分歧，非常尖锐，奕劻反对让步，他说：人民程度太浅，速开国会恐致召乱。毓朗说："国会不开，一切新政决办不下去。"双方激烈争吵，奕劻"声色俱厉，至于拍桌震翻茶碗"。[③] 最后决定 1913 年召开国会，即将原定的九年预备期，改为五年，缩减了三年。当天对外宣布，同时勒令民政部和各省督抚解散各种请开国会的代表组织。

骤然缩短三年预备期，打乱了朝廷原定的时间表，种种举措难免顾此失彼，不得不重新制订五年预备期的时间表：

---

① 《申报》，1910 年 11 月 4 日。
② 《时报》，1910 年 11 月 5 日。
③ 《民立报》，1910 年 11 月 18 日。

1910 年：厘定内阁官制，颁布新刑律，续办地方自治，续办各级审判厅。

1911 年：颁布内阁官制，设立内阁，续办地方自治，续办各级审判厅。

1912 年：宣布宪法，颁布议院法，颁布上下议院议员选举法，举行上下议院议员选举，续办地方自治。

1913 年：实行开设议院。

缩短三年的上谕一颁布，京城内外的店铺纷纷张灯结彩，悬挂龙旗，民众举行提灯会庆祝，六街三市，一片欢腾。但立宪派对不能在次年召开国会，却颇感失望。张謇认为政治需要适当的妥协，他致电代表团，认为缩短三年，也是一个成果，可以接受，但很多人都不认同张謇的观点，反而鼓吹把抗议行动升级，不惜以流血争自由的声音，渐渐多了起来。

孙洪伊和湖北汤化龙、四川蒲殿俊等请愿运动领导者，在北京召集请愿团代表会议，决定解散请愿团，保留同志会的名义，宣布四项政见：一、督促政府速立新内阁。二、要求参与制定宪法。三、请开放党禁。四、灌输国民政治知识。同时在北京成立"宪政研究会"，为将来成立政党做准备。

然而，这时在代表团中，许多人对请愿已不再抱幻想，转而开始密谋革命了。据徐佛苏记述，在会上，已有"公决革命"之议，"即以各咨议中之同志革命之干部人员，若日后遇有可以发难之问题，则各省同志应即竭力响应援助起义独立云云"。[1] 立宪派开始向革命

---

① 徐佛苏《梁任公先生逸事》。引自丁文江、赵丰田《梁启超年谱长编》。上海人民出版社，1983 年版。

派靠近了，但朝廷还懵然无知，以为只要请愿团离开北京，耳根清净了，天下就太平了。

大家在凝重的空气中，起草《通告各省同志书》，字里行间，透着无限的沉痛："千气万力，得国会期限缩短三年。心长力短，言之痛心。"[1]

---

[1]《通告各省同志书》。《东方杂志》，第七年第十二期。

第六章　天将变

同盟会的内讧

1908 年 10 月，《民报》被日本政府查封，导致同盟会内部的矛盾，全面爆发。

章太炎 1906 年出狱，东渡日本之后，《民报》交由他主编，在 1908 年 8 月 10 日出版的二十三号上，刊登了由副主编汤公介写的一篇文章《崇侠论》，其中有云："与其阴柔操纵，固不如狙击特权，惩创富恶。"又云："得一英雄，诚不如得一烈士。英雄罕能真，烈士不可以伪也。"公开鼓励人们学习吴樾，实行暗杀。在二十四号上又有《革命之心理》一文，都是激励侠风，主张以暗杀为急务的。10 月 10 日，日本政府应中国政府之请，以《民报》文章有激扬暗杀，破坏治安之嫌，下令封禁，不准发行。

《民报》发行人兼编辑人章太炎在日本与警方努力周旋，据理力争，希望能够解除封禁命令，黄兴、宋教仁主张聘请律师，向法庭控告日本政府违法，但这一切都白费气力，法庭最终判《民报》败诉。事情闹了几个月，把章太炎闹得精疲力竭，几乎想出家当和尚了。他和黄兴、宋教仁商量，打算把《民报》迁到美国复刊，连护照也办了，但终于没有去成。

1909 年春，孙文在南洋筹款，光复会的陶成章也在南洋筹款，两拨人马撞在一起，冤家路窄，同盟会的名气比光复会大得多，孙文的名气也比陶成章大得多。陶成章虽然是个大才子，能背诵二十四史里的精彩篇章，但很多华侨只认孙文，不知陶成章何许人也。陶氏化缘，处处碰壁，想请孙文给他写封介绍信，也遭到孙文婉拒，于是内心的积怨，急剧发酵变味，翻上水面。

不痴不狂，其名不彰。陶成章索性起草一份《孙文罪状》，对孙文大张挞伐，声言孙文之罪，"罄南山之竹，书罪无穷；决东海之波，流恶无尽"。列举其"残害同志""蒙蔽同志""败坏全体名誉"等三大罪共十二项，强烈主张开除孙文总理之名，发表罪状，遍告海内外；另订章程颁布南洋各机关，令其直接东京总会，嘱令南洋支部章程一概作废；再开《民报》机关，等等。

同盟会南洋支部办有一份《中兴报》(原名《中兴日报》)，陶成章在攻讦孙文时，连带《中兴报》一并攻击，指责孙文把资金都投到《中兴报》，任凭《民报》断炊，是想扼杀《民报》。其实，孙文用漫天夸大、连哄带骗、开空头支票的方法筹款，迫于无奈，容或有之，但他把有限的资金，都投到了在国内策动起义上去了，也是事实。所谓以断粮之法扼杀《民报》，实在是凭空臆想。南洋华侨刊登启事辟谣："夫《中兴报》为有限公司，全是华侨资本。虽为开通民智起见，仍含营业性质，吾同人亦有附股者，何硬指为孙君所办？"[1]

事实上，当时孙文、黄兴都在计划《民报》复刊，日本不准出，就托名"法国巴黎濮侣街四号"(《新世纪》杂志地址)为总发行所，实则编辑、印刷等仍在日本秘密进行。黄兴希望由汪精卫负责复刊工作。汪精卫便从南洋去了日本。

陶成章马上意识到，汪精卫一接手，便意味着他和章太炎都要

---

[1]《中兴报》，1909 年 12 月 8 日。

出局了。章太炎在知道《民报》复刊，不再由他主编后，勃然大怒，又听说由巴黎《新世纪》为总发行所，更加怒火万丈。因为《新世纪》是吴稚晖办的，当年在爱国学社事件上，吴稚晖与章太炎、邹容曾唱对台戏，双方早就如同敌国。现在，新怨旧恨，交织于心，章太炎起草了一篇《伪〈民报〉检举状》，对复刊的《民报》大泼污水，横加指责，并以"原《民报》社长章炳麟白"的名义，逢人辄给，广为散发。

这时《民报》还没正式复刊，章太炎这么一闹，等于给《民报》复刊做了广告，人人都知道《民报》要复刊了。东京的《日华新报》上发表了这篇檄文；11月，立宪派在新加坡的《南洋总汇新报》也全文刊登，轰动一时。

检举状说胡汉民、汪精卫甘为孙文心腹，在《民报》上标榜孙文，或说孙文把云南出卖给法国，或说汪精卫像杨秀清，这些指控都很无聊，近乎谩骂而已，明眼人一笑置之，其中最具杀伤力的指控，是说孙文"怀挟巨资，而用之公务者计不及一，《民报》所求补助，无过三四千金，亦竟不为筹划，其干没可知已"。[1]

同盟会内的财务一向不太透明，当初孙文收受了日本政府的赠金，同志多不知情，颇招物议，所以对章太炎的指控，很多人半信半疑。这是最令孙文愤怒之处。他致书吴稚晖，请他在《新世纪》上公布事实真相。孙文在详细说明历年筹款的具体用途之后说："自我一人于此两年之内，除住宿旅费之外，几无一钱之花费，此同事之人所共知共见也。而此期之内，我名下之钱拨于公用者一万四千元，家人

---

[1] 章太炎《伪〈民报〉检举状》。引自汤志钧《章太炎年谱长编》（上）。中华书局，1979年版。

私蓄及首饰之拨入公用者亦在千数百元。此我'攫利'之实迹，固可昭示于天下也！"①

黄兴虽然在国旗问题上与孙文产生龃龉，但当陶成章、章太炎攻击孙文时，却义不容辞地站在孙氏一边，为他辩诬。黄兴一口气写了《为陶成章诬谤事致孙中山书》《为陶成章等诬谤孙中山事致巴黎新世纪书书》《致各同志望同心协助函》等公开函，强烈谴责陶、章等人妄造黑白，砌词诬陷的手段。

双方互揭"丑闻"，互相攻击，闹得满城风雨。这边说孙文是贪人钱财的江湖骗子，那边说章太炎是托有神经病而鱼肉侪辈。事情恶化到孙文怀疑陶成章要暗杀他，而光复会也有人怀疑孙文曾运动人暗杀陶成章。一时间匿名函、冒名函满天飞，东京同盟会总部致函各报馆：

敬启者，同盟会总理孙君，今春由南洋起程赴欧，将由欧来美，想各位同志已有所闻。本处风闻于孙君未抵美以前，有人自东京发函美洲各埠华字日报，对于孙君为种种排挤之辞，用心阴毒，殊为可愤，故特飞函奉白：

一、按本会章程，如总理他适，所有事务由庶务代理。故凡公函必须有庶务签名，及盖用同盟会之印者方可认为公函。

二、如非公函，而函中有多数会员签名者，则作为会员之函件，请将其姓名暨所陈之事实，抄录一通寄来敝处，俾得调查考核，以明是非曲直之所在。

三、如系匿名之函，则其为清廷侦探奸细之所为毫无疑义。近

---

① 孙文《致吴稚晖函》。《孙中山全集》（一），中华书局，1981 年版。

日奸细充斥，极力欲摇撼本党，造谣离间之事，陆续不绝，同人可置之不理。①

当时消息之紊乱，气氛之紧张，由此可见一斑。《民报》《中国日报》《日华新报》《中兴报》《新世纪》等报刊，都卷入了这场混战之中，孙文一派的报章，大批章太炎，从他提倡佛学批起，批到他提倡无神论；从批他挑动日人恶感情，到批他投靠端方。

两年前，章太炎一度想到印度出家，当时苦于没有路费，曾试图向张之洞要钱，承诺只要张氏资助巨款，他将不再过问政治，并辞去《民报》编辑，但没有搭通路子。1907 年，同盟会员刘师培、何震夫妇回国，投靠了端方。章太炎与刘师培都是古文迷，感情一向很好，章氏便写了几封信给刘氏夫妇，请他们想办法从端方处谋点钱。后来，章太炎和何震闹翻了，刘氏夫妇一怒之下，把章太炎的信交给黄兴，希望他公之于众，证明章太炎叛变革命。

最初黄兴是不愿意公开信件的，以免引起内讧。但自从章太炎发表检举状后，黄兴与东京总部的同志，无不咬牙切齿，为了反击章氏，决定以《章炳麟背叛革命党之铁证》为题，在《日华新报》上公开了刘师培致黄兴的揭发信，以及章太炎的几封信件。

原来支持章太炎的《日华新报》，在看到材料后，立即反戈一击，大骂章氏："呜呼！章氏休矣！己不正而欲正人，一何可笑之甚耶！"②吴稚晖也在《新世纪》上把章氏的信函全文照登，并把何震的信和章

---

① 引自罗刚《中华民国国父实录》（二）。台湾，财团法人罗刚先生三民主义奖学金基金会，1988 年版。

② 《星洲晨报》，1910 年 1 月 18 日。引自杨天石《从帝制走向共和》，社会科学文献出版社，2002 年版。

氏的信转给了《美洲少年报》，又再刊登一次。南洋各地的党人，纷纷指责章太炎"自私、褊袒、心胸狭小、邪恶、不顾革命知识分子之名誉"。

揆诸事实，真正投靠端方的是何震，而非章太炎。章太炎虽然伸手向端方要钱，但并没有做什么损害同盟会的事情。

孙文的性格，永不言败，愈战愈勇，环境愈恶劣，愈能表现出乐观、坚毅的精神。他在12月初致函吴稚晖，称目前党内的内讧分裂，正是冬去春来的征兆。他说："际此胡氛黑暗，党有内讧，诚为至艰危困苦之时代，即为吾人当努力进取之时代也。倘有少数人毅力不屈，奋勇向前，支撑得过此厄运，则以后必有反动之佳境来也。"[1]孙文能够成为一个时代的领袖，确实有其超乎常人之处，让人不能不服。

1910年1月1日，复刊后的《民报》第二十五号出版。《新世纪》刊登广告云："民报后二十五号已竟告成，由汪君精卫一手所编辑。汉民、民意诸君皆有述作，章太炎氏因未经参与，忽发简骧之牢骚，妄肆诋諆，骂为伪民报。东洋党人皆不直章君之所为，群起攻斥。因此一段故事，续刊之民报，一时愈为党界所欢迎，同人已接得样本，寄三百册在途。倘诸公欲先睹为快者请寄所在地之邮票，函到即照尊址寄上。"[2]好像为这场大风波，作了一个小结。2月1日《民报》又出版了第二十六号。其后，因汪精卫离开日本，又再停刊。

2月，光复会在东京成立总部，章太炎任会长，陶成章任副会长，他们把目标盯着南洋荷属爪哇各地，希望能自树一帜，与同盟会分庭

---

① 孙文《复吴稚晖函》。《孙中山全集》(一)，中华书局，1981年版。
② 引自吴相湘《孙逸仙先生传》(上)。台湾，远东图书公司，1982年版。

抗礼。但奔走了大半年，进展甚微，连机关刊物《教育新语杂志》也因经费困难，办不下去了，亏损极大，陶成章自认"居东京实在难以过日也"。成立光复会时，陶成章亲撰《布告同志书》，历数孙文之非。原来心雄万丈，要遍寄海内外同志，但最后却连邮费也筹不足，只寄了九份出去，有如投石入海，连泡泡都激不起一个，不禁意兴阑珊地说："余皆不寄了，从此以后，不欲与之胡闹矣！"①

回想当初，章氏出狱，孙文盛意拳拳，邀其东渡，主编《民报》，在《民报》周年纪念大会上，孙、章二氏登台演讲，指点江山，意气横逸，一起与梁启超论战，相约鼓吹革命，那是何等豪壮的气象，没想到，才两三年时间，竟闹到反目为仇，恨不得把对方打入十八层地狱，令人为之一叹。

---

① 引自吴相湘《孙逸仙先生传》（上）。台湾，远东图书公司，1982 年版。

军队开始掉转枪口

当因《民报》复刊引发的闹剧，在海外闹得沸沸扬扬之际，同盟会在国内却取得了令人惊喜的进展。孙文曾一度坚信，潜伏于草莽的三千五百万会党，将是革命的主力军，但自从1900年惠州三洲田起义迄今，已经十年了，会党的起义，统统失败，证明这些江湖好汉，不过是一群意志不坚、缺乏组织、没有计划的乌合之众，打家劫舍还行，要和大清王朝争江山，则差一大截。何况策动会党暴动，是靠大量金钱堆出来的，同盟会筹款本来就很难，现在加上陶成章、章太炎的阻挠，就更加难上加难了。因此，必须另辟蹊径。

经河口之役后，同盟会开始把注意力转移到军队。在广东，首先是新军。用胡汉民的话来说："时广东全省军队万余，惟新军有训练，器械精良，得新军则他军无难制驭。"但孙文仍觉得军队不如会党，胡汉民解释，以往的经验证明，会党首领都是难用的，乌合之众不足恃，应注全力于正式军队。

孙文说："会党性质我固知之，其战斗力自不如正式军队，然军队中人辄患持重，故不能不以会党发难，诸役虽无成，然影响亦不细。今后军队必能继起，吾人对于革命之一切失败，皆一切成功之种子也。"

胡汉民耐心地说："先生所言，不啻革命之哲理，党人自应有必收最后胜利之确信。"但军队也不是花岗岩,"余察军队中标统(团长)以上官,往往持重,其部队未有革命之思想,则更无怪其然。军队运动,宜加注重于连排长以下。"①

　　经过再三讨论,孙文接受了胡汉民等人的意见。于是在《同盟会革命方略》中,加进了"招军章程"和"招降清朝兵勇条件"两章。从此,把目光转向军队。"此为革命方略一大转变"(胡汉民语)。

　　1909年5月,胡汉民从南洋回到香港,筹组同盟会南方支部。到这年秋天,在广东新军里,已经有3000多官兵加入了同盟会。所有盟约都保存在香港的南方支部总机关里。胡汉民是南方支部的支部长,汪精卫担任秘书,胡毅生负责民军组,朱执信、陈炯明是支部的实行委员。陈炯明随丘逢甲赴上海参加各省咨议局议员代表会议,在上海加入了同盟会,没有参加赴京请愿团,便折返广州。

　　同盟会在广州新军里取得如此好的成绩,全赖两个人的努力,一个是赵声,一个是倪映典。赵声在钦防之役后被革掉标统军职,转入广州的陆军学校任职,继续从事联络活动。倪映典是安徽合肥人,早年跟随父亲习医,后来进了武备学堂,进修炮兵和马术,毕业后当过炮标队官、新军骑兵营管带、炮队管带。江浙和安徽一带多次革命党起义,都有他的份,受到官府的怀疑,不得不改名南下,由赵声安排,潜伏在广东新军里,当了一个排长。

　　倪映典便利用排长这个小小的职位,在军队中积极发展组织。后来被协统察觉,令他辞去军职,从此奔走于广州与香港之间,担任同盟会和广州新军的联络人。他把从香港带回来的书刊《革命先锋》

————————

① 《胡汉民自传》。存萃学社编《胡汉民事迹资料汇辑》(一),香港,大东图书公司,1980年版。

《外交问题》《立宪问题》，在新军士兵中散发；每逢假日，便与士兵到白云山濂泉寺聚会，演讲革命。

他们把洪秀全、岳飞、韩世忠和满清入关，扬州十日、嘉定三屠、两王入粤等编成故事，共编了三十几章，每次和士兵们讲一章，开始一周讲两次，后来讲一次，名为"讲古仔"。晚上高级长官都回城里去了，军营中便成了下级军官与士兵的天下，他们到营外散步，听古仔，很快便与革命党人结成朋友了。

据负责运动军队的党人姚雨平说，他们对愿意革命的士兵，还有奖励，"对工作积极的，曾奖以手表，并对他们说：如果对革命有功，可以受到升级奖励，而且可以超级升上去。只要你能掌握一部分军队起义，这部分军队立即归你指挥，并即刻升你为这部分的官长"。[1]因此士兵们非常踊跃。

孙文的长兄孙眉、香港同盟会会长冯自由的妻子李自平、胡汉民的妻子陈淑子和徐宗汉（后来成为黄兴的妻子），在香港日夜不停地缝制军旗，购置军事用品。由李、陈、徐三位女子秘密运送回广州。几乎所有人都深信，这是一次必胜无疑的起义。

广州新军第一标的驻地在城东燕塘，四面都是荒山与农田。士兵们在营中无所事事，整天高谈革命，传阅禁书，毫无顾忌。他们深信，再过一两个月，他们就要高揭义旗，杀向北方了。赵声鼓动他们：按照大清律例，死刑执行，公文往返需时三四个月，现在就算被官府抓到，他们也来不及杀人了！士兵们情绪亢奋，纷纷上街雕私章、印名片，以备革命后升官之用；有的士兵买东西嫌价钱贵时，就趾高气

---

① 姚雨平《追忆庚戌新军起义和辛亥三月二十九日之役》。《辛亥革命回忆录》（二），文史资料出版社，1981年版。

昂地对店老板说，再过几个月，你送给我，我还不一定要呢。

1910 年 1 月，倪映典向胡汉民报告，新军运动已经成熟，可以相机起事了。孙文承诺负责筹集两万元（最后只筹得八千元），作为这次举事的经费。胡汉民立即通知黄兴、赵声、谭人凤等人到香港共图大举。

当时黄兴在日本，连到香港的路费都没有，只得望洋兴叹。后来，靠日本友人资助了一点钱，才得以动身。1 月 29 日，黄兴抵达香港。2 月 5 日，谭人凤也到了。赵声在广州，到香港很方便。大家在香港黄泥涌道会所召开会议，决定起义时间。倪映典建议，发难日期定在 1910 年 2 月 12 日，即农历正月初三。大家一致同意。由姚雨平、张醁村负责运动省城附近巡防营，朱执信、胡毅生负责联络番禺、南海、顺德的江湖好汉。据张醁村记述其起义计划：

一、农历新年元旦后的二十天，清朝官吏照例封印休假，因此，我们决定乘其不备，于庚戌年正月初三日发难。

二、起义时由炮兵营开炮为号，各标营闻炮声一齐行动，预先暗集在河南方面的民军，立即向城郊集合听命。巡防新军在广州城内外者，闻炮即行响应，其它驻外地巡防新军相机在原地行动。举赵声为临时总指挥，倪映典副之。

三、由咨议局选举临时民政长官，并暂拟以咨议局副会长丘逢甲（丘虽保皇党人，但曾在台湾搞民主独立运动，同情三民主义，事前曾与赵声相见，甚为契合）、议员陈炯明分别任正副之职。

四、广东全省底定后，即出师北伐，一路由江西出长江，直取南京，一路湖南出武汉；并拟以赵声为总司令，倪映典为副总司令。①

　　倪映典返回广州，在天官里设立机关，作为新军士兵假日聚会的地方。又在官纸局后街、雅荷塘、清水濠、小东门，设立了以女眷为掩护的办事处；府学东街廖家祠、惠爱街占家祠、秉政街拾桂坊、木排头宜安里，全都设立了革命党的秘密机关，遍布城厢内外。陈炯明也以咨议局议员的名义，在大东门租了一间房子，作为收藏军火之用。

　　但士兵们太过得意忘形了，竟让一张空白的同盟会盟单遗落在军营里，被一名军官发现，呈交到督练公所。盟单上虽然无名无姓，但督练公所不敢掉以轻心，马上传令，以新年将届，营地潮湿为由，将新军营中所有子弹、炮弹和枪械、火炮的撞针，一律收缴城内存放，等开操后再发回。

　　倪映典大吃一惊，迅速赶到香港汇报情况，并建议把起义日期推迟到正月十五元宵节。他想利用几天时间去争取巡防营，因为巡防营驻在观音山，居高临下，俯瞰山下的制台衙门和水师提督署，这次收缴武器，没有收巡防营的，如果能争取到他们，把两广总督袁树勋、水师提督李准一举成擒，并非难事。

　　胡汉民、黄兴都同意他的计划，但这时已经是2月9日（农历腊月三十日），轮船公司都放假了，没有船上广州。倪映典只能在香港等到年初一坐夜船走。

　　然而，就这么一天之差，事情便完全变样了。

----

① 张醁村《庚戌新军起义前后的回忆》。《中华文史资料文库·政治军事编》（一），中国文史出版社，1996年版。

2月9日中午，二标三营一名士兵到双门底绣文斋书店印名片，与店老板讨价还价不成，吵了起来，被警察带回禺山关帝庙警局。新军和警察本来就水火不容，听说警察抓了他们的人，驻北较场的第二、三标新军立即成群结队冲出营门，直奔禺山警局，见警察就打。吓得警察不得不脱掉号衣，换成民装站街。当晚，新军协统下令初一、二、三均取消放假，改为开运动会，以免再生事端。

2月10日，大年初一。第二标外出采购伙食的新军士兵，在双门底再次和禺山的警察相遇，又打了起来，新军士兵们闻讯，操起刺刀棍棒，呼啸入城，把第五、六两警局打得稀烂。当天，大小东门至大小北门一带，戒备森严。城门紧闭，交通断绝。陆军小学总办黄士龙奉督练公所之命，到北较场对新军进行调解，行至小北门，竟被守城的旗兵开枪射击，受伤堕马。愤怒的新军开枪还击，双方打了一会，新军奉命退回营中。

倪映典乘夜船回广州，2月11日早晨到达。他先到咨议局找陈炯明，但没有找到。据在同盟会南方支部负责筹饷工作的东莞人莫纪彭记述："烈士倪映典于出发前之一刻自清水濠机关携手枪两支插于腰间……由清水濠转大东门至竞存（陈炯明）寓处，（亦一革命机关）略为停步。时有陈耀寰又一罗某两青年同志在坐，倪乃邀同赴燕塘召集新军。"[1]

当倪映典来到燕塘的军营时，"全军欢呼，如获慈母"（冯自由语）。士兵们纷纷向他述说这两天发生的事情。倪映典愈听愈怒，什么元宵节举义，什么争取巡防营，全都抛到脑后了，决定马上举义。炮兵一营管带齐汝汉向天鸣枪弹压，倪氏怒不可遏，拔枪把他击毙。

---

[1]《莫纪彭先生访问纪录》。台湾，中央研究院近代史研究所，1997年版。

队长胡恩深试图阻止，亦被倪氏击毙。士兵们欢声雷动，齐喊"革命"。纷纷拿起武器，跟着倪映典向城里进发。

[张酴村回忆]但倪事前没有侦悉水师提督李准已由外地调回吴宗禹所部三营巡防新军，在牛王庙、教会山附近布防扼守，并且派出帮统童常标、管带李景濂、太永宽等出面诈称调停，要求与倪等见面。倪认为可乘此机会说服巡防新军，且知道管带李景濂是同盟会员，帮统童常标则为安徽同乡，故乃坦然不疑，与他们见面，并晓以大义，以共图大业相勖。[①]

童、李二人都佯示赞同，讵料，甫返阵地，即下令开火。刹那间，枪林弹雨，铺天盖地而来，起义新军猝不及防，纷纷倒在血泊中。倪映典骑在马上，一手持枪，一手执青天白日旗，指挥队伍拼死冲锋，不幸中弹坠马，被清军所杀，年仅 27 岁。

倪映典死后，新军群龙无首，边打边退往燕塘，但又被李准调来的防营，从杨箕村截断退路，双方在沙河激战，新军弹药不足，一百多名官兵阵亡，起义失败了。一标二营后队司务长王占魁在被捕后，受清吏审讯，他宣称"宁死不能变宗旨"。当清吏问他，革命后是不是由孙文做皇帝时，他说："择功之最大者，由众公举。"

清吏再问："公举后，彼为子孙世业奈何？"

王占魁说："可以众力攻扑之，务使为完全民主国。"他没有说明这个"攻扑"，是用武力攻扑，还是用选票攻扑。清吏说："中国现在

[①] 张酴村《庚戌新军起义前后的回忆》，《中华文史资料文库·政治军事编》（一），中国文史出版社，1996 年版。

已预备立宪。"王占魁冷笑一声回答:"此等伪立宪,特愚弄国民耳。"①

由此可以看出,同盟会的宣传已深入基层,连一个士兵都可以脱口而出,侃侃而谈,这是朝廷和立宪派多少年都做不到的。

袁树勋把新军叛乱情形,迅速奏报朝廷,2月13日,朝廷上谕:

> 电奏悉。该省新军气习嚣张,并有勾结会党情事。去腊因与铺店口角,不服解散,反与巡警为难,竟于元旦日藉端哄营,打毁警局,殴伤警兵多名。更打毁司令部,抢去枪支子弹,负隅抗拒,实属形同叛逆。着该署督迅调水陆防营,严密防范,剿抚兼施,务将首要各犯,设法擒获,悉数歼除。一面将教堂、洋行切实保护。②

起义新军纪律严明,秋毫无犯,赢得士绅商董的极大同情。朝廷的担心,实属多余。袁树勋札饬藩、学、臬三司及督练公所,办理遣散骚乱新军事宜。但广东自治会、九大善堂、七十二行商会,会同全省绅、商、学、报、慈善各界,却分途前往各乡,安抚逃兵,并上书总督,援协从罔治之例,请为从宽办理。

官府在民间的压力下,勉强同意对参与骚乱士兵分别资遣,交保管束三年,由三司给予护照,仍作为"高等人格"看待,不准地方官为难。但绅商尚嫌不够,3月5日,各界人士在自治会召开大会。各行商纷纷登坛演讲,称赞新军士兵,都是良家子弟,对于商场,从无骚扰;这次失败,宁饿死不忍扰民,足见志节。而官府竟全行遣散,

---

①《王占魁供状》。《中华民国开国五十年文献》(一),台湾,中国国民党中央委员会党史委员会,1969年版。

②《清实录广东史料》(六),广东省地图出版社,1995年版。

交保管束，蒙此大辱，恐天下军人，闻而灰冷，殊非朝廷速练成镇的本意。

有人说及新军士兵逃难时的惨况时，场中饮泣声四起。有人建议，各散兵皆属体面子弟，遣送回籍时，应知照地方官，任令自由回家，删除交保管束三年之例，取消"革命叛军"这种称呼；还有人主张停止遣散，招集新军回营，省却再征新兵的手续。大家最后一致决议禀请袁树勋及军咨处、陆军部俯准办理。

以往地方绅商对"兵变"一类骚乱，避之唯恐不及，但这次却主动介入，为叛乱士兵辩护，批评官府处置失当，既显示了地方自治运动、立宪运动的成果，亦表明几年来由于朝廷为渊驱鱼，为革命阵营培养了不少同情者。

在绅商们的活动下，一些粤籍京官先后上书弹劾，指责袁树勋措置不善，本案"恐有冤滥情事"，请朝廷派员查办。朝廷遂派两江总督张人骏赴粤，彻底查究。而查究结果，袁树勋以措置失当，得了个革职留任的处分。不久，袁树勋辞官而去，两广总督一缺，由广西巡抚张鸣岐开府兼圻。

用暗杀来阻立宪

新军起义的失败，大出同盟会南方支部的意料之外，因为准备工作做得十分出色，在士兵中发展组织也成绩斐然，天时、地利、人和皆备，眼看成功已近在眼前，突然化为乌有。落差之大，何止天壤，胡汉民悲叹："譬如百尺楼台建筑将成，而忽为二三钱炸药所轰坏，伤哉！"[1] 同盟会内笼罩着一种悲观的情绪。

这是孙文在南方策动的第九次起义失败。以前在总结失败原因时，往往归咎于会党是乌合之众，以为军队起事就一定成功，但现在军队也一样失败，不啻当头一棒，让人难以接受。但孙文仍以乐观态度劝解同志："此次之事不成，不过差五千之款，致会党军不能如期到省城。"[2] 似乎革命党手里再多五千元，大清王朝就已经倒了。

因此，孙文决定花更多的时间与精力在筹款的事情上。他说："予自连遭失败之后，安南、日本、香港等地与中国密迩者，皆不能自由居处，则予对于中国之活动地盘，已完全失却矣。于是将国内一切计划，委托于黄克强、胡汉民二人，而予乃再作漫游，专任筹款，

---

① 蒋永敬《胡汉民先生年谱》。台湾，中国国民党中央委员会党史委员会，1978年版。

② 孙文《致赵公璧函》。《孙中山全集》（一），中华书局，1981年版。

以接济革命之进行。"①

当过"中国议会"会长的容闳，1900年因唐才常自立军事件受到牵连，被朝廷通缉，流亡海外至今，他和孙文一直保持通信，他很佩服孙文百折不挠的毅力，但认为他那种"餐揞餐食餐餐清"的筹款革命方法，成本太高，效率太低。1910年初，他向孙文提出了一个大胆建议，不如公开成立临时政府，以临时政府名义，正式向银行借贷一百五十万至二百万美元作活动基金；任用有能力的人管理占领的城市；任用一位有能力的人统率军队；组织海军。容闳估计，整个计划需五百万美元，十万支枪和一亿弹药。这可以使同盟会摆脱草莽英雄的形象，成为一个公开活动的政治团体，以争取西方国家的支持。

支持这个计划的还有充满传奇色彩的美国人李荷马（Homer Lea），一位患有严重驼背、身高只有150公分的史丹佛大学高材生，他曾应康有为邀请到中国训练"保皇军"，后来转投孙文的革命。容闳把这个计划，称之为"红龙计划"。

孙文接到容闳的信件后，约李荷马到洛杉矶见面，商谈具体细节。当新军起义失败时，孙文正在美国旧金山组织同盟会分会，在此之前，他已经在纽约、芝加哥成立了同盟会分会，承担的主要任务就是筹款。

3月14日，孙文抵达洛杉矶，在长堤与李荷马及另一位美国人波司（Charles B.Boothe）见面，举行会议。孙文以中国同盟会总理名义，委任波司为国外财务代办，赋予全权，可以用中国同盟会的名义去贷款。

① 罗刚《中华民国国父实录》（二）。台湾，财团法人罗刚先生三民主义奖学金基金会，1988年版。

此一会议结论，大要如下：一、中国革命党暂行中止长江流域及华南地区准备未周的起义，改行厚蓄实力，充分准备，集中人力财力，发动大规模起义的策略；二、由国父（孙文）以中国同盟会总理名义，委任波司为国外财务代办人，向纽约财团洽商贷款，以应大规模起义之需；三、运送在美训练的军官若干，以充实革命军阵营；四、计划所需经费预计为三百五十万美元，分四次支付。[①]

孙文对计划寄予很高的期望，3月下旬，他从美国写信给南洋的同志说："然弟在外之运动，日入佳境，不久必有成议，现在英美皆有甚有望之路，若英路先成，则弟再回南洋与各同志切实谋一办法；美事则另有办法，不用费神。"[②]

然而，在香港的南方支部看来，远水救不了近火。自广州新军起义失败后，溃散的士兵纷纷逃到香港，安置他们，在在用钱，而黄兴、胡汉民、赵声等人，早已囊中羞涩，连刮痧的铜钱也没有了，胡汉民不禁兴叹："天下万事，无非经济困人。"

自河口之役失败后，汪精卫在南洋负责筹款，但收获甚微，令他既失望，又愤怒，已失去耐心了，1908年，他就抱定决心，实行暗杀计划。当年吴樾以暗杀阻五大臣出国考察，如今汪精卫要以暗杀来阻止朝廷立宪。

[①] 罗刚《中华民国国父实录》（二）。台湾，财团法人罗刚先生三民主义奖学金基金会，1988年版。
[②] 孙文《致邓泽如函》。《孙中山全集》（一），中华书局，1981年版。

　　孙文、黄兴、胡汉民闻讯，纷纷致电劝阻。1909 年初，汪精卫到了日本，与黄复生、黎仲实、喻培伦、曾醒、方君瑛、陈璧君等人，组成暗杀团，秘密策划行动。黄复生是四川内江人，原名位堂，1907 年在四川研制炸弹时，被意外炸至重伤，伤愈后改名复生。1909 年开始致力暗杀活动，在汉口企图暗杀端方失败。现在，他们打算效法荆轲刺秦的故事，北上燕京，行刺朝廷大臣。

　　黄复生先行潜回北京，在宣武门外开了一间照相馆作掩护，暗中制造炸弹，侦察地形，做暗杀的准备工作。

　　当初黄兴请汪精卫负责《民报》复刊工作，便有阻止他北上的用心。当汪精卫在东京编的两期《民报》（第二十五、二十六号）出版后，人们都松了一口气，以为他已打消了北上暗杀的计划。其实，这时他的决心更加坚定了，不仅要在文字上"激扬暗杀"，而且要付诸实行。第二十五号的《民报》，有一篇汪精卫撰写的文章《论革命之道德》，便预示了他对未来的选择：

　　　　革命党人只有二途，或为薪，或为釜。薪投于爨，火光熊然，俄顷灰烬；而釜则尽受煎熬，其苦愈甚。二者作用不同，其成饭以供众生之饱食则一。[1]

　　胡汉民与汪精卫一向情同手足，看到这篇文章，便知汪精卫的决心，并未稍改，急忙写了一封长函给他，力说暗杀于事无补，足阻革命前途。但汪精卫已义无反顾了。1910 年 1 月 11 日，汪精卫留书孙文，说明自己已抱必死之志，随即启程返国，经奉天（沈阳）到了北京。

---

[1] 汪精卫《论革命之道德》。《民报》（第二十五号），1910 年 1 月。

3月19日，汪精卫复了一封长函给胡汉民，信中说，如果革命党不采取激烈的手段，便让人觉得立宪可以弭革命的风潮，而更加信服立宪了。所以必须用激烈的手段，撕破立宪的假面具。他反问胡汉民："若谓今非可死之时，弟非可遽死之人，则未知何时始为可死之时，而吾党孰为可死之人也？以吾之意，吾党除自杀外，凡为党事而致死者，皆可云死得其正。"①

3月28日，黄兴、胡汉民、赵声同赴新加坡筹款，临行前胡汉民收到汪精卫写来的一封血书，只有八个大字："我今为薪，兄当为釜"。胡汉民不禁热泪盈眶。

黄复生、汪精卫等人在北京，密谋行刺摄政王载沣。3月31日，黄复生、喻培伦在载沣每天入朝必经的什刹海旁甘水桥下预埋炸药，可惜两个晚上都没成功，第一晚四周狗吠得太厉害，只好撤退；第二晚炸药是埋下了，却发现电线不够长；直到第三晚才完成，却又出了一个偶然的岔子，导致最终失败。据《东方杂志》报导：

（4月2日）晚九时，有人行至烟袋斜街，忽见一人，似挟一小包，由桥洞下而出，又视之，忽不见，以为遇鬼，惶遽而返，遍告诸人。有步军统领衙门兵丁闻之，意为挟赃而逃之窃贼，迹之竟不见，返视桥下，见有铁线，拽之，觉其下尚系以重物，始悟非平常事，亟归报本署堂官。而民政部诸堂官亦闻信麕至，令人就桥下拨视之，见一小铁匣中皆电线，又发现一小坛，径可尺许，重可九十余斤，上书英某公司最新之开山炸药，由某某公司出名采购，急觅一西方发视，上有黄色药，下由璃罐四十个，以指甲挑黄药少许焚

---

① 汪精卫《与胡汉民书》。《汪精卫全集》（二），三民公司，1929年版。

之，轰及丈余，又试罐中药，则水激起二丈余云。①

警察根据制造炸弹铁罐打造店的线索追查，4月16日，在北京逮捕了黄复生、汪精卫等人。当胡汉民他们到达新加坡时，听到从国内传来消息说，汪精卫行刺失败，已经被捕。胡汉民失声叫道："精卫死矣！"黄兴、赵声等人都潸然落泪。不久，国内消息又说："方严讯，未遽置刑辟。"胡汉民挥泪作诗：

> 挟策当兴汉，持椎复入秦，
> 问谁堪作釜，使子竟为薪！
> 智勇岂无用，牺牲共几人，
> 此时真欲绝，泪早落江滨。

由于当时朝廷正预备立宪，进行司法改革，审判制度、狱政改良是重要一环，社会上要求优待政治犯的呼声很高，载沣也不敢造次，最后只判了汪精卫、黄复生无期徒刑。谋杀摄政王，不用砍头，这在几年前是不可想象的。可以说，汪、黄二人的免死，完全是立宪运动开启民智、推动改革的成果。汪精卫不惜用生命去破坏立宪运动，但最后却是立宪运动救了他一命。

---

① 《东方杂志》（第七年第三期），1910年。

民变蜂起，水要覆舟

1910年，大清王朝的天空，正在迅速地黯淡下去。曾经有过的许多机会、许多希望，都在这一年消失了。

立宪派为什么这么着急要开国会呢？因为他们对中国的现状，有着非常强烈的危机感，他们意识到，政府的合法性资源已快要耗尽，社会、人心都处于溃散的边缘，一旦过了那条临界线，就将是全盘瓦解，那时神仙也难救了。他们熟读历史，深知古往今来，多少改朝换代，都是因为一个小火星，偶然地掉进了干柴堆里，引起熊熊大火，把万丈高楼烧塌的。现在，到处都堆满了干柴，就等着这个火星的出现。

国家已到了千钧一发之际，士绅阶级迫切需要有一个新的东西，来凝聚人心，整合社会，必须能够为政治与道德提供新的资源，因此，他们一旦找到了国会、宪法，便死死抓住不放。鼓吹君主立宪、请愿召开国会，都是在和时间赛跑，希望在危机总爆发之前，通过实现政治现代化来化险为夷。

可惜朝廷不领他们情，反而百般敷衍，致使他们趑趄的脚步，远远没有民间积聚愤怒和怨恨的速度快，没有专制权力体系泡沫破裂的速度快。舞台上，立宪的戏码还在唱，舞台的另一边，成千上万的民众已经揭竿而起了。据不完全统计，1905年的民变，在全国发生了 103 起，1910 年上升至 266 起，[①] 平均每天还不到一起，人们就已经惊呼：不得了了，大清的船要沉了！

这是一个让人惊心动魄的数字：每天只要发生 0.7 起的群体暴力抗争事件，一年时间，就足以把一条两百六十多年的大船拖沉。

1910 年，民间暴力反抗最震撼的一幕，发生在长沙。

这一年的春夏之交，湘西一带连降豪雨二十余日，山洪暴发，沅、酉、资、澧诸水同时猛涨，湖北公安一带荆江决堤，滨湖各县十堤九溃，澧州、岳州、常德所属各县，被水成灾，禾田被淹，民房倒塌，昔日的鱼米之乡，尽成茫茫泽国，被灾者多达百万余人。

湖南一向是大米出口省份，但经历这场百年罕见的洪灾后，收成大幅减少，而各省来湖南购米的商人，依旧络绎不绝，每月外运大米 10 万石以上，造成米价急速上扬，从往年每石二千文上下，骤涨至 1910 年 4 月初的每石八千二百文，而且涨势不止，早晚市价不同。

湖南的地方士绅集体禀请官府，禁止谷米出省。巡抚岑春蓂开始不同意，而要绅商举办义粜。义粜等于要绅商捐粮，当然招致抵制。绅商们再三请求禁运，岑春蓂只好在 3 月 13 日，下令从 4 月 7 日起禁阻粮食出省。岑春蓂是岑春煊的胞弟，性格同样急躁强硬。

湖南省咨议局早在 1909 年秋天，已通过全面禁运的议案。在绅商、议员和藩司的压力下，岑春蓂最终同意，但留出了二十多天缓冲期，反而刺激米商疯狂抢购，"盈千累万，连樯下驶。本地之储积日空，各米店亦不免乘机抬价"。

人们无不痛骂岑春蓂，提前公布禁期，"是明明唤令各商赶先运出，不顾内地空虚"。但岑春蓂在接见请愿士绅时竟然说："湘民享用

---

① 李新主编《中华民国史》（第一编·下）。中华书局，1982 年版。

奢华，百钱吃茶一碗，升米八九十钱，何足为奇！"① 这些传言，不论真假，已把饥民的情绪，推高到临爆点了。

到了3月下旬，长沙公私存粮，已不足三十万石，不敷两月之需，城中谣诼纷纭，人心大起恐慌。4月11日，长沙南门外一靠挑卖河水营生的农民，因倾尽家中仅有的七十文钱，亦买不到一升米，悲愤绝望之下，全家四口投老龙潭自杀。饥民的愤怒情绪，再也无法抑制了，星星之火，一下子投到了干柴堆上。

4月13日，饥民包围城中米店，要求平粜，但遭到米店拒绝。排在前面的饥民跪在地上苦苦哀求，但米店坚不降价，双方争吵起来，人情汹汹，全场气氛开始散发出火药味了，突然有人大喊一声"抢"，刚才还跪在地上的饥民，瞬间就变成了四处打砸抢烧的暴民。他们冲击米店，抢夺大米。

有一名叫刘永福的木匠，在南门外街头斥骂官府，被缉勇拘捕，押入里仁坡鳌山庙巡警分局。民众奔走相告，纷纷尾随而来，围堵在庙门外，要求放人。一名巡警道率队前往弹压，一路上还骂骂咧咧："此等胡闹，拿几个宰了他！"结果被愤怒的民众揪下轿子，捆吊在庙侧的大树上，拳打脚踢泄忿。他的副将上前救护，也被殴伤，所带差勇四散逃窜。

天色近晚，巡警道的一名亲兵趁人不备，脱去号衣，换上平民衣服，一边喊"打他没用，不如扭送抚署找抚台论理去"，一边扛起遍体鳞伤的巡警道，飞奔入城，逃去无踪。乱民洪水般涌入城中，沿途不断有人加入，声势愈加壮大，到巡抚衙门时，已达数千人。官员

---

① 《湖南省城乱事余记》。中国史学会主编《辛亥革命》(三)，上海人民出版社、上海书店出版社，2000年版。

们在衙门挂出牌示："五日后开仓平粜，六十钱一升"，立即被乱民砸烂。官员再出牌示："明日开仓平粜，五十钱一升"，又被砸烂。有人呼喊"抚台给口饭我吃"，也有人叫嚣"把狗官拖出来杀死"。

岑春煊拒绝与民众见面，躲在衙门内打电话调常备军巡防队前来镇压。军队开到时，民众堵住去路，阻挡军队前进，士兵们挺起刺刀，横冲直撞，戮死了几名闹事的民众，才冲进抚衙内。据时人记述：

> 众遂汹汹，拥入头门，并打辕门，毁照壁，锯桅杆，捣石狮，哄闹不已。卫队极力抵御，均被瓦石掷伤……军队以空枪恐吓，反被掷石殴打。任其在抚署吵嚷终宵，一筹莫展，只望更深人倦，自然转回。谁知不惟不散，且其党类到处蜂起，一夜之中，将城厢内外各碓坊堆栈之米，抢劫罄空；警兵站岗之木棚，打毁净尽，并分派多人，至各街道鸣锣，迨初五日（14日）早，城厢内外各铺户一同罢市，镇日不敢开门。①

4月14日，包围抚衙的民众，已逾万人。因抚衙内有军队，民众不敢冲入，而军队亦不敢冲出。双方僵持着。岑春煊恼羞成怒，下令军队开枪，击毙了几人，但民众仍然不散，反而愈聚愈多。有人声称，只要军队撤走，民众自然散去。但军队撤出后，民众却一涌而入，在抚衙内纵火焚烧。据说，纵火之人，大多是泥木工人，除了因工友刘永福被拘外，还有一个重要原因，是岑春煊把建筑咨议局的工程，

---

① 《湖南省城乱事余记》。中国史学会主编《辛亥革命》（三），上海人民出版社、上海书店出版社，2000年版。

批给了湖北的木工，令当地工人极为不满，遂借机发泄。

火起后，岑春蓂仓皇避入臬署，不敢露面。由布政司庄赓良护理巡抚关防，张贴告示，严禁军队开枪；又出榜安民，称即日开办平粜；被捕民众一律释放；被杀伤民众可获抚恤赔偿。但骚乱不仅无法平息，反而进一步扩大。

乱民将日本领事署、美商美孚洋行、英商怡和洋行、日商东信、三井、日丰、大石等商店及教堂、趸船、栈房等都予以捣毁或焚烧。清政府的大清银行、关银号、巡警局、长沙税关等衙署也被焚抢。城内有百余家米店被洗劫一空。各区的巡警分局慌忙改挂客栈招牌，或贴上"公馆出租"的招贴，以掩人耳目，避免被乱民所砸。《东方杂志》的文章描述了当时的恐怖场面：

> 是时，以众人围困巡抚衙门，而巡抚衙门复被焚，故官吏及军队，咸以保护官署为事，不及兼顾地方。且巡警岗位，早被打毁，巡士悉数避匿，无人出而弹压。于是众人恣横，如入无人之境，到处火起，竟夜焚掠，城内外之学堂教堂，及外人商店居宅，咸被焚劫。惟侨居之外人，则以官场宣布乱事，请为暂离长沙，于是有即日乘轮避往汉口者，亦有避居轮船中，以观动静者；故尚无伤害生命之事。

事态不断恶化，几近失控，英、日、美、德等国家也从上海、厦门、武汉调来十几艘兵舰戒备，令人回想起1900年义和拳事件。4月16日，军机处奉旨急电湖南巡抚责岑春蓂、湖广总督瑞澂："着瑞澂、岑春蓂速即饬属解散胁从，严拿首要，务获重惩，并切实保护各国官商教士，毋稍疏忽。"①

护理巡抚事务的布政使庄赓良态度转趋强硬，张贴告示，禁止暴动，违者格杀勿论。湖北新军也开来协助镇压，到处抓人、杀人。这次民变，完全是自发的，同盟会并没有介入，官府一如既往地把发生民变的原因，归咎于"匪党"煽动，他们说："其中真正贫民固不乏人，痞徒实居多数。"

千错万错，不是官府的错，官府已经宣布禁运了，只怪不明真相的无知小民"不谙约章"，受坏人挑拨、煽动，才闯出这弥天大祸。急于卸责的岑春蓂，甚至奏报军机处，危言耸听地把这次事件说成是"山东义和团匪勾结所致"，请朝廷下旨给一千四百多公里外的山东巡抚，追查这次滋事的匪党与隐匿地方，速拿严办，务绝根株。《东方杂志》根据官府公布的情况说："按据此，则是湖南省城之乱，除饥民痞匪外，又有团匪余孽矣。"

这种不着边际的话，自然不会被朝廷接纳。4月17日，朝廷以岑春蓂"未能先事预防，办理失当"，下令先行开缺，听候查办，平息民愤，湖南巡抚由杨文鼎暂行署理。

官兵在城中挨家挨户搜捕，滋事者纷纷逃往四乡，导致风声四播，乱者群起，滋事者所到之处，无不受到传染，发生抢米、抢官钱局、捣毁官衙、教堂的事情。一枝动而百枝摇，骚乱很快向长沙府的湘潭、浏阳、醴陵、宁乡、益阳等县以及岳州、澧州、宝庆、衡州、常德等府州，一路蔓延开去。《东方杂志》忧心忡忡地警告："今各省景象，何尝不与湘省同，或且更甚焉。则幸毋泰然自足，自幸其一时

①《两湖民变档案》。中国史学会主编《辛亥革命》（三），上海人民出版社、上海书店出版社，2000年版。

之无事，而不绸缪于未雨也。"文章最后的结论是：

> （长沙事件）不惟为官民冲突之问题，而实为新旧交争之现象，遂致一发而不可御，此又各省所当资为殷鉴，而防患于未然者也。①

诚如《东方杂志》的预言，长沙抢米暴动，并非孤立事件。4月底，湖北武穴、广济、崇阳、沔阳等地，都接连发生饥民暴动，抢劫米店的事件。长沙的饥民骚乱，大部分还是赤手空拳，以棍棒、砖瓦为武器，但湖北的饥民骚乱，已出动土枪、鸟枪了。

报纸感叹："自举办新政以来，捐款加繁，其重复者，因劝学所或警费不足，如猪肉鸡鸭铺捐、砖瓦捐、烟酒捐、铺房最小之应免者，复令起捐。"②政府办新政，搞改革，处处要钱，这钱都从老百姓身上出，结果，"以前不办新政，百姓尚可安身，今办自治巡警学堂，无一不在百姓身上设法"，③老百姓反而没法活了。

江西抚州、安徽南陵相继发生抢米风潮。江西民众甚至用大炮轰击府城。抚河两岸一派乱象，大小码头每天聚集着黑压压的乡民，群情如沸，阻止米船出境。而城内又有数千人包围知府，并抢劫了十几家米行。南陵一带的乡民自发组织，巡守河干，一发现有米船出境，立即群起围攻，投石砸沉船只，也有人号召堵塞河道。一时间"扰扰纷纷，人心惶恐，甚至满街匿名揭帖"。

发生民变的原因，并不限于粮食问题，政府的所有措施，几乎

---

① 《湖南省城饥民焚毁巡抚衙门及教堂学堂》。中国史学会主编《辛亥革命》（三），上海人民出版社、上海书店出版社，2000年版。
② 《民呼报》，1909年6月18日。
③ 《东方杂志》，1910年11月第十二期。

都受到民间的抵制，已到了无法正常施政的地步了。朝廷规定，为了立宪，须在1909年普查全国人口。但这种任何政府都必须做的事，却遇到异乎寻常的激烈反抗。广西南丹民众因反对调查户口，发起暴乱，杀死知县，焚毁衙门。南陵抢米风潮刚平息，又爆发了反对调查户口的骚乱，攻击调查员，拆毁房屋，迫使知县暂停调查。

反对调查户口的骚乱，蔓延至江西南昌、丰城、雩都等地。人们怀疑调查户口是为了抽丁当兵，或按人头勒税，无论政府怎么解释都没有人信，但有人说，政府把户口造册以后，就压在铁路路轨、桥梁底下，因为用多数人的灵魂镇压，火车才能安稳，这种无稽之谈，马上就有很多人信了，而且一信就引起暴动。

5月，山东莱阳爆发大规模抗捐骚乱，民众包围县衙，要求清算积谷、免除苛捐，山东巡抚孙宝琦调军队镇压，开枪屠杀一千六百多平民（官方公布死三百余人）。很多骚乱都是针对新政的，包括焚烧学堂、拆毁自治公所、攻击警署，等等。

入冬以后，浙江湖州府属乌程、归安、德清三县，嘉庆府属桐城乡，均发生乡民聚众，阻纳漕粮，并涌入城中，捣毁漕仓官署、拦截粮船、抢劫粮店的暴乱。这些暴乱的特点是，往往一星半点火花，甚至只是些捕风捉影的谣言，马上就传播开，动辄数千人聚集，抗议形式愈来愈暴力。

这是一种异常凶险的征兆，谁也无法预测，压垮骆驼的最后一根稻草，会在哪里出现。

孙文决定卷土重来

1910 年广州新军起义失败后，孙文、黄兴、胡汉民等人，周游列国，四出化缘，东京总部无人主持，几陷于瘫痪。7 月，孙文抱着重振革命事业的雄心，返回离开一年的新加坡，却发现形势早已今非昔比，一度是革命领导核心的同盟会南洋支部，如今一派人心涣散、组织瓦解的凄凉景况，令他痛心不已。

为了收拾人心，重整旗鼓，孙文把南洋支部移到马来西亚的庇能（槟榔屿），开始实施一系列的改革，最重要的举措，就是把同盟会改为"中华革命党"，整顿会务，订定分会总章，重新登记会员。孙文决心改组同盟会，并非一时忽发奇想，主要是受到章太炎、陶成章攻击的刺激。一个月前他已透露了这个想法。

据谭人凤记述，他曾与孙文见面，要求他改良党务，孙文表示同意。但后来与宋教仁谈话时，孙文却说："同盟会已取消矣，有力者尽可独树一帜。"宋氏问原因，孙文说："党员攻击总理，无总理安有同盟会？经费由我筹集，党员无过问之权，何得执以抨击？"宋氏没有争辩，而是把这番话转告了谭人凤，谭氏非常气愤。

第二天，谭人凤约宋教仁一起去见孙文，提出反驳："同盟会由全国志士结合组织，何得一人言取消？总理无处罚党员之规条，陶成章所持理由，东京亦无人附和，何得怪党人？款项即系直接运动，然用公家名义筹来，有所开支，应使全体与知，何云不得过问？"孙文答应："可容日后约各分会长再议。"①

谭人凤振振有词，但他不知道孙文还有另一个动因，乃受到长堤会议和红龙计划的鼓舞，认为波司可以筹到巨款，足以支持进行一次大规模起义。李荷马和波司都建议他要走正规化的道路，成立政府，组织军队，摆脱草莽形象。孙文从善如流，着手改良。

孙文将原来同盟会盟约："当天发誓，驱除鞑虏，恢复中华，创立民国，平均地权。矢信矢忠，有始有卒，有渝此盟，任众处罚"，修改为："当天发誓，同心协力，废灭鞑虏清朝，创立中华民国，实行民生主义。矢信矢忠，有始有卒，如或渝此，任众处罚。"

这两篇盟约有什么区别呢？孙文自己解释："其前之中间四语，今改为三语，各包含一主义，以完其说。"②即第一语代表民族主义；第二语代表民权主义，第三语代表民生主义。把"平均地权"合并到民生主义中，是最关键的改动。事实上，自从孙文提出"平均地权"之后，没有多少人听得明白，造成了不少混乱，以至于共进会要把"平均地权"改为"平均人权"。而"平均地权"的问题还未解决，"节制资本"的问题又开始突显出来了。以后还有许多新问题出现，不如用民生主义涵盖之，更易理解。

自从接受了军队是革命主力的观点之后，孙文似乎有点迷上了军队。在确定新的组织形式时，他不再使用斩鸡头，饮鸡血之类的帮会仪式，而是改用军队形式，设立一个常务委员会，作为最高领导，内分七组：行政组、财务组、秘书组、对外事务组、教育组、调查组、

---

① 谭人凤《石叟牌词》。甘肃人民出版社，1983 年版。
② 孙文《复邓泽如函》。《孙中山全集》（一），中华书局，1981 年版。

社会工作组。基层会员则每八名会员组成一个排,四排组成一列,加上一名列长,共 33 人。排长与列长须与常务委员会保持密切联系。孙文认为这样有助于加强团体的团结,减少内部纠纷。

从 5 月开始,孙文就和黄兴、赵声反复讨论组织起义的可行性了。黄兴认为,巧妇难为无米之炊,无论什么起义,都以筹得大款为前提。因此,几个月来,孙文不断打电报到美国了解筹款情况,并且召集党内重要干部到庇能开会。

但美国来的消息,并不乐观,别说三百五十万美金,就算是三五万也难以筹到。9 月 4 日,孙文从庇能写信给波司,焦急地说:"无论成败与否,我均望尽早得悉结果,以便日后自行采取措施。"他已经通知长江流域和华南地区,停止一切不成熟的起事了。但无论如何请波司尽快汇钱来,"你如认为筹款之事必成,最终解决仅为时间问题,则请在贵账户内先汇五万美元以助我党筹备事宜……若延至数月之后,则以十倍于此的金钱亦无法做成同等数量的工作。"①

波司方面却一直杳无音讯,他倒不是存心欺骗,只是心有余而力不足。11 月 8 日,孙文失望地写信给他说:"你虽曾大力协助我党,然而纽约筹款计划可能完全落空。"他表示其实他所需要的金钱,并不如长堤会议上说的那么多,只需原定的十分之一或五分之一就够了。即完成整个计划,五十万美金足矣。他决定再等三个月,"若逾此时限,我们则不再等待,而将自行采取措施。"②

不过,五十万也没有。孙文对于波司不抱希望了。他向李荷马表示,如果波司再无成绩,他就要收回全权财务代办的委任了。同时

① 孙文《复布思函》,《孙中山全集》(一),中华书局,1981 年版。
② 同上。

他写信给南洋党人邓泽如，承认筹款已失败："弟前在美所谋大款之路，近接彼地复实消息，谓不成速成（然非绝望）。故弟决意不再外求他人，而欲尽吾党之力，以图再举。"[①] 邓泽如是广东新会人，在南洋经营橡胶园致富，是同盟会南洋支部的实际主持人。他是孙文重要的财政支柱之一。

不少人对屡起屡败的南方起义，已失去信心；孙文继续把有限的华侨捐款，用在没有成功希望的南方，更令北方的同志深为不满，回想当初，共进会主张把革命重心转移到长江流域，未尝没有道理。

于是，宋教仁、谭人凤等人，决定与孙文分家，在长江流域另立门户，他们邀请了十一省支部的领导人，在宋教仁家中开会。宋教仁提出上、中、下三策：下焉者在边地进行革命，中焉者在长江流域进行，上焉者在首都和北方的心脏开花。革命的地点，宜居中不宜偏陬；革命的时期，宜速决不宜拖长；战争的地域，宜狭小不宜扩大。

大家咸认为，目前行上策的条件未具备，下策已经失败了，只能行中策，也就是在中国中部地区发动起义。因此，必须在中部成立一个联合机构，居中指挥，大家都同意改组同盟会，另组同盟会中部总会，作为总机关。

黄兴的态度是无可无不可，只要能筹到钱，在哪闹革命都可以。赵声原来就是在长江流域活动的，听说要杀回长江，举双手赞成。1910 年 10 月，谭人凤等人从日本到了香港，与胡汉民商量成立中部同盟会的事情。胡汉民认为他们要另立山头，不设总理，明显是针对

---

① 孙文《复邓泽如函》。《孙中山全集》（一），中华书局，1981 年版。

孙文的，所以坚决反对，一旦另组新同盟会，必然又会引起谁当总理的纷争，殊为笑话。

双方争吵起来。谭人凤怒骂："（同盟会）本部在东京，总理（孙文）西南无定踪，从未过问，总于何有？理于何有？东京经费纯仗同志摊派维持，并未向各处招摇撞骗，汝等以同盟会名义，掣骗华侨巨款，设一事务所，住几个闲散人，办一机关报，吹几句牛皮，遂算本事冲天，而敢藐视一切耶？"说着便要揪打胡汉民。

赵声在旁劝开："各行各是，理他何为。"

当晚谭人凤便气冲冲地坐船返回东京，临行前他对胡汉民说："劝君放眼界，天下事断非珠江流域所能成。余往返香港三四次矣，请从此别。"①

同盟会的分家，已势在必行了。

当时胡汉民的全副心思，都在想办法营救汪精卫，甚至跑到澳门赌博，想靠赢一笔钱去救人，却连本钱都输光了。11月，同盟会的重要干部陆续抵达槟城，参加会议，孙文见到胡汉民后说："我知子等谋营救精卫，我意再起革命军，即所以救精卫也。夫谋杀太上皇而可以减死，在中国历史亦无前例，况于满洲？其精卫不杀，盖已为革命之气所慑矣。"②

11月12日，孙文与黄兴、胡汉民、赵声等人先开了一次会。与孙文的信心百倍相比，会议的气氛，显得十分沉闷，因为广州新军刚

---

① 谭人凤《石叟牌词》。甘肃人民出版社，1983 年版。
②《胡汉民自传》。存萃学社编《胡汉民事迹资料汇辑》（一），香港，大东图书公司，1980 年版。

刚失败，最好的机关被破坏了，最有利的地盘丢失了；为了安置逃出来的官兵，早已罗掘俱穷，箪瓢皆空；汪精卫行刺摄政王又告失败，被执下狱，生死难料。大家都觉得来日大难，前路茫茫，不禁欷歔无言。

孙文给大家打气："一败何足馁，吾曩日失败几为举世所弃，比较今日，其困难实百倍。今日吾辈虽穷，而革命之风潮已盛，华侨之思想已开，从今而后，只虑吾人之无计划无勇气！如果众志不衰，则财用一层予当力任设法。"

然而，大家都很清楚目前的状况，孙文在槟城的生活，也十分清贫，日常花费，尚且饔飧不继，哪有钱搞起义？孙文见大家沉默不语，便再三保证，他确实有办法筹钱，不必为此担忧。赵声说："如果再欲举，必当立速遣人携资数千元回国，以接济某处的同志，以免散去，然后图集合。并再设机关以谋进行，我等也当继续回香港与各方接洽，如是日内即需旅费五千元。如事有可为，则又非数十万大款不可。"

翌日，孙文邀请当地党人黄金庆、吴世荣、熊玉珊、林世安、怡保代表李孝章、芙蓉代表邓泽如等华侨代表，在打铜街的总部里召开筹款秘密会议。黄兴、胡汉民、赵声等人也在座。

孙文开门见山地说："余每次会晤同志诸君，别无他故，辄以劝诸同志捐钱为事。诸同志虽始终热心党务，竭力相助，或不以余为多事，第余以吾党屡起屡蹶，深不自安，故对诸同志甚觉抱歉。惟念际此列强环伺，满廷昏庸之秋，苟不及早图之，将恐国亡无日。时机之急迫，大有朝不保夕之概。"

孙文动情地对大家说：

　　总而言之，捐款之义务，诸同志责无旁贷，此应请同志诸君原谅予勤〔劝〕勉之苦衷，仍当踊跃输将，以助成此最后之一着也。设天不祚汉，吾党此举复遭失败，则予当无下次再扰诸同志，再向诸同志捐钱矣；倘或仍能生存，亦无面目见江东父老矣！是则此后之未竟革命事业，亦惟有赖之同志诸君一肩担起矣！总之，吾党无论如何险阻，破釜沉舟，成败利钝，实在此一举。而予言亦尽于此。①

　　会议决定，为了避免居留国政府干涉，以办中国教育义捐为名，向华侨筹款。初步议定，这次举事的经费为十万元。英属、荷属各筹五万元，暹罗、安南三万元。美洲未计。即席便捐得八千多元。一俟筹款落实，即集合同盟会所有精英，倾尽全党人力财力，在广州举行一次有史以来最浩大的起义。夺取广州后，由黄兴率领一军出湖南，直捣武汉；由赵声率领一军出江西，扫荡东南。

　　会议结束，大家立即分头筹款。由于南洋荷属、英属都不准孙文入境，而日本、安南、暹罗等地，亦有限孙文出境的命令，孙文只好把南洋筹款，委托给黄兴、胡汉民等人，自己前往欧美。

　　胡汉民在南洋各埠，走家串户，沿门募捐，受尽冷言冷语，与行乞无异。黄兴亦奔走于各埠。胡汉民行前，曾留书黄兴称："誓死必得款相助。"在他看来，筹款不仅为了再次起义，更重要的是救汪精卫。然而，筹款的困难，超乎想象，在《胡汉民先生年谱》中，有如下记述："盖以奔走十余日，得款不过万元，焦急万分"；"展堂先生复与泽如分访星洲未曾与会同志，惟成绩不佳"；"有素所属望，讵

---

① 孙文《在槟榔屿筹款会议的演说》。《孙中山全集》（一），中华书局，1981年版。

往访之，则畏避而不原见者，有赞成而力不足副者，故应者殊寡"。[1]

黄兴悲愤地表示："现在事势已迫，如英属不能筹足预定之额，则全局瓦解，余亦不必返港，惟有决心行个人主义，步精卫后尘耳。"[2] 大家相顾怆然，热泪长流。

孙文在美洲的筹款，因为有致公堂的协助，较为顺利。旧金山致公堂总理黄三德说："孙文在旧金山，不辞而行，赴加拿大，将加拿大各埠公堂楼业，拟变卖之。孙文谓个人捐款，虽可集腋成裘，但欲得大款，且速得之，惟有变卖楼宇。"由于致公堂协助游说，为之鼓吹，加拿大华侨都非常热心，纷纷变卖产业，得款数十万元，交与孙文。[3] 经过千辛万苦的努力，筹款终于突破原定计划，达到15.955万元。

① 蒋永敬《胡汉民先生年谱》。中国国民党中央委员会党史委员会，1978 年版。

② 曹埃布尔《广州三月二十九日之役》。中国史学会主编《辛亥革命》（四），上海人民出版社、上海书店出版社，2000 年版。

③ 黄三德《洪门革命史》。无出版者，1936 年印。

用热血为和平请愿加温

尽管朝廷答应把开国会的预备期，缩减至五年，但立宪派并不满意，他们主张立即召开国会。这时东北因日俄密约问题，引起全国关注。事件的起因，是由于美国在 1909 年提出"满洲铁路中立化计划"，建议中国向列强借款，赎回东北境内的所有铁路。这个计划令日俄两国大感不安，为了联合对抗美国，1910 年 7 月 4 日，日俄自己签了个密约，确认各自在东北的势力范围和特殊利益，互相担保不踩过界，如两国特殊利益受到威胁，双方将采取联合行动或提出援助。东北成他们两家的禁脔了。

对于朝廷的软弱无能，不能保护自己的国土与国民，东北人痛心疾首。当时人们普遍的心态是，只有成为立宪国，才能挽救危亡的国家，所以东北人对立宪有着更为迫切的渴求。12 月 3 日，几十个民众冒着严寒到奉天（沈阳）的咨议局请愿，呼吁尽快开国会。由副议长出来接见他们，解释说现在已奉明谕，势难再作改变了。但人们不肯散去，来自辽阳的金毓绂突然拔刀剁下自己的一截小指，血书"至诚感人"四字，现场气氛顿时激烈起来。从承德来的李德权也不甘后人，抽刀在大腿割开一道口子，用血书"速开国会"四字。请愿人士无不感动义愤，相向恸哭。

12 月 6 日，东三省的八团体四十六州县的代表，在咨议局议长吴景濂的率领下，到东三省总督署，向钦差大臣、总督奉天、吉林、黑龙江东三省事务的锡良请愿。一万余人在呼啸的寒风中，伏地悲泣，场面震撼人心。锡良是蒙古镶蓝旗人，是同治、光绪、宣统的三朝元老，本身就是一名国会热心分子，他在接见代表们时，一口答应代奏朝廷，并激励了代表一番。锡良在奏章中强烈表示："如以臣言为非，则请革臣职以谢天下。"但军机处却拒收他的奏章，锡良愤而辞职。

热血沸腾的东北人决定发起第四次国会请愿。由奉天各界公推张兆麟、段宝田、孙振香、崔兴麟等 10 名代表，组成进京请愿的奉天代表团，于 12 月 12 日首途赴京。当请愿团路经天津时，由天津普育女子学堂监督温世霖召集天津大中学生，以及全国各省旅津学生 2000 余人，召开欢迎大会。

请愿代表与学生代表在会上慷慨陈词，他们愤然宣称，东北危在旦夕，非即开国会不能救亡。大会推举温世霖为"全国学生界请愿同志会"会长，并通电全国："（省）咨议局转教育会、商会：鉴于国事危机，非即开国会不能救亡。津全体学生界停课，已举代表晋京请愿。特电贵省速起，以为后援。"[①] 当时在天津北洋政法专门学校读书的李大钊，曾回忆这段令他难忘的经历：

时当宣统二年，日本要强迫攫取安奉铁路，东省代表来津求援，天津学生在东马路开会欢迎，共举温世霖为会长。本校同学立宪、革命两派，立宪派公开运动，革命派秘密运动。同学多数属于立宪派，少数属于革命派，于永滋、王德斋两位先生是革命派中心人物。立宪派打算全体往北京请愿，要求政府开国会。本校同学在东大讲

---

① 《大公报》，1910 年 12 月 22 日

堂（现改图书馆）开会，同学秦广礼断指写血书，激扬民气。同学
孙可君断肘，大家非常激烈。孙君断肘之后，全身为血所染，许多
同学鼓掌叫唤，都以泪相见。此时同学只以血泪相见，李监督、邓
和甫都劝大家不必自杀，可以积极想法就是了。那种悲惨激昂的光
景，我终身不能忘！

12月16日，六出飞花，漫天飘舞。天津学生举行大罢课。直隶
学界在中州（河南）会馆开会，广东旅津学生界在广东会馆开会声援。
据李大钊追述："大家闹了一天，夜间开会，相约明天黎明整队到广
东会馆开会，作请愿的运动。过河的时候，碰见李监督，李监督善言
相劝，教大家回校再商议，学生不肯。平时学生对监督谈话时非常客
气，这时候也不客气了。一直到了广东会馆，商议上府院请愿。全天
津学校的校长及提学司也都来到广东会馆，劝阻大家不要走，大家不
听，把诸位校长及提学司围在中间。"李大钊感叹："这时候的群众心
理，那里还可以理喻？若工夫一大必有不测。"①

12月17日，全国学生界代表在天津自治研究所开会，会场人山
人海，气氛热烈。法政学堂学生江元吉登台，以刀割臂，血书"为国
请命，泣告同胞"八字；军医学堂学生方宏蒸也断指血书"热诚"。
流血成了一个非常有效的动员方法，一见到血，人们的呐喊声、鼓掌
声、悲泣声，便响遏行云，弥漫着凄凉悲壮的空气。咨议局议员孙洪
伊、商会总理王竹林等人，都公开表明立场，支持学生请愿，愿为学
生后盾。

12月20日晨，雪歇天阴。3800多人组成的学生请愿队伍，浩

---

① 李大钊《十八年来之回顾》。《李大钊全集》（四），人民出版社，2006年版。

浩荡荡向直隶督署进发。直隶提学使傅增湘赶来，苦苦劝学生们持以镇静，勿作过激行动。学生们纷纷向他喝倒彩，不予理会，继续踏着残雪，游行到商会、县议会、咨议局，不少绅商、议员都加入到他们的行列。

在路上，学生队伍与禁烟局总办袁静庵的马车相遇。袁氏嫌学生队伍挡了他的去路，竟驱动马车冲撞，还用鞭子抽打学生。愤怒的学生一声呐喊，七手八脚把这恶官拉下马车，痛殴一顿，把他的马车也砸烂了。队伍到达督署后，在门前静坐，温世霖代表大家向总督递交请愿书，"要求立时给北京打电报，使其立宪开国会，还要立时等回电"（李大钊语）。大家齐声呼号："誓死请愿，立宪救国，不达目的，誓不甘休。"但总督陈夔龙却避而不见，只派了一位下属出面接收，并承诺代奏。

12 月 22 日，天津各学堂学生在自治研究总所召开会议，决定各校一致停课请愿，推举代表进京；又以"全国学界国会请愿同志会"名义通电各省咨议局、教育会及商会，呼吁全国联合行动。这场国会请愿运动，由最初的咨议局，发展到绅商加入，现在发展到学生加入，声势愈加浩大，有演变成一场全民运动的趋势。

陈夔龙对温世霖恨之入骨，他在回忆录中写道："自某君（指温氏）混入学界，恃有护符，迹其平日不安本分，已非一端，此次竟敢挟众罢学，通电全国，几至激成巨变，不可收拾。此而不惩，何以端士习而肃法纪律。"[1]

这天，陈夔龙接到朝廷电谕："开设议院，缩改于宣统五年，期

---

[1] 陈夔龙《梦蕉亭杂记》。荣孟源、章伯锋主编《近代稗海》（一），四川人民出版社，1985 年版。

限不为不近，所有提前应行预备事宜，至为繁赜，已虑赶办不及，各督抚陈奏，亦多见及于此，岂可再议更张？着该督懍遵上次谕旨，剀切宣示，不准再行渎奏。"[1]

陈夔龙马上神气起来了，他传见学生代表，严厉训斥一番："朝廷预备立宪，决无更改。第有一定秩序，势必分年办理，岂可一蹴而成。今众情既形亟亟，亦系爱护国家，力图早日富强之意。使者亟为嘉许。惟恃众罢课，甚至通电全国，震骇观听，实属大干纪，亦不得为尔等宽恕。当严饬各学堂校长，传谕学生一律上课。"[2]

第二天，在京的学生代表们前往军机大臣徐世昌府第请愿。但行至半途，即被严阵以待的巡警拦截。巡警声称已奉上谕，不许再为缩短国会年限请愿，请学生们立即解散。学生表示没听说有这样一道上谕，要求巡警出示上谕给他们看。巡警把学生带到巡警局，宣读上谕。学生们无不失声痛哭。

巡警劝学生尽快收拾行李，各回原籍，该干嘛还干嘛去，别在北京折腾了。但有的学生还是不甘心，坐在地上，不吃不喝，表示一定要见摄政王。但等待他们的却是更严厉的上谕，12月24日军机处奉上谕：

不准再行联名要求渎奏，并严饬开导弹压，如不服劝谕，纠众违抗，即行查拿严办。兹又据军机大臣据情面奏，亦属不合。开设

---

[1] 林铁均、史松主编《清史编年》（十二卷）。中国人民大学出版社，2000年版。
[2] 陈夔龙《梦蕉亭杂记》。荣孟源、章伯锋主编《近代稗海》（一），四川人民出版社，1985年版。

议院，缩改于宣统五年，乃系廷臣协议，请旨定夺，并申明一经宣示，万不能再议更张。诚以事繁期迫，一切均须提前筹备，已不免种种为难，各督抚陈奏，亦多见及此。乃无识之徒，不察此意，仍肆要求，往往聚集多人，挟制官长。今又有以东三省代表名词来京递呈，一再渎扰，实属不成事体，着民政部、步军统领衙门立即派员，将此项人等，迅速送回原籍，各安生业，不准在京逗留。①

大批军警开到学生的住处，严密监视，不准学生外出，全部递解出京。天津随即张贴总督布告，警告学生"如再有聚众滋闹情事，即非安分良民，该督巡等着即查拿严办"。城厢内外，立即遍布荷枪实弹的军警，气氛急转直下。

陈夔龙派人到东门内经司胡同温世霖家，请温氏"来官府谈话"。温氏知道，白色恐怖降临了，但他毫无惧色，从容和家人告别，然后大踏步出门，跳上了官差的马车。天又开始下雪了，马车很快消失在飞舞的雪尘之中。官差没有把温世霖送到总督署，而是直接押送到老龙头火车站，他们对温氏说要去北京。但火车到丰台后，一群官吏与军警登车宣布，温世霖遣戍新疆伊犁，严加看管。

关于抓捕温世霖一事，陈夔龙有如下记述："饬署巡警道田君文烈密拿到案，即日电奏发往新疆安置。秦朝旨后，立派妥役，押解起程，不准少有稽延。津门士绅，有为之关说缓颊者，已望尘莫及。颇诧使者办理此案之密而且速，而为地方除一巨蠹，则又未尝不心悦而

① 中国历史第一档案馆编《宣统朝上谕档》（三十六），广西师范大学出版社，1996年版。

诚服。此宣统二年庚戌十月事。"[1]

　　一场惊天动地的国会请愿运动，卷起的浪头，已经拍到紫禁城下了，但最后还是无奈地退潮了。梁启超积极运动的开放党禁，亦因为载泽、袁世凯等人暗中阻挠，无疾而终。李大钊感慨系之地说："风潮闹完之后，当局方面以为风潮起的原因，都因为会长的鼓动，于是把温世霖放逐到新疆去，学校方面提倡提前放假。当时大家没有出息，见学校里提前放假，都归家去了！像这狂热的政治运动，不一时就消灭。这次风潮的结果，大家把温世霖先生送到新疆，谁也不闻不问了！"[2]

　　1911年（辛亥年），就在一片乱云低薄暮，急雪舞回风的寒冷中来临了。

---

① 陈夔龙《梦蕉亭杂记》。荣孟源、章伯锋主编《近代稗海》（一），四川人民出版社，1985年版。

② 李大钊《十八年来之回顾》。《李大钊全集》（四），人民出版社，2006年版。

第七章　共和与专制的决战

碧血黄花党人魂

黄兴、赵声回到香港时，已是 1911 年的 1 月中旬了。小寒已过，孟春在望。当时谁也没有意识到，他们即将迎来中国两千多年君主专制历史的最后一个春天了。

1 月 26 日，黄兴、赵声在香港跑马地 35 号成立广州起义的统筹部。由黄兴任部长，赵声任副部长，下设调度、交通、储备、编制、秘书、出纳、调查、总务八个课。由姚雨平、赵声、胡毅生、陈炯明、胡汉民、李海云、罗炽扬、洪承点分任课长。为安全起见，各部事务，由课长主管，互相之间不相问亦不相告。最初把起义时间定在 4 月 13 日，即农历三月十五。

3 月初，胡汉民也披着一身风尘，从西贡返回香港。大家在香港的总机关里见面，无不心情振奋，钱终于筹足了，可以准备起义了。

准备工作有条不紊地展开。统筹部在海外（主要是日本和西贡）购买了大批军火，以驳壳枪、五响手枪、曲尺枪、炸药居多，分五批运回香港。不过在运第一批时，就出了岔子。军火由日本横滨船运至香港，不料负责押运的党人，因担心被香港海关发现，途中竟把所有枪弹统统扔到了海里，统筹部不得不派人另行采购。其他各批军火，基本都安全运到香港，由胡毅生负责偷运入广东。

偷运的方法，八仙过海，各显神通。他们在香港成立了一家"头发公司"，在广州也设立了三家公司，从日本和西贡购来的军火，通过头发公司装运，先后三次成功运入广州。统筹部在香港中环摆花街设立了一个"实行部"，由李应生、李沛基、徐宗汉、黄悲汉负责，专门研制炸弹。后来，实行部移到广州的甘家巷，炸药用颜料罐装运，经溪峡转入广州。有的党人则假扮成新娘，用花轿送军火。

统筹部决定挑选500名敢死勇士，组成选锋队。但后来不敷调配，增至800人。黄兴给各地的党人发电报："开学在即请兄速来广太来。"这是起义的召集令。3月底，800多名选锋队员，从各地陆续赶到香港和省城附近集结。

4月8日，统筹部开会，黄兴宣布十路进攻广州的庞大计划。他亲自率领来自南洋和福建的同志攻击两广总督署；赵声率领苏皖同志攻击水师行台；陈炯明率东江同志，负责防截旗界，并占领顺德、大北两城；另外各路分别进攻督练公所、员警署、协署、军械局和电信局等地。另有多名"放火委员"，一俟起事，即在城内四处纵火。

至此，万事俱备，只欠东风。讵料，这天广州却发生了一件大事，把统筹部的部署打乱了。

4月8日，燕塘举行飞机飞行表演，署理广州将军的副都统孚琦带同全家一齐去观看。表演结束时，已是下午4时许，孚琦乘轿从燕塘返城，路过东门外咨议局附近时，突然有一条大汉从路旁冲出来，一手攀住轿杠，一手持枪，对他连开数枪，孚琦当场殒命。

刺客杀了孚琦后，从容脱掉身上的血衣，朝盘龙里方向走去。一名巡警悄悄地尾随后面。到了永胜街，巡警猛扑上前，把刺客拦腰抱住，两人扭打起来，附近的巡警闻声赶来，一拥而上把刺客擒获。

刺客名叫温生才，广东嘉应人，在广九铁路上做工，无父母兄弟妻子，在南洋加入同盟会。这次他回广州是独行侠，没有与同盟会香港支部联系，也不知道同盟会正在组织一次大起义，自己买了支枪就去暗杀政府大员。原想杀李准，为新军烈士报仇，却错杀了孚琦。审讯时，温生才痛快声称：此次刺杀将军，是为四万万同胞复仇，先刺满人，后杀汉官，现在义务已尽，心殊快乐。审讯官问他有什么同党，他说：十八省都有，以广东最多。

其后李准亲自提审，严刑拷打，但温生才坚不吐实。第二天，两广总督张鸣岐会同右都统、臬司、藩司、巡警道、营务处差，及新成立的高等审判厅厅丞、高等检察厅厅长，在督署二堂，对温生才进行终审。

张鸣岐说："一将军死，一将军来，于事何济？"

温生才慨然回答："杀一儆百，我愿已偿。"

张鸣岐电奏朝廷，将温生才就地正法。4月17日，张鸣岐奉旨升堂宣判，将温生才押至大东门外咨议局，当日行刺地点，枭首示众。温生才大笑着说："许多事归我一身担任，快死快生，再来击贼！"温生才押赴刑场时，坐在四轮车上的一只箩筐里，由官兵推着。他一路自言自语，谈笑自若，连连爆出粤语省骂"丢那妈"，经过惠爱街时，对路边的人群大呼："今日我代同胞复仇，各位同胞务须发奋做人才好！"①

黄复生、汪精卫暗杀摄政王没判死，温生才杀了孚琦，却被就地正法，而且还采用斩首这种古老的残酷方法。镇压革命党，地方似乎比中央还凶狠。难怪地方大员都反对司法独立了。但烈士的精神却是不会因此而死去，当时上海的报纸写道："粤语'丢那妈'三字，经温烈士一呼，而增无上之荣誉。"

---

① 冯自由《革命逸史》（二）。中华书局，1981年版。

温生才事件，令张鸣岐、李准有所警觉，认为这是革命党发难的先声。胡汉民说："（温生才）其事至壮烈，然省港党部俱不预知，则此成仁取义之举动，转为革命军发动之妨碍；盖革命军一方面于仓猝中不能利用敌人恐怖之机，而敌军一方面转以此加紧戒备也。"[1]

果然，李准马上把同情革命党的防营一营调走了，另调忠于政府的防营二营进城；并计划在5月初解散新军二标，在此之前，所有新军士兵不准请假外出，子弹、刺刀一律收缴。张鸣岐下令全城戒严，清查户口。统筹部在旗界租了九处地点准备届时纵火，已有四处被迫迁出。

由于形势骤变，黄兴和赵声、胡汉民商量以后，决定把起义日期推迟至4月26日。4月23日，黄兴动身到广州布置一切。临行前，他给邓泽如写了一封绝命书：

本日即赴阵地，誓身先士卒，努力杀贼，不敢有负诸贤之期望。所有此次出入款项清册，虽细数亦有登记……无论成败，俾共晓然此次之款，涓滴归公。弟等不才，预备或有未周，用途即因之不当，负疚殊深。所冀汉族有幸，一举获捷。否则虽寸磔吾躯，亦不足蔽罪。惟此心公明，足以对诸公耳。绝笔于此，不胜系恋。[2]

信末盖上两枚血红的印章，一枚刻着"铲除世界一切障碍之使者"，另一枚刻着"灭此朝食"。

---

[1]《胡汉民自传》。存萃学社编《胡汉民事迹资料汇辑》（一），香港，大东图书公司，1980年版。

[2] 黄兴《致邓泽如书》。《黄兴集》，中华书局，1981年版。

　　起义总指挥部设在广州司后街小东营，离制台衙门和水师提署只有一箭之地。赵声担任起义总司令，未到广州时，由黄兴代理。而统筹部则仍留在香港。黄兴到广州以后，把十路进攻的计划改为四路进攻，黄兴率领一路攻两广总督署，调度课课长姚雨平率领一路攻小北门飞来庙，迎接新军入城，编制课课长陈炯明率领一路攻巡警教练所，储运课课长胡毅生率领一路扼守大南门。

　　但即使这样，他们也没有足够的兵力和武器。鉴于在日本、安南购买的军火，要 27 日才能运到，所以黄兴临时决定起义日期再压后一天。胡汉民预定在发难前夜率领香港的党人到广州，这时却突然接获黄兴电报，"省城疫发，儿女切勿回家"，嘱他们暂缓行动，在河南集结的会党队伍，也暂行解散。

　　4 月 26 日，巡防二营抵达广州，其中三哨占领了观音山。黄兴追记："广州城内之观音山，犹南京城中之北极阁，居高临下，极占形势，故张（鸣岐）派兵驻此以扼我军。"胡毅生、陈炯明等人都主张变更起义日期，黄兴说："此日有倡议改期者，然种种机关已备，势难再延，故兄弟及少数同志坚持不可，谓改期无异解散，将来前功尽弃，殊为可惜。"①

　　姚雨平虽然同意按时发动，但要求发给他 500 支枪械。这时黄兴手头的枪械，充其量只有 70 几支，其他还装在箱中没开封，哪里变得出 500 支来。黄兴又怒又恨，打算解散各部，自己以一人死拼李准，以谢海内外同志。原来云集省城的各路帮会弟子，又有 300 多人被遣散。

———————————

① 黄兴《在南京黄花岗之役周年纪念会上的演讲》。《黄兴集》，中华书局，1981年版。

这时，黄兴接到消息，说张鸣岐已密令城内军警：一、预备开战；二、城内火警，不准开城赴救；三、大索党人。5月3日以前将挨家挨户搜查。"似此则不特不能改期，且须速发方可自救"。黄兴把大家召集来说："我个人本来早已下了必死之心，准备为主义而牺牲，我们如果再不发动，也要给保皇党机关，说我们是吹牛了。"[①]

姚雨平说，李准把巡防三营也调到省城来了，这营的哨官十之八九是同盟会员，有把握让他们届时响应。黄兴神情振奋地宣布，起义定于4月27日举行不变。26日晚上，胡汉民在香港终于收到黄兴的电报："母病稍愈，须购通草来。"这是命令香港的党人全体开赴广州。但这时由香港至广州的最后一班船已经开出。胡汉民一面致电广州，请将日期推后一天，一面派谭人凤在次日早晨乘船到广州报告。

谭人凤到达广州后，因为不知道指挥部的地址，便先找陈炯明，告知香港人马未及赴省，起义须压后一日。陈炯明大吃一惊，让谭人凤赶紧到指挥部报告，他自己则去通知城外的民军。谭人凤来到小东营时，留在指挥部的党人，已经整装待发了。时间是4月27日（农历三月二十九日）下午4时许。

谭人凤传达统筹部的意见，要求改期。黄兴跳起来说："请你不要乱我军心，我意已决，谁不准再说改期了。"谭人凤说："既然你一定要今天起事，请你把枪给我，让我和他们一同去。"黄兴大声说："这是决死队，你年纪老了，还是在后面担任些别的工作吧。"谭人凤

① 胡国梁《辛亥广州起义别纪》。中国史学会主编《辛亥革命》（四），上海人民出版社、上海书店出版社，2000年版。

也发怒说："我知道是决死队,他们不怕死,难道我就怕死吗?"① 黄兴只好给了他一把手枪,谁知谭人凤刚接过枪就扣了扳机,轰的一枪打到墙上。黄兴赶紧把枪夺下,谭人凤这才悻悻然同意留下。

黄兴给每个选锋队员发了一块大饼,一条毛巾和枪械炸弹。朱执信这时刚好来小东营办事,立即把长衫剪去一半,加入选锋队。5时30分,这支170多人的选锋队,有如出柙猛虎,朝两广总督署猛扑过去了。

选锋队出发后,谭人凤又匆匆赶去找陈炯明,想告诉他指挥部决定按期起义。但陈炯明已经出城去了。由于阴差阳错,导致集结在城外的海陆丰党人,没有能够参加起义,黄兴一路陷于孤军作战。

选锋队到了督署门口以后,把白毛巾往臂上一缠,林时爽、何克夫、刘梅卿三名队员吹起螺号,一面猛冲,一面高喊:"我们是为中国人吐气,你们也是中国人,赞成的请举手!"但督署卫队却报以激烈的枪弹。

经过一番激战,选锋队击溃了卫队的阻击,撞开大门,冲入署内。这时张鸣岐已经从图籍所的楼顶钻出瓦面,逃到厚祥街,直奔天平街水师公所而去。黄兴冲进张鸣岐的寝室,想在署内纵火,以号召各方,但找不到引火材料,黄兴把火种扔到张鸣岐的床上,便率众掉头向外冲去。

选锋队刚出督署大门,迎面撞上李准的亲兵大队,一名队员上前高呼:"我们都是汉人,同心戮力,共除异族,恢复汉疆。不用打,不用打!"话音未落,被对方一枪击中脑门,当场丧命。另外五名队

---

① 胡国梁《辛亥广州起义别纪》。中国史学会主编《辛亥革命》(四),上海人民出版社、上海书店出版社,2000年版。

员也中弹倒地，黄兴的右手断了两指，血满袍襟，且战且退。

在东辕门，他们和巡防三营相遇。三营官兵是开进城里策应起义，准备前往水师提督署抓捕李准的，为了行动方便，臂上都没有缠上白毛巾。防营哨兵温楚雄大叫："兄弟们不要走！"选锋队误以为他们是前来弹压的官兵，不问情由，乱枪扫射，温楚雄身中数弹毙命。大水冲倒龙王庙，结果失去了一个反败为胜的机会。

李准急调巡防二营在东西辕门防守，张鸣岐颁令：一、不准外来船只搭客上岸；二、凡无辫发者，不论是否党人，拿获即杀。选锋队在大南门被军队冲散，大部分党人不是当场丧生，就是突围时被俘。

赵声、胡汉民在那天晚上才到达广州。从轮船登岸时，起义已经失败了，城门紧闭，到处是军警，戒备森严，他们好不容易躲过警察的盘查，住进酒店。胡汉民记述："余等以日本语私商，共以手无寸铁，求死无术，不宜久留落贼手，遂登港夜船。船中已有警官稽查，惟视余辈乃似外省官眷之避乱者，乃不甚留难。船久之乃启行，在船中犹勉自镇慑……痛定思痛，惟有相对痛哭耳。"[①]

当时美国驻广州领事写的备忘录，记载了广州市面的情形："事变后，张督即采取最严厉的政策以对付革命党人，曾下令捕捉街上任何没有辫子、形迹可疑的人，但这法令宣布后，不得不即行收回，因为在广州剪去辫子的人比其他各地要多得多，许多年青官员、学生与效忠清政府的人，都仿效西方发装，剪掉辫子。军警四处搜查民房，

---

①《胡汉民自传》。存萃学社编《胡汉民事迹资料汇辑》(一)，香港，大东图书公司，1980 年版。

趁机勒索财物，民间顿成为一片恐怖世界。"①

　　第二天，黄兴也逃回香港。在这次惨烈的起义中，死难党人不计其数。除两名妇女和一名年纪太小的党人外，其他一律处死。不少被捕党人，被官兵用七寸铁钉从脑门钉入，一钉致命，尸体抛入珠江。而混战中死难的党人和一部分被枪决的党人，尸体丢弃在咨议局前的池塘里，无人收殓。

　　"守真阁"裱画店的老板潘达微，一位天生侠义肝肠的同盟会员，不避风险，东奔西走，恳求广仁、爱育、方便、广济各善堂，出面和官府交涉代为安葬。善堂是由士绅、邑人主持的慈善机构，其功能以施棺、赠药、平粜、赡老恤嫠、扶养废疾为主。经过一番据理力争，官府勉强同意把所有遗骸葬在平时掩埋处死犯人和无主尸的臭岗上。

　　潘达微于心不忍，又请广州豪绅、时任清乡督办的江孔殷出面，向官府疏通，允为烈士另觅墓地。得广仁善堂慨然让出红花岗空地一块，用以安葬死难义士。红花岗位于沙河马路旁，空旷通达。由善堂雇工，连夜赶挖墓坑，在一片凄凄风雨之中，棺殓遗骸七十二具。当时有一班乞丐自告奋勇，前来协助掩埋烈士，完工后分文不收，掉头而去，令潘达微无限感慨。

　　掩埋烈士后，潘达微写了《咨议局前录新鬼，红花岗上党人碑》一文，以作纪念。又画秋菊图，题"碧血黄花"四字。他蓦然觉得，傲霜菊花（黄花），恰似烈士的侠义精神，"本性能耐寒，风霜其奈何！"于是，他大笔一挥，把文章中的红花岗，统统改称黄花岗。②

① 引自陈定炎《陈竞存（炯明）先生年谱》。台湾，桂冠图书公司，1995 年版。
② 1912 年广东军政府在黄花岗公祭死难烈士，并拨款在红花岗兴建陵园，正式定名为黄花岗，取黄花晚节之意。

这次失败，同盟会精英损失殆尽，元气大伤。有的报纸误传胡汉民已死，汪精卫在北京狱中闻讯，不禁痛哭失声："如何两人血，不作一时流！"黄兴在一年后追记："此役之失败，至是完毕。统计百二十人中，存者无多。而所亡者皆吾党之精华，推原其故，均由兴一人之罪。盖兴当日若不坚持迅发，则陈、姚不得愆期，又何致以孤军无援，陷入重地，死我英俊如此之多。"他在悲痛之余，曾一度想效法汪精卫，实行个人暗杀，狙击张鸣岐、李准二人。但谭人凤和海外同志，纷纷邮电力阻，而广州又戒备森严，一时难以下手，黄兴无奈，"乃淹留香港，日伺机会"。①

赵声愤不欲生，每天狂饮烂醉，悲歌当哭，5月6日突然口吐紫血，经诊断为盲肠炎，延至5月22日午后，病情急剧恶化，他强支病体，写下一首绝命诗：

临危握手莫咨嗟，小别千年一刹那。
再见却是何处是，茫茫血海怒翻花。

写毕，长叹一声而逝。

关于这次起义，同盟会内流传着黄兴写的两份报告书，一份是5月初他用左手执笔（因右手受伤）写的，另一份是他与胡汉民联名写的，两份报告书时间相隔一个月，但内容出入颇多。第一份主要指责胡毅生、姚雨平二人，措词极为严厉，在"不能不举毅生、雨平二人

---

① 黄兴《在南京黄花岗之役周年纪念会上的演讲》。《黄兴集》，中华书局，1981年版。

之罪"后，愤恨不已地说："弟思及此，尤叹毅之无良。"[1] 报告并无一语批评陈炯明。但第二份黄兴与胡汉民联名的报告书，矛头却突然转向陈炯明，对他大加指责，而对胡毅生的批评，则温和了许多。

这两份报告书内容的差异，引起聚讼纷纭。据一些当事人的回忆，第二份联名报告书中提及的许多细节，与事实并不相符，况且胡毅生是胡汉民的堂弟，因而报告书的可靠性，备受质疑。《陈（竞存）炯明先生年谱》的作者便说："黄兴于事败后，右手受伤，在香港于辛亥四月的一个月里，以左手拈笔写一个《报告书》，而又再行口述，由胡汉民手写另一个《报告书》。在这短短的一段时间内，这两个《报告书》'所叙事迹，颇有出入，叙胡毅生等的行为，出入尤多'，又增加了陈炯明为罪人之列，是令人难以置信。谨慎的历史学者，觉得所谓黄、胡联名的《报告书》，恐是日后胡汉民所捏写的。"[2]

姚雨平对"报告书"内容很不服气，曾打算邀请所有当事人到新加坡开会辩论，当面对质，后来被大家劝止了。国内形势发展，一日千里，他们还有更多更紧迫的事情要做。民国成立以后，孙文以一篇气势磅礴的文字，纪念三·二九之役：

清朝末造，革命党人，历艰难险，以坚毅不挠之精神，与民贼相搏，踬踣者屡，死事之惨，以辛亥三月二十九日围攻两广督署之役为最。吾党菁华，付之一炬，其损失可谓大矣。然是役也，碧血横飞，浩气四塞，草木为之含悲，风云因而变色，全国久蛰之人心，

---

[1] 黄兴《广州起义报告书》。存萃学社编《辛亥革命资料汇辑》（一），大东图书公司，1978 年版。

[2] 陈定炎《陈竞存（炯明）先生年谱》。台湾，桂冠图书公司，1995 年版。

乃大兴奋，怨愤所积，如怒涛排壑，不可遏抑，不半载而武昌之大革命以成，则斯役之价值，直可惊天地，泣鬼神，与武昌革命之役并寿。[①]

---

① 孙文《〈黄花岗烈士事略〉序》。《孙中山全集》（六），中华书局，1981 年版。

自绝于天下的皇族内阁

在 1910 年的国会请愿运动中，开放党禁的主张，愈来愈受到朝野重视，固然有梁启超推动之功，但在资政院中，不同政治立场的各派势力之间的角力，也令政党政治有了水到渠成之势。

在资政院讨论新刑律时，有反对的，有支持的，已俨然分成两大阵营。两派各逞词锋，激烈争辩。争得性起，甚至发展到在议院外的肢体冲突，闹上警察局。当时的报纸称："新刑律之争论，极一时之盛，大抵不外无夫奸无罪及子弟不守教令，新律未定专条，为新旧两派喧论之点，旧派混礼教与法律为一谈，虽不足取，然此自是过渡时代所不能免之现象。乃以此故，民党大为分裂，而政府新进与民间新派，乃不期而媾合。"[①]

资政院闭会后，两派议员都觉得有各自结成一党的必要，以增强凝聚力，日后在议院讨论议案时，可以发挥更大的力量。于是，由资政院议员组成的"宪政维持进行会""政学会""尚志会"等团体，就像雨后的蘑菇一样，纷纷冒出。当时很多咨议局议员也没有因朝廷禁止请愿国会，便遵旨返回各省，而是继续留在京里活动，奔走串连。串连的结果，愈加觉得有组党的必要。

①《时报》，1911 年 2 月 9 日。

1911 年 1 月 1 日，孙洪伊就组党问题，邀请各省咨议局联合会的议员举行谈话会。大家一听组党，无不热烈响应，决定以原来同志会的基础，组织政党，并立即讨论了党规、党纲草案，推举出孙洪伊、雷奋、吴赐龄、李文熙、席绶、康士铎等十七人为临时干事，负责成立大会筹备工作。党的名称暂定为"帝国统一党"。

那时，国内三方面的力量，都在竞走。革命党发动了广州起义，立宪派则密锣紧鼓筹划组党，资政院要求召开临时会（被朝廷否决）；2 月下旬，在美国的中华帝国宪政会呼吁国内各团体举行第五次国会请愿："敌迫，国会迟必亡，速五请。"[1] 在竞走的三方力量中，只有朝廷是不慌不忙，按部就班，依照既定的立宪时间表，5 月 8 日颁布了《内阁官制》和《内阁办事暂行章程》。同日，设立内阁，裁撤旧内阁、军机处和会议政务处。新内阁的国务大臣名单如下：

内阁总理大臣奕劻（皇族），内阁协理大臣那桐，内阁协理大臣徐世昌，陆军大臣荫昌，海军大臣载洵（皇族），司法大臣绍昌，外务大臣梁敦彦，农工商大臣溥伦（皇族），民政大臣善耆（皇族），邮传大臣盛宣怀，度支大臣载泽（皇族），理藩大臣寿耆（宗室），学务大臣唐景崇。

载沣希望加强中央集权，其心可谅，因为这时的中央，已几乎没权了，地方势力尾大不掉，皇帝圣旨出不了紫禁城，再不集权，干脆退位算了。但问题是，载沣有本事集权吗？在载沣的考虑之中，这个内阁显然是召开正式国会之前的过渡内阁，其首要任务，就是确保过渡期的稳定，不指望它有什么宏图大计。那么，谁会真心协助他稳定局面呢？当然就是皇族。如果人们能站在载沣的角度去想，便不难

---

[1]《申报》，1911 月 2 月 24 日。

理解，他根本没有第二条路可走。

对这个内阁名单，几乎所有人的第一反应，都是马上在心里作统计学上的区分：有多少个满人，多少个汉人，多少个皇族，多少个宗室。至于他们有什么政治主张，有什么施政纲领，有没有能力，这是没人留意的，可以忽略不计。

人们常常批评载沣有意排汉，在十三个内阁成员中，有五个皇族，一个宗室，三个满人，只有四个汉人。局势到了这一步，还不肯开放政权，还要搞个"皇族内阁"来献丑。其实，就算载沣不排汉，愿意开放政权，也没有哪个汉族大臣有足够的能力与忠诚，帮助朝廷走出困局，把十三个内阁成员全换成汉人，大清就可以死而复生了吗？根本不可能。既然如此，载沣当然首选自己的亲朋戚友了，上阵不离父子兵，虽然帮不上忙，至少不会背叛。

革命派正中下怀，理直气壮地指出：你们看，"皇族内阁"就是皇族集权的最好证据！而立宪派也觉得这是一个不能接受的结果。咨议局联合会草折请都察院代奏，指出："皇族内阁与君主立宪政体，有不能兼容之性质"，因为内阁是经常会变动的，如果出现倒阁，给人的感觉就好像倒了皇族，这是非常不妥的，所以请于皇族之外，另简大臣充当内阁总理。但此折上奏后，留中不发，没了下文。

与此同时，朝廷颁布的《内阁官制》，也引起部分地方督抚的激烈反弹。由于新官制规定，督抚由内阁管辖，上奏权归内阁与议会所有，地方督抚不得专折奏事。这意味着以前直接对皇上负责的督抚，现在变成对内阁负责，不能向皇上直奏了。以前是四品以下的官不得直奏，现在他们沦为一样的身价了，能不令这些封疆大吏们愤怒吗？但按新规定，地方官员只能讨论外省官制，内阁官制轮不到他们说话，以前中央有张之洞、袁世凯这些来自地方的大臣，还能替他们出头，现在他们的吵嚷，无人理睬。

载沣可以不理会督抚们的反对，但他低估了皇族内阁对民间产生的负面冲击。按咨议局联合会原先的约定，应在 7 月开第二次会议，但由于资政院开临时会不成，咨议局联合会决定提前到 5 月开第二次会议。

朝廷公布内阁名单前夕，各省咨议局的议长、副议长都已纷纷赴京。据徐佛苏向梁启超报告："因时局危急，各省人士多欲联合来京扎一硬寨，故此次代表皆各省之议长、副议长（江苏代表除张謇、杨廷栋外，尚有马先生，并此奉告），可谓极一时之盛况。"他誓言非在这次会议上，达成组党之愿不可，否则，没有政党的监督、运作，不仅刚成立的资政院将沦于腐败，将来的正式国会，只会更腐败。

> ［徐佛苏说］故此次开联合会之时，万不能不组政党。弟以为此次若不能组成大党，则后顾茫茫无期，而宣统五年之国会，其腐败将远逾于资政院。[①]

在皇族内阁公布四天后，即 5 月 12 日，咨议局联合会在北京召开第二次会议，讨论决定修改党纲、党规，并推选黄远庸、雷奋、张国溶、徐佛苏为起草员。5 月 30 日，五十多名中坚分子召开发起会，大家对"帝国统一党"的名称有争议，最后正式定名为"宪友会"，宣布党"以发展民权完成宪政为目的"，近期的主张为：一、尊重君主立宪政体。二、督促联责内阁。三、整厘行省政务。四、开发社会经济。五、讲求国民外交。六、提供尚武教育。

---

① 引自丁文江、赵丰田《梁启超年谱长编》。上海人民出版社，1983 年版。

　　会议推举谢远涵做临时主席，萧湘、袁金铠、康士铎、梁善济、陈登山、孙洪伊为临时干事，负责筹备成立大会。1911 年 6 月 4 日，宪友会在北京湖广会馆举行成立大会，到会一百多人，用不记名投票的方式，选举雷奋、徐佛苏、孙洪伊为常务干事，籍忠寅、李文熙、谢远涵为候补常务干事。尽管朝廷还没正式开放党禁，宪友会也只能以"会"的名义出现，但立宪派已经把它视为在民政部正式注册的合法政党，完全按政党模式运作，标志着中国即将迈入政党时代。

　　这本来应该是狂欢庆祝、燃放烟花鞭炮的大喜事，但此时的北京上空，正笼罩着厚重的浓云，紫禁城内外，一片死寂。大清王朝正处于它历史上最危险的时刻。谁的心情也开朗不起来。

　　咨议局联合会在第一次呈请改组内阁，朝廷不予理睬后，又进行第二次呈请，这次有奉天、吉林、黑龙江、直隶、江苏、安徽、山东、山西、河南、陕西、福建、浙江、江西、湖北、湖南、四川、广西、贵州、云南各省咨议局议长、议员四十余人联署，明确提出："君主不负责任，皇族不掌政权，为君主立宪国唯一之原则。"这回皇上（摄政王）发怒了，降旨严加申斥："乃该议员等一再陈请，议论渐近嚣张，若不亟为申明，日久恐滋流弊。朝廷用人，审时度势，一秉大公，尔臣民等均当懔遵钦定宪法大纲，不得率行干请，以符君主立宪之本旨。"[1]

　　局势已到了存亡一线之际，朝廷还端着这种奄有四海的傲慢架子。古人云，天下将亡，其发必有门。诚哉斯言。

---

[1]《时报》，1911 年 7 月 5 日。

铁路成了催命符

在中国走向现代化的路程上，铁路一直是一个很纠结的难题。

铁路之难，不是难在资金问题，也不是技术问题，而是民族问题。中国的一切事情，都可以扯上民族问题，一扯上民族问题，必然人人热血沸腾，个个怒火万丈，再简单的问题，也变得无比复杂了。

站在国家的立场，自然希望铁路国有，当年张之洞办铁路的八字原则，便是"商可分利，不可分权"，所有权必须归国家所有。但国家没那么多钱修铁路，只能向外国贷款。一旦向外国贷款，就牵扯到民族问题了。中国的事情，只要扯上民族问题，就没完没了了。铁路马上提升到爱国与卖国的高度。自从 1906 年广东商人成功争取到粤汉铁路广东段商办之后，商办铁路的呼声，席卷全国，沪宁铁路、苏甬杭铁路、广九铁路都相继爆发了赎路风潮。到 1910 年，全国各省已成立了近二十家铁路公司，几乎都是商办，或官督商办、官商合办的。

但经过几年商办之后，人们却发现问题丛生。首先是资金不足，很多铁路都是修了半截就修不下去了，后路未修，前路已坏，再筹新款，都用来维修前路了，连股东的利息都付不出，以致出现"款尽路绝，民穷财困"的局面。为了融资，政府不断加派米捐、盐捐、房捐、薪捐，等等，又引起民怨沸腾。

1909 年，邮传部察勘了各省修筑铁路的情况，震惊地发现，川汉、西潼、洛潼、江西、安徽的筑路预计需要 7200 万两，但实际到位的只有 1310 万两。计划兴建的铁路有 1710 公里，实际完成只有 44.5 公里。有人举出川汉铁路，筹款几年，筹到的钱不及所需十分之一，按这进度，估计要 90 至 100 年才能完工。也有人说，广东的铁路公司虽然有华侨股款 3000 多万元，但只筑了潮汕铁路几十里，其中 1000 余万元，被革命党和保皇党挪用了。

其次，民办铁路公司大都缺乏工程技术人才和铁路管理人才。各省之间铁路如何衔接，也是个大难题，由于各省自修门前路，没有全盘规划，缺乏协调，费时失事，浪费严重。而这些民办铁路公司内，任人唯亲，贪污成风，也让人失望，粤汉铁路公司更是内讧不断，郑观应被人赶下了台，换了梁诚上台，但没多久梁诚又被人揭发贪污。凡此种种，都令商办铁路备受舆论诟病。

平心而论，这一切弊端的出现，原因并不完全在商人身上，更多是在国家身上。国家对商办铁路没有政策指导，没有法律规范，没有监督管理，采取放任自流的态度，等到问题成堆了，就收归国有。所以，混乱的根子是在朝廷，在制度上，不是在民间。如果以为把路权收归国有，就能解决诸如贪污腐化、任人唯亲、效率低下、缺乏有效管理等等问题，那是白日做梦，甚至可能比商办时更加糟糕。

收归国有的最大好处，就是能向外国贷款。许多人都认为，商办铁路不可能筹到必要的资金，因为哪个外国财团都不敢把如此巨额的钱贷给私人，要贷款，只能由政府出面。其实，就当时中国的情况而言，主要问题不是外国敢不敢贷，而是绝大多数商办铁路公司，都把不招洋股、不贷洋款作为不可逾越的红线，以彰显自己的民族主义立场。

反对借洋款的人，大致分为三类：一是出于真诚的爱国心，朴素地认为，只要把外国人挡在国门外，就是爱国；第二类是借此抢占道德制高点，博取清誉、民望；还有一类，就是矮子看戏，跟着嚷。

事实上，以当时民间的财力，不足以支付如此庞大的投资。如果民间商人能直接向外国贷款，建立直接的合作关系，而不把贷款的专利让给官府，那么，情况也许会大不一样。不仅铁路可办，对民间社会的形成与成熟，也有正面的作用。

最初中国的铁路是一揽子承包给外商的，建成后外商分利几成，年限满后，悉归中国。后来，中国的官员也意识到，可以借款自办，即只借外款，铁路所有建造工程和管理权，全归中国自行办理。这说明中国并不缺乏人才，这些人才如果可以为国有铁路效力，为什么不能为商办铁路效力呢？

川汉铁路在 1903 年由当时四川总督锡良奏定为官督商办，股本4000 万，按亩派捐，已经令农民负担极重，但交了钱总算是个小股东。1909 年，张之洞以政府名义，与美、英、法、德四国银行签订借款合同，部计贷款 550 万英镑，利息五厘，用于建造粤汉铁路与川汉铁路的湖广段。这事当时并未引起太大的反响，讵料张之洞突然逝世，1911 年 1 月 6 日，盛宣怀重新接掌铁路大政，当上了邮传部尚书，后来还进了皇族内阁。

盛宣怀一上任，第一件事，是把当年被袁世凯夺走的官办电报全部收归邮传部办。5 月初，他向载沣献了"铁路收归国有"一计。盛氏指出，湘、鄂两省组织拒款会，不借外债，根本是徒托空言，于事无补。按他们这样筹款，再筹 30 年也筹不足筑路之款。解决的办法，就是把全国铁路分为干路与支路，干路由官府借款兴办，支路则可由商人集股商办。只要政府在与外国签订合同时，真正做到"严定限制，权操于我"，令外人只可得投资之利，而无干预造路用人之权，则路权并不会受到损害。

在商言商，这个建议未尝不是解决筑路资金的可行办法，收益最大，损失最少，所以令载沣大为动容。然而，载沣和盛宣怀都没有考虑到中国的具体环境，一触及到民族主义这根敏感的神经，说什么在商言商，全是废话。

载沣让盛宣怀尽快与外务部、度支部的大臣商议出具体细则。5月8日，朝廷公布内阁名单，第二天，即5月9日便下谕，宣布将全国铁路干线一律收归国有：

> 国家必得有纵横四境诸大干路，方足以资行政而握中央之枢纽。从前规划未善，并无一定办法，以致全国路政，错乱纷歧，不分枝干，不量民力，一纸呈请，辄行批准商办。乃数年以来，粤则收股及半，造路无多；川则倒账甚巨，参追无着；湘鄂则开局多年，徒资坐耗……用特明白晓谕，昭示天下，干路均归国有，定为政策。所有宣统三年以前，各省分设公司集股商办之干路，延误已久，应即由国家收回，赶紧兴筑。除枝路仍准商民量力酌行外，其从前批准干路各案，一律取消……如有不顾大局，故意扰乱路政，煽惑抵抗，即照违制论。[①]

人们常说载沣是个弱主，性格懦弱，但从他摄政三年来看，是努力想强起来的，所以在如此短时期内，做出罢免袁世凯、驱逐议员

---

① 中国历史第一档案馆编《宣统朝上谕档》（三十七），广西师范大学出版社，1996年版。

出京、成立皇族内阁、铁路国有等一连串重大决策，而且刀刀见血，雷厉风行，恐怕连慈禧也无此魄力。载沣竭力塑造一个强势的形象，但一个才具、器局、智慧都平平的人，在政府严重缺乏权威资源的情况下，被置于历史的风口浪尖，硬要他扮演铁腕强权的强势人物，实非国家之福。

载沣搞不清哪里该硬，哪里不该硬。本来，国会还有两年就要正式召开了，像铁路国有这类重大问题，不妨留待国会成立后，由国会讨论决定，再怎么急，也不急这两年。如果等不及正式国会，至少可以按照资政院章程中，有关对外缔结条约要交资政院通过的规定，由资政院讨论一下，走走程序，但朝廷却宁愿采取违法的行为，以一纸上谕，直接宣布铁路国有，暴露出载沣的思想，仍然停留在"朕即法律"时代，对宪法既无认识，也无诚意。

果然，5月10日，上谕寄到成都，民间马上喧腾起来了。盛宣怀给绅商中的印象一向很糟糕，铁路国有的建议，如果由张之洞提出来，民间的反弹，也许不会那么激烈，但出自盛宣怀之口，人们就怀疑他的动机。尤其是朝廷决定，"川省路股实用之款，给国家保利股票，余款或附股或兴办实业，另行规定，不得由股东收回"。[1]最后这句话，让小股东大起恐慌，担心他们的钱从此化为乌有。当初为筹路款，按亩派捐，是强制性的，只要有一亩田收租，都要交捐，都成了铁路股东。"农民负担已重，其无产可破者，至鬻子以相应，骤失股权，悲愤不知所措。"[2]

---

① 夏冬元《盛宣怀年谱长编》（下）。上海交通大学出版社，2004年版。

②《熊克武等：辛亥革命纪事》。戴执礼编《四川保路运动史料汇纂》（上），台湾，中央研究院近代史研究所，1994年版。

成都铁路总公司召集临时股东大会，有两三百人到场，总理曾培当众宣读上谕，请大家发表意见。会场上顿时炸开了锅，分成两派意见，有赞成的，有反对的。第二天，劝业道周善培向四川总督、藩司报告大会情况，当时川督赵尔丰还没到任，由布政使王人文护理督篆。他面带忧色地说："此事怕有麻烦。"

麻烦已经来了。

5月20日，盛宣怀按张之洞当初的协议草案，与四国银行签订粤汉铁路与川汉铁路的正式借款合同，借款总额为600万英镑，以两湖厘金、盐税为头次抵押。铁路所有建造工程和管理一切之权，全归大清政府独自办理。

5月22日，上谕："现将铁路改归官办，自降旨之日起，所有川湘两省租股一律停止。"饬王人文查明股款的数额，准备换发国家铁路股票；同时又电谕湖南巡抚杨文鼎，做好镇压准备："湘省民情浮动，易滋事端。着该抚严行禁止，剀切晓谕，不准刊单传布，聚众演说。倘有匪徒从中煽惑，扰害治安，意在作乱，准如所拟照乱党办法，格杀勿论。"①

载沣预见到，湖南、湖北民气强悍，广东绅商势力强大，都是最难搞的，一定会有大型的抗议活动。果然，上谕公布后，鄂、湘、粤三省舆论大哗。由于合同规定筑路所用的钢轨等材料，至少有一半要用汉冶萍公司的产品。汉冶萍公司是1908年由盛宣怀奏请朝廷批准合并汉阳铁厂、大冶铁矿、萍乡煤矿而成立的大型钢铁联合企业，目前处于严重亏损、债台高筑状态。动机论者马上指出，汉冶萍

①《清史编年》（十二·下）。中国人民大学出版社，2000年版。

公司是盛宣怀唯一直接管理的企业，盛宣怀卖路是为了救活自己的企业。

湖南首先起来反对，在咨议局领导下，集合了 1 万多人，到巡抚衙门请愿。湖北商办铁路公司、铁路协会、省咨议局和各大团体，立即"刊发传单，奔走相告，拟即日开会举代表赴摄政王府第，泣求收回成命，仍准商办"。[①]

广东的绅商也大动公愤，准备集体向朝廷奏劾盛宣怀，并质问奕劻。有人倡议不用官发纸币，各银行、钱庄门前，立即涌动着人潮，纷纷将官发纸币兑换白银。市面恐慌万状，张鸣岐手足无措，急向度支、邮传两部呼吁挽救。张鸣岐告示，声称对纠众作乱者，"格杀勿论"。但有人反唇相讥："对劫夺商路者，也应格杀勿论！"

反抗的风潮蔓延至浙江等地。浙江铁路公司总经理汤寿潜致电军机处，反对盛宣怀出任邮传部尚书，载沣以上谕形式解除汤氏的总经理职。立宪时代，皇上竟然直接干预民营企业的事件，令人觉得时光倒退了一百年。浙江公司 1000 多股东在上海开会，公开抵制上谕，指上谕与《公司律》相抵触，根据法律，只有董事会才有选举和罢免公司高级职员的权力，皇上无此权力。

载沣急派端方以候补侍郎充督办粤汉、川汉铁路大臣，迅速前往办理收归铁路国有事宜。但载沣没料到，最后溃疡的总爆发，不是在鄂、湘、粤，竟然在四川。

邮传部公布的处理办法为：已经用在铁路建设上的股金，国家换发国有铁路保本股票；没有使用部分，任凭取回股本，可以继续入股，也可以换发国有铁路保本股票；亏损部分，国家不予补偿，由具

---

① 《申报》，1911 年 5 月 15 日。

体经办人负责。换发后的国有保本股票，可以分红，也可以向大清、交通银行进行货币抵偿，兼具国债功能。

这个处理办法，应该说，大致上还是公平的。湖北、广东两省渐渐平静下来。四川民间的反应，也不是一边倒地反对国有，赞成者大有人在，但前提是国家要偿还路款。四川铁路公司开办八年来用去了几百万元，上海办事处损失二三百万元（被铁路公司驻沪代表买橡皮股票亏空），政府如果能以现金偿还，连同公司租股、购股收入余存未用的一千余万，一并改作建设四川的经费，则把铁路交给国家亦无妨。

讵料，6月1日端午节那天，王人文收到端方的一封电报，略谓："不但公司已用和上海倒折的款项政府概不承认，并要把公司现存未用的现款一千余万由政府提用，换发一种债票。"①

连未用的钱都不能退还，这等于明抢民财了。四川铁路总公司看到电报后，全体股东的情绪，立即掀起愤怒的浪潮。原来赞成国有的人，现在都倒向反对派了。一场大风暴，因而触发。

由于民间反弹力度之大，超出了官府的预计，6月6日，内阁召开各部大臣会议，商讨应对办法。但大家面面相觑，没有人能出一个主意。奕劻干脆以铁路国有政策，事前并未经过内阁讨论为由，把责任推得干干净净。

[据周善培记述] 邮传部大臣盛宣怀，怕和川粤湘绅民通电的麻烦，十五日（6月11日）由部电饬各省电报局不许代发关于路事

---

①《周善培：辛亥四川争路亲历记》。戴执礼编《四川保路运动史料汇纂》（上），台湾，中央研究院近代史研究所，1994年版。

的电报。消息到了四川，公司召集一个临时会议，群众更加激愤说："政府要硬对付争路的人，我们也将改变方法来一个硬对付了。"①

6月13日，四国银行的借款合同文本也寄到四川了。王人文看过后，叹气说："政府这回乱子闯大了。能渡过去或渡不过去，就看国家的命运了。"

6月17日，铁路公司再次召开大会，一千多人把会场挤得密密层层。连多年不出席公开活动的老翰林、八十五岁高龄的伍肇龄，也由人搀扶着，颤巍巍来到会场。周善培问他："老先生怎么肯出来？"伍肇龄老人说："此事关系四川的存亡，即使走不动，抬起也得来！"会议开始后，由川路股东会董事颜楷主持，他请大家就合同发表意见。群众情绪，本来激动，一点小小的刺激，也会燃烧起来。周善培有如下的追述：

忽然有个人站起来流着眼泪说："铁路完了，四川也亡了！"说完了，就大哭起来。会众也就一齐大声号哭起来。有的一面拍桌子，一面踢脚的，吼得屋瓦都要震动了。照料会场的八个警察也丢了警棍，伏在桌子旁边一同号哭起来。②

会场气氛变得如醉如狂。大家一致决定成立"保路同志会"，以"保路"作为公开号召，推举蒲殿俊为会长，罗纶为副会长。然后大

---

① ②《周善培：辛亥四川争路亲历记》。戴执礼编《四川保路运动史料汇纂》（上），台湾，中央研究院近代史研究所，1994年版。

家结队步出会场，黑压压一片朝制台衙门走去，准备向王人文请愿。伍肇龄老人也夹在人流中，坚持不坐轿子，由人扶着往衙门走，短短的三四里路，走了一个小时才到。

王人文在督署大堂前接见大家，请大家畅所欲言。好几位代表轮流发言，不少人声泪俱下，都说"四川铁路是光绪皇帝批准四川人自办的，不能就这么收归国有"。王人文也激动起来，搬张凳子放到中间，站上去对大家说："四川总督是政府派来代四川人办事的，四川人对政府有什么意见，总督有代你们转达的责任。你们快把方才所说的一切具个呈文来，我立刻代你们电奏，并代你们力争。一争不行，就再争。哪怕争到丢了官，能把我的责任尽到了，丢官也是快乐的。"伍肇龄老人"扑通"一声，带头跪下。全体人员齐刷刷一起跪了下来。

当天，保路同志会四处散发《保路同志会宣言书》，号召全省民众联合起来"破约保路"。《蜀报》出版号外，历数盛宣怀夺路、卖路十大罪状。街上民众争相传阅，无不大声疾呼：

夺自国民　送诸外人　国人起者　川人起者
既夺我路　又劫我款　夺路劫款　又不修路
川人起者　国人起者　于此不争　死无所矣[①]

第二天，铁路公司的呈文送到督署。由王人文代奏朝廷，但被"严加申斥"。伍肇龄与四川咨议局议长蒲殿俊、副议长罗纶、颜楷、张澜等人联名再上书，请朝廷收回成命。王人文二度代奏，又被二度

---

① 《〈蜀报〉揭露邮传部尚书盛宣怀夺路卖路十大罪号外》。戴执礼编《四川保路运动史料汇纂》(中)，台湾，中央研究院近代史研究所，1994 年版。

驳回。报纸连篇累牍刊登文章，搅得满天星斗，仿佛亡国亡省的灾难，已迫在眉睫，人们悲愤莫名，群集成都，奔走呼号，互相串联。"同志会"纷纷成立，全省多达 67 个分会组织。

蒲殿俊对局势已极度失望，他对人说："国内政治已无可为，政府已彰明较著不要人民了，吾人欲救中国，舍革命无他法。"他派人到湖南、湖北、广东联络，转告各地，四川准备已很充足，"以袍哥（约同于湖南之红帮）、棒客（约同于湖南之黑帮）为基础，人数众多，遍布全川。将来举义时，尚求各省协助。"①

7 月 21 日，保路同志会文牍部长邓孝可发表文章，指出政府借款卖路，不经资政院、咨议局议决，属破坏宪法。邓孝可说到点子上了，铁路是国有，是商有，是急办，是缓办，借洋款算不算卖国，合同条款是否公平，中方有没有吃亏，铁路建成后是请中国人管理，还是请洋人管理，这些都不是问题的关键，但政府违法，破坏宪政，这才是必须穷追不舍的问题。下面这段话，发人深省：

借款收路一事，在吾人认定为宪政前途根本上之破坏，属第一义；合同失利，夺路国民，授诸外人，为第二义；至邮传部蔑视人民，侵略商民血资，犹属第三义。盖剥夺川民者，损在川省一隅；丧失路权者，损在路政一事；至根本上破坏宪政，则举国永永陆沉矣！②

① 粟戡时《湘路案》。中国史学会主编《辛亥革命》（四），上海人民出版社、上海书店出版社，2000 年版。
②《四川保路同志会文牍部长邓孝可答病氓阐述清政府借债卖路劫款不经资政院咨议局议决破坏宪政政书》。戴执礼编《四川保路运动史料汇纂》（中），台湾，中央研究院近代史研究所，1994 年版。

本来，在健全的宪政国家，只要抓住皇帝违宪这一点，通过国会或宪法法庭，足可以推翻铁路国有政策。可惜，在中国没有国会，也没有宪法法庭，民间的诉求，没有正常的途径可供表达，只能铤而走险，靠制造群体事件，靠社会动乱来发声。

7月26日，四川总督赵尔丰到任，王人文奉调入京。赵尔丰在途中之时，迭奉上谕，对胆敢反抗的川人，"即将倡首数人，严拿惩办，以销患于未萌"。[①] 赵尔丰虽然以前在永宁地区镇压苗民骚乱，杀人如麻，得了个"赵屠户"的外号，但这次对川人却颇为同情，觉得朝廷处理铁路问题，过于操切。对民众请愿，"若纯用压迫，反动转增，于事未必有济，而地方反受其弊"。

因此，在川人欢迎赵督的大会上，赵尔丰拍着胸脯保证："必代川人尽能尽之力，倘有棘手之处，仍望大家来讨论，我不敢不努力，大家也不要太急躁。"[②] 他又称赞王人文"正气特识，萃于一身"，并几次电奏朝廷，请求重议铁路国有之策。

---

① ②《周善培：辛亥四川争路亲历记》。戴执礼编《四川保路运动史料汇纂》(上)，台湾，中央研究院近代史研究所，1994年版。

和平抗争以流血收场

当时在四川官府内部，也有不同意见，争持不下。藩司尹良、巡防军统领田征葵等人，强烈主张要用武力镇压请愿民众。赵尔丰并不赞同，他试图用"抚"的办法，缓和局势，甚至两次到川汉铁路公司特别股东会，亲自聆听大家的诉求，称赞川绅"具爱国之热忱"。

8月初，四川保路同志会邀请各股东到成都开特别大会。人们顶着溽暑，纷纷从四面八方往成都赶，水陆兼程，络绎不绝。8月2日，四川保路同志会召开欢迎股东大会。气氛炽烈如火，发言的人纷纷痛骂政府任凭盛宣怀专横，破坏法律，上蔑先朝，下欺国民等罪状。8月5日，在铁路公司正式举行股东特别大会。

当日到会代表六百余人，而官府方面，总督、藩司、提法司、提学司、盐运使、巡警道、劝业道等各司道也都出席了。赵尔丰在致词时说："前在关外，传闻异词，或谓此间有暴动情形，当时意揣，亦知决无其事。今日亲临，秩序井然，颇符素望。"他告诉大家，朝廷停止租股，改借外债，也是体恤民间疾苦。要保住川路商办，关键是要有足够的路款，希望大家多想筹款办法。

赵尔丰话音刚落，立即有人反驳说：既然朝廷说停止租股是体恤民艰，造成民艰的原因有许多，如新常捐输、肉厘、酒捐、油捐、糖捐种种皆有加无已，为什么这些都不体恤民艰，单单体恤租股呢？

明明夺我百姓的权利，却偏要说成是恤我们。恤我们百姓的艰难有这么恤的吗？会场上顿时掌声如雷。发言者说：

> 总之，我们四川筹款并不困难，只要朝廷以至诚之心待百姓（大拍掌），一般官吏不搭克人民（大拍掌），我们的公司总理，举得其人（大拍掌），信用能立（大拍掌），则莫说七千万修路之款，即使再加筹七千万，亦莫有筹不到的（众大拍掌声震瓦屋）。[1]

当时，讲台下的人群，早已像一锅沸腾着的麻辣火锅，哭声，叫声，骂声，拍桌声，跺脚声，翻滚不息，喧嚣至极，"众人有饮泣者，有狂叫者，悲极！愤极！恨极！怒极！有非笔墨所能形容者"。

然而，王人文、赵尔丰在四川忙着救火，盛宣怀、端方和朝廷却在浇油。8月17日，端方会同湖广总督瑞澂电奏朝廷，声称："此次川绅集会倡议之人皆少年喜事，并非公正士绅。询之蜀绅，众口皆同，并闻留东内校学生纷纷回川，显有学人煽惑情事，尤恐名为争持路事，实则别有阴谋，非请明降谕旨责成赵尔丰懔遵迭次谕旨，严重对付，殊不足以遏乱萌而靖地方。"[2] 同时又给盛宣怀打气："金以国家政策既定，必宜坚持到底，稍一游移，必致不可收拾，各项号令皆将不信于民。"[3]

---

① 《股东大会开幕志略》。戴执礼编《四川保路运动史料汇纂》（上），台湾，中央研究院近代史研究所，1994年版。

② 《周善培：辛亥四川争路亲历记》。戴执礼编《四川保路运动史料汇纂》（上），台湾，中央研究院近代史研究所，1994年版。

③ 《端方、瑞澂致盛宣怀请坚持铁路国有政策电》。戴执礼编《四川保路运动史料汇纂》（中），台湾，中央研究院近代史研究所，1994年版。

电文一公开，铁路公司马上召开会议，痛责端方污蔑川人，他们指出，这次主持保路运动的，都是公正士绅，没有少年，更没有留东学生回国的，言论也都限于争路，没有一句煽乱的话。端方纯属信口开河，胡说八道。

8月23日，成都的抗议活动，愈演愈烈，发展到了大罢市，也是由端方的一纸电报引起的。周善培记叙：

> 原因是总公司撤换了不听命令的宜昌分公司经理李稷勋，端方却不准李稷勋交代，并具奏请由邮传部派李稷勋为宜昌铁路公司总办。六月二十九日（8月23日）午后四时，一个电报通知铁路总公司。这时候总公司正在开会，得到这个电报，全场几百人立刻讧起来，都说政府要硬抢铁路了，要打四川了，大家快要死了，还做什么生意！立刻决议罢市，并决议非争回铁路决不开市。一散会，不到一个钟头，店铺全关门了。①

据目击者的描述："会场一片哭声、喊声、骂声、捶胸跌足声、演说声、纠察整饬秩序声、会长静众声哄动会场。时有拍案大哭，致推翻几案者数起。又茶碗破裂声、几案倒声，满场热焰欲烧"。随后又开保路会，万人云集，哭声动地。大会决议："自明日起，全川一律罢市罢课，一切厘税杂捐，概行不纳。邀（要）求收回成命。四川七千万人同白。"② 最后人们相约：罢市、罢课，现已实行，现在各人

① 《周善培：辛亥四川争路亲历记》。戴执礼编《四川保路运动史料汇纂》（上），台湾，中央研究院近代史研究所，1994年版。
② 《四川争路罢市罢课始末情形记》。戴执礼编《四川保路运动史料汇纂》（中），台湾，中央研究院近代史研究所，1994年版。

回家，只有恭设先皇灵位，痛哭而已。悲愤的人群，就像一股股泥石流，流向大街小巷，所到之处，天愁地惨，日月无光。

为了表达抗议，家家户户、九衢三市，都搭台供奉起"光绪德宗景皇帝"的灵位，因为川路商办是光绪在1903年批准的。《民立报》形容："无家不哭，萧条愁惨之状，达于极点。"[1] 按照规定，官吏见到皇帝牌位，都得下轿步行，现在满街都是光绪牌位，搞得官吏们出行，三步一下马，五步一下轿，在烈日暴晒下，叫苦连天。《时报》的一篇报导，最为妙趣横生："某日，适有首县乘轿出，众拥之使不行；且叱之曰：'汝见先帝神牌乎？奈何不出轿行礼？'县令出拜，一路皆神牌，拜不已，遂逃归不敢复出。"[2]

赵尔丰让成都府知府、华阳县知县，逐家逐户劝商人开市。但从上午一直劝到太阳西斜，没有丝毫效果，知府大人来了，大家就开门，他一走马上关门闭户，停止营业。保路同志会在街上张贴布告，呼吁民众：一、勿在街市群聚；二、勿暴动；三、不得打教堂；四、不得侮辱官府；五、油盐柴米一切饮食，照常发卖。"能守秩序便是公民，无理暴动便是野蛮"。因此，虽然群情激昂，但市面秩序井然，各街都派出专人负责治安，与官府保持沟通。

成都秩序良好，但外州县已开始发生一些零星暴动了。新繁县、彭县、灌县等地，都有民众捣毁经征局、巡警署等机构。端方接到探报，"自东内渡者纷纷上驶，每日开往重庆小轮，无不满载"，情况极不寻常，似乎有人暗中调兵遣将，酝酿暴乱，形势万分紧张。赵尔丰也在秘密调动军队，进驻打箭炉（今康定），以防万一。

---

① 《民立报》，1911年9月4日。
② 《时报》，1911年8月28日。

湖广总督瑞澂致电盛宣怀，透露了一个令盛宣怀坐立不安的想法："川中现在民间固多煽惑，更有督臣为之提倡，风潮何患不烈……非有慰帅（袁世凯）其人者，万不克镇压浮嚣，纳诸轨物。"

对盛宣怀来说，"袁世凯"三个字，就像砒霜一样，他一出来，天下从此多事。盛氏复电瑞澂："保路风潮只须略有兵威，不烦镇压。"他建议调宜昌的军队到重庆保护。[①]

8月25日上谕："此次该省激动情形，有无匪徒从中煽惑，着赵尔丰确切查明，严行弹压，毋任再滋事端。"[②]次日，盛宣怀致电赵尔丰，指出湘、粤两省，对付罢市、罢课的乱党，在告示中有"格杀勿论"四字，乱党就老实了，所以四川也要强硬起来，"罢市、罢课倡首数人，一经严拿惩办，自可息事宁人"。[③]盛宣怀、端方等人，都向内阁弹劾赵尔丰过于软弱，处置失当。

9月2日，上谕派端方迅速前往四川，认真查办。端方不敢单刀赴会，向朝廷提出，准他带兵入川，并可调动川军。9月6日，皇上下旨：

此次川民因争路罢市罢课，显系莠徒煽惑愚民，希图藉端滋事。该大臣所拟一切办法，轻重缓急，尚合机宜，即着照所议办理。并着军咨府陆军部电饬川省水陆新旧各军，暂准由端方随时调遣。[④]

① 夏冬元《盛宣怀年谱长编》（下）。上海交通大学出版社，2004年版。
②《清帝令赵尔丰严行弹压罢市罢课谕》。戴执礼编《四川保路运动史料汇纂》（中），台湾，中央研究院近代史研究所，1994年版。
③《盛宣怀致赵尔丰拿办罢市罢课倡首数人即可销患于未萌电》。戴执礼编《四川保路运动史料汇纂》（中），台湾，中央研究院近代史研究所，1994年版。
④《清帝准端方调遣川军谕》。戴执礼编《四川保路运动史料汇纂》（中），台湾，中央研究院近代史研究所，1994年版。

端方率领湖北新军第十六协第三十一、三十二两标，浩浩荡荡入川了。这时的巴蜀大地，已是一片风声鹤唳。赵尔丰知道，朝廷查办的结果，十之八九是要丢乌纱的。他面临两种选择，要么牺牲四川民众，要么牺牲自己的乌纱。他最终选择了前者，不惜愚蠢地、野蛮地用军事力量来迫使人民屈服。于是，成都的军队，也荷枪露刃，威风凛凛，上街巡逻了。记者观察市面情形："街市少有人行动者，只陆军号片乱翻，刀光如电，人声犬吠，几有荒乱景况。"[1] 还有很多士兵，换成便装，在街上梭巡，鹰瞵虎视，监视过往行人。海军舰只也驶近宜昌、重庆戒备。

罢市已经十几天了，还没有结束的迹象。9 月 5 日晚上，藩司尹良召集陆军第十七镇镇统朱庆澜、兵备处总办吴璧华和各司道开紧急会议，研究镇压办法。尹良对大家说："我早说争路不只是争路，其间定有文章，大家不相信，今天该明白了吧。再不想法，我们就要被看管起来了。"

但室内一片沉默，谁也不搭腔。尹良对朱庆澜说："这以后是你的责任了，要你来保护我们了。你的兵能打仗不能打仗，这时候全听你一句话来定办法了。"朱庆澜是浙江绍兴人，长期追随赵尔丰的哥哥东三省总督赵尔巽，1908 年赵尔巽任四川总督时，朱氏跟随入川，任四川巡警道。他回答尹良说："陆军里的议论都是主张争路的，命令他们打土匪，他们一定去打；如果命令他们打同志会，就怕指挥不动。"

---

[1]《民立报》，1911 年 9 月 13 日。

9月7日，赵尔丰邀请保路同志会的几位首要人物到督署议事。罗纶、蒲殿俊、江三乘、邓孝可、颜楷、张澜、彭芬等人都应邀来了。讵料他们一踏进督署，便发现四周布满士兵，墙头、房上、内庭、外堂，枪刺林立，大刀闪闪。他们已失去自由了。赵尔丰事后给朝廷的电报说，罗纶、蒲殿俊等人准备聚众起事，先烧督署，后杀官吏，占据城池，虽属夸大其词，但罗、蒲等人确实与袍哥、棒客联络起事，倒也不是赵尔丰凭空捏造。

官府抓人的消息一经传开，整个成都有如火山爆发，沸腾起来了，人们奔走相告，扶老携幼，头顶着光绪的牌位，如潮水般涌向总督署。瞬息之间，人群麇集逾万。那是一个悲风如诉，愁雨如泣的下午。一边是赤手空拳的民众，一边是荷枪实弹的士兵，双方冲突，一触即发。民众步步进逼，军队终于开枪了。对这一历史的悲伤时刻，周善培有非常生动详细的记述：

> 这时候，群众已冲进了（督署）仪门。赵督叫人大声嚷着说："快举代表，不准冲进牌坊。"（牌坊是在大堂与仪门之间，俗称圣谕牌坊）群众不听，人人左手抱一个黄纸写的德宗景皇帝的牌位，右手拿一根香，（我没有看见有人手里拿着刀子棍子的）又冲进牌坊。赵督又叫人嚷着说："不许再冲一步，再冲一步，就要开枪了。"群众仍不听，冲到大堂檐下，赵督又叫人说："快退下去，再冲上来，就开枪了。"群众还要向大堂冲上来，赵督说："挡不住了，没有法了。"就命令开枪，开了一排枪，群众立刻回头跑出去。人散之后，留下打死的七个人，五个是请愿的人民，两个是督署文案委员的轿

班（受伤的多少不知道，实在打死的有七个人）。①

直接指挥军队屠杀的是营务处总办田征葵。据熊克武等人记载："营务处田征葵挥兵击之，毙三十二人，众仍不解。征葵复命燃大炮轰击之，成都知府于宗潼大哭，以身障炮口，众乃得免。"②

那天有多少民众在督署被枪杀，说法不一。熊克武与被捕士绅彭芬后来都说是打死了"三十二人"。赵尔丰当天给内阁的电报说，他"伤毙"了企图在督署放火的暴徒"十数人"，同一天他给端方的电报则说，他击毙了进攻督署的暴徒"数十人"；不过，到9月9日，他给各省的电报中，又改口说他只是"伤毙数人"。9月8日端方给内阁的电报说，赵尔丰在督署击毙了"十余人"。四川同盟会员刘季刚也回忆说是"击毙数十人、击伤多人"。③

时人描述血案后的恐怖场面："是日大雨竟日，昨日奔赴南院求情之街正、商民被枪毙者众尸累累，横卧地上，犹紧抱先皇牌位在手不放。赵帅下令三日内不准收尸，众尸被大雨冲后腹胀如鼓。"

第二天，"城外附近居民闻此凶耗，人人首裹白布示哀，多且七十以上者，徒手冒雨奔赴城下。问其来意，谓如罗、蒲等已死，即来吊香，未死即同来求情。"④田征葵再次命令士兵开枪屠杀城下聚集

---

① 《周善培：辛亥四川争路亲历记》。戴执礼编《四川保路运动史料汇纂》（上），台湾，中央研究院近代史研究所，1994年版。
② 《熊克武等：辛亥革命纪事》。戴执礼编《四川保路运动史料汇纂》（上），台湾，中央研究院近代史研究所，1994年版。
③ 见戴执礼编《四川保路运动史料汇纂》（中），台湾，中央研究院近代史研究所，1994年版；《清史编年》（十二·下）。中国人民大学出版社，2000年版。
④ 《成都绅民对成都大血案之亲历报导》。戴执礼编《四川保路运动史料汇纂》（中），台湾，中央研究院近代史研究所，1994年版。

的百姓，死伤又数十人。当民众逃散时，士兵又从后面追杀，再有百余人倒在血泊中。

夜幕降临，黑暗吞没大地。

军队屠杀平民的惨案发生后，长江局势，其危如一发引千钧。革命党人制作了许多木板，上面大书"赵尔丰先捕蒲、罗诸公，后剿四川，各地同志速起自救"，涂上桐油，连夜投放到锦江中，顺水漂往下游，很快传遍了川西南各地。人们称之为"水电报"。其中一份"水电报"更直接呼吁："英雄好汉，速备枪械，赴省救援"。

各地的哥老会，闻风而动，这些江湖好汉们，一有风吹草动，就要登场了，什么热闹都少不了他们那份。据说，"四川士多通袍（哥）入棒（客）。闻当时咨议局副议长罗纶即与袍哥有密切关系"。[①] 早在7月，川东南的哥老会首领已经在新津碰头，承谋举义。8月4日，同盟会又邀约各路英雄，在资州罗泉井开会，决定由革命党人与民团、哥老会组成"保路同志军"，9月中旬，各地同时起事。

9月8日，万鼓雷殷地，千旗火生风。同志军打着"吊民伐罪"的旗帜，从四面八方向成都进军。这时已不仅仅是铁路问题了，人们要推翻朝廷了。

盛宣怀要端方率军入川，端方在湖北沙市勒兵不前；盛宣怀请岑春煊到四川平乱，岑春煊又以身体多病为由拒绝；盛宣怀请云南、贵州出兵平乱，没有一个人肯蹚浑水。盛氏自己闹出个大头佛，已不知该如何收科了，最后万般无奈，只好同意请袁世凯出山。他焦急地

---

① 粟戡时《湘路案》。中国史学会主编《辛亥革命》（四），上海人民出版社、上海书店出版社，2000年版。

说："目下以平乱为先着，路事暂可不提。"①

此时此刻，谁都看得出来，四川问题已不再是铁路问题，而是革命问题了。洪水一旦漫过堤围，整个大清江山就岌岌可危了。

据熊克武等人回忆："是时党人与民间会党糅杂，皆以同志军为标帜。"就像野火一样，风吹到哪就烧到哪，各地同志军"同时蜂起，多者数千人，少者亦数百人，皆奔走成都，民气一动而不可复静。"②同志军与清军展开激战，兵气弥漫，血雨纷纷，枪炮隆隆，杀人如草。赵尔丰自己编了一首《劝民歌》：

> 各有性命与身家，何苦甘为乱党误。
> 又况杀机一旦开，死人如麻更可怖。
> 想到惨状何堪言，提笔眼泪如雨注。
> 凡我安份众黎民，且听本督详告诉：
> 以歌当哭垂涕言，到此亟宜生觉悟。
> 无论东西各宪法，输将纳税乃义务。
> 无端背逆是乱民，辜负生存辱丘墓。
> 如今军火更利害，土枪刀义靠不住。
> ……③

然而，《劝民歌》已吓不倒任何人了。你的军火厉害，我的军火

---

① 夏冬元《盛宣怀年谱长编》（下）。上海交通大学出版社，2004 年版。

②《熊克武等：辛亥革命纪事》。戴执礼编《四川保路运动史料汇纂》（上），台湾，中央研究院近代史研究所，1994 年版。

③《赵尔丰劝川民勿听同志会浮言照常纳粮缴税歌》。戴执礼编《四川保路运动史料汇纂》（中），台湾，中央研究院近代史研究所，1994 年版。

也厉害；你能开杀机，我也能开杀机。和平请愿不成，接下来大家就靠枪杆子说话了。在车辚辚、马萧萧的巴蜀大地，遍地英雄唱大风。群雄逐鹿的时代至矣。

霹雳一声起义

广州起义失败后，同盟会的南方精英，丧失殆尽，组织与精神都趋于涣散。孙文到了美国旧金山，与洪门致公堂大佬黄三德商议，不如把濒临解体的同盟会与致公堂合并了，一方面，可以凝聚人心，重振士气，另一方面，打着致公堂的招牌，也更容易在华侨中筹款。

当时致公堂内，对此异议很大，但黄三德凭着个人的江湖地位，力排众议，赞成合并。双方于6月18日发表了"以成大群，合大力，而共图光复之大业"联合布告，宣布美洲各埠所属同盟会和致公堂联合，全体同盟会会员加入致公堂。致公总堂发表公告：

> 同盟会员热心祖国，全体公议，其未进洪门者一律入闱，联成一气。本总堂叔父大佬义兄弟备极欢迎，开特别招贤之礼，以示优遇，尽释从前门户之分别，翼赞将来光复之伟业，扫虏廷专制恶毒，复汉家自由幸福。[①]

7月10日，美洲洪门筹饷局（又称中华革命军筹饷局，对外称

---

① 邹鲁《同盟会时代之美洲党务》。《中华民国开国前五十年之文献》（第一编第十二册），中国国民党中央委员会党史委员会，1969年版。

美洲金山国民救济局）在旧金山成立，设在致公总堂的二楼。组织机构由致公堂和同盟会选出代表组成，朱三进为主席，罗怡为副主席，黄三德为监督。此外，筹饷局任命黄芸苏、张霭蕴和赵煜等三人为演说员，负责宣传筹款。孙文高兴地对黄三德说："革命成功之后，我在南京建一洋楼，西湖建一洋楼，广州建一洋楼，请你安乐居此，以娱晚年。"黄三德以"志不在此"答复，在场的人无不大笑。

筹饷局颁布了由孙文手订的《洪门筹饷局缘起章程》和《革命军筹饷约章》两个文件，广为刊发。《革命军筹饷约章》规定，"凡事前曾捐助军饷者，不论多少，皆得名为优先国民。他日革命成功，概免军政条件之约束，而入国籍。"又规定：

第一款：凡认任至军饷至美金五元以上者，发回中华民国金币票双倍之数收执，民国成立之日，作为国宝通用，交纳课税，兑换实银。第二款：认任军饷至百元以上者，除照第一款办法之外，另行每百元记功一次，每千元记大功一次，民国成立之日，照为国立功之例与军士一体论功赏。第三款：凡得记大功者，于民国成立之日，可向民国政府请领一切实业优先利权。第四款：以上约章只行于革命军未起事之前，至革命军起事之后，所有报效军饷者，须照因粮食局章程办理。①

民国成立后，黄三德追悔莫及地说："此种章程实在不妥，同是国民，无所谓优先，捐军饷非做股份，救国家非做商业，凡是国民皆

①《旧金山洪门筹饷局》。《中华民国开国前五十年之文献》（第一编第十二册），中国国民党中央委员会党史委员会，1969 年版。

有国籍，就算未捐军饷，亦不能将其国籍除去。至于军政府之条件约束，人民亦例当遵守，不能谓捐了五元钱，就可以犯军政府之约束，自由行动也。"他承认，"虽是孙文手拟章程之错误，亦是我洪门人士之错误。"他又说，约章中承诺民国成立后的加倍偿还，最后也不了了之，1913 年他曾向孙文要求兑现，但"至今一百元求还一仙而不可得也。"①

筹饷局成立后，孙文便与三位演说员，9 月 2 日从旧金山出发，分赴美国南北各埠，宣传筹款。华侨踊跃捐助，孙文把筹到的第一笔钱一万元汇到香港给黄兴，资助他组织暗杀团，暗杀广州的政府官员。

但并非全体同盟会员都赞成孙文的策略。谭人凤、宋教仁等另组中部同盟会的计划，并未中止，只因经费无着，难为无米之炊而已。广州起义失败，再次证明，在南部边远地区的革命，成功难期，到如今，至多只能搞些暗杀之类的小动作了。

但东方不亮西方亮，中部同盟会加快了筹组的速度，取代南方成为革命的重心。7 月 31 日，同盟会中部总会在上海正式成立，选出谭人凤、宋教仁、陈其美、潘祖彝、杨谱笙五人为总务会干事，公推谭人凤为总务会议长。

中部同盟会与孙文的中国同盟会，并无隶属关系，他们批评孙文的同盟会"有共同之宗旨，而无共同之计划；有切实之人才，而无切实之组织"。"惟挟金钱主义，临时招募乌合之众，杂于党中，冀侥

① 黄三德《洪门革命史》。无出版者，1936 年印。

幸以成事"，^① 这样搞法，断无成功之望。

中部同盟会实行合议制，反对独裁制，故不设总理。湖北分会由居正主持，湖南分会由焦达峰主持；南京分会由章梓主持；安庆分会由范光启、郑赞丞主持。其中心任务，在于联络长江流域新军。

四川保路运动爆发后，震波从成都迅速沿长江向西南扩展。湖北与四川两地，唇齿相依，东鸣西应，湖北也处于危疑震惧的气氛之中。

革命党渗入湖北新军的时间虽不长，但成绩斐然。新军内形成两大革命势力，一为共进会，一为文学社。1908 年，共进会领导人孙武、焦达峰等人从日本回国后，专心在两湖军界内发展，势力大张。

文学社前身是群治学社，后来受到官府怀疑，改为振武学社，由新军中一群有志"兴汉排满，推翻专制，驱逐满奴，夺回汉室江山"的人组成，社址设在武昌小朝街 85 号。1911 年 1 月，振武学社又被官府怀疑，再改组为文学社，蒋翊武任社长。蒋翊武是湖南澧州人，在第二十一混成协四十一标三营左队充正目。

共进会与文学社，在军队中各有各的地盘，你不服我，我不服你，枝枝节节的龃龉，大都是为了争夺人头。据当时在炮八标当兵的共进会成员邓玉麟回忆："辛亥革命武汉方面之组织，先有共进会，次有文学社，该社由蒋翊武、刘尧澂（复基）、王宪章办理。辛亥五月，共进会员，在各军队，时与文学社员冲突。后翊武、刘尧澂来

---

① 《同盟会中部总会宣言》。《辛亥革命在上海史料选辑》，上海人民出版社，1981 年版。

孙武家会议，两派联合进行，俟商妥后，一切经费由共进会供给，行动完全一致联合。"① 正因为双方有这种包容合作之心，湖北的革命势力，才得以迅速发展，反观章太炎、陶成章与同盟会之争，殊令人慨叹不已。

保路风潮兴起后，武汉的革命党认为机不可失，时不再来，趁端方率鄂军赴川镇压，湖北空虚之际，大举起义。这时，文学社在军队内已发展了三千多社员，共进会也有一千五百多会员，大家静极思动，个个摩拳擦掌。

9月12日，文学社与共进会在雄楚楼举行联席会议，群雄聚首，决定成立联合指挥机关，公推蒋翊武为湖北革命总指挥，王宪章为副指挥，孙武为参谋长，张廷辅、蔡济民、刘复基、祝制六、彭楚藩、蔡大辅、徐达明、罗良骏、杜武库、黄驾白、陈孝芬、杨载雄、王华国为军事筹备员。起义总指挥部设在武昌小朝街的文学社总机关内。又派居正、杨玉如到上海迎接黄兴、宋教仁、谭人凤到武昌主持大局。

计划既定，分头行动，有人负责制作旗帜、符号，有人负责制造炸弹，有人印刷传单，有人绘制武昌街道图，忙得不亦乐乎。9月24日，孙武、刘复基等六十余人在武昌胭脂巷的机关内开会，其时蒋翊武已随军开赴岳州，不在武昌，大家推举共进会的孙武为主席。决定农历八月十五中秋节为起义日期。总指挥仍由蒋翊武担任，孙武任参谋长。会后，致电湖南的焦达峰，请他同时发难响应。

这天下午，又一件偶然事情，必然地发生了。武昌南湖八标炮

---

① 邓玉麟《辛亥武昌起义经过》。中国史学会主编《辛亥革命》（五），上海人民出版社、上海书店出版社，2000年版。

队的几名党人士兵，请假出营，喝醉了酒，回来和排长吵架，一怒之下，竟跑去打开弹药库，拖出大炮，准备向城里轰击。队里的其他同志，大惊失色，急忙把他们劝住。第八镇统制张彪接报，派马队前往弹压，幸亏马队里也有自己的同志，把事情掩饰过去了，但却引起了湖广总督瑞澂和张彪的警觉，下令加强戒备。

中秋节前夕，汉口不少报纸都拿中秋月饼的传说做文章。相传元朝末年，张士诚为了串联起义，趁中秋节制作了大量月饼，在每个饼里夹上一张字条，写有"八月十五杀鞑子"，传递起义信息。等到中秋那天，人们真的揭竿而起，把所有的"鞑子"杀光了。种种迹象，都让瑞澂忐忑不安，预感到革命党可能在中秋节起事，于是，他下令全城提前一天，在八月十四日过中秋，而八月十五（10 月 6 日）那天则实行戒严，关闭城门，不准士兵外出，收缴部分武器入楚望台军械库。

10 月 9 日，蒋翊武从岳州返抵武昌，一下轮船，便感觉气氛诡异，虽然中秋节有惊无险，安然度过，但市面似乎更加紧张，谣诼纷纭，似乎所有人都在等着出点什么事，令人透不过气来。他立即召集各标营同志开会讨论起义计划。刘复基信心满满地对蒋翊武说："近日的情形，非常危险，本党军队人数，十成约莫有了九成。若一举事，不但可以据武昌，得汉口，就是去打北京，也甚容易。"

不过，当时他们寄予厚望的黄兴、宋教仁、谭人凤都不在武昌，黄兴正在南方策划暗杀张鸣岐和李准，他对湖北的意见是："各省机关，还没有一气打通，湖北一省，恐难做到。必须迟至九月初，约同十一省同时起事才好。"因此，蒋翊武对湖北是否马上单独举事，犹豫不决。

　　刘复基说："我们几个虽可以迟得，无奈他们（士兵们）现在都是摩拳擦掌的好像一会儿都等不得。"大家都踊跃表示："在外面谣言很大，若不即早起事，必要发生意外，那时还可以悔得及吗？况且军中同志，已占十九八九，若一举事，何患武汉三镇不唾手而得，体恤以他人为转移。"①

　　蒋翊武还是没拿定主意。会议先拟定了起义后临时政府的组成和各部人选：

　　总理部刘公，军务部孙武（蒋翊武、高尚志副）、参议部蔡济民（徐达明副）、内务部杨时杰（杨玉如副）、外交部宋教仁（居正、刘复基副）、理财部李春萱（张振武副）、调查部邓玉麟（彭楚藩副）、交通部丁立中（王炳楚副）。

　　并且挑选了六十名死士，配备手枪、炸弹，准备一旦发难，充当敢死队。但至于什么时候动手，却暂时没有定案。讵料这边商议未定，外头又出了另外一件偶然事件，几乎把全盘计划打乱了。

　　孙武在汉口俄租界宝善里的机关里装配炸弹，不慎发生爆炸，把他的脸烧伤了一大片。街上的印度巡捕见楼房冒出黑烟，以为火警，匆匆上楼查看。刘公等人急忙用一件衣服把孙武的头蒙起来，扮作病人下楼，与巡捕擦肩而过。孙武等人虽及时逃脱，但党人的名册、旗帜、印信，却全部落入巡捕手中。俄国领事通知了中国官府，随即缇骑四出，闭城搜索，封锁江面交通，各主要机关先后被捣破，几十名党人被捕，一时间风声鹤唳。

　　蒋翊武闻报大呼："事急矣，宁我薄人，毋人薄我，其死生以之。"

---

① 咏簪《武昌两日记》。中国史学会主编《辛亥革命》（五），上海人民出版社、上海书店出版社，2000年版。

他不再犹豫了，马上签署起义命令：

命令八月十八日下午五句时发于小朝街八十五号机关部

一、本军于今夜十二时举义，兴复汉族，驱除满虏。

二、本军无论战守，均宜恪守纪律，不准扰害同胞及外人。

三、凡步、马、工、辎等军，闻中和门外炮声，即由各原驻地拔队，依左之命令进攻：

（下略）

四、炮队八标，于十一句半钟，即拔队由中和门进城。以一营占领楚望台，向伪督署及八镇司令处猛烈射击。以二营左右队占领蛇山，向伪藩署猛烈射击。中队留守原驻地，三营占领黄鹤楼及青山一带，防守江中兵舰。

五、四十二标一营左队，进攻汉阳城，前后右三队，占领大别山及兵工厂，以后队为援队。

六、四十二标二营，占领汉口及大智门乔口一带。

七、四十二标二营右后两队，堵塞武胜关。前左两队，防守花园祁家湾一带。

八、武昌弹药枪支，暂由楚望台军械库接济。阳夏暂由兵工厂接济。

九、凡各军于上午七句钟均至咨议局前集合。但须留少数军队，防守已占领地点。（阳夏驻军不在此例）

十、予于十二时前，在机关部。十二时后，在咨议局。（注意）本军均已白布系于左膀为标识。

总司令蒋翊武 [1]

傍晚，负责运送武器到各营的党人杨洪胜，在工程第八营门口，被一名军官盘查，他无法脱身，只得投掷炸弹阻挡，但逃回寓所后即被清兵捕获。当晚，蒋翊武、刘复基、彭楚藩等人在小朝街的机关内等候起义时间，又被警察发现，上门搜捕。蒋翊武乘乱逃脱，刘复基、彭楚藩却被捕拿。刘复基在被捕时，仍焦急地望着时钟说："天啦！几点钟了？还没有到12点钟来吗？"

大家都盼望着午夜12时到来。刘复基等人被押到督署，初时仍不以为意，以为再过几个钟头就要起义了，官府来不及杀他们了。但过了12点，城内却一片寂然；又过了3点，还是寂静无声。当天城里的步、马、工、辎各营都接到起事命令了，全体官兵在营中整装待发，就等着炮队鸣炮为号。但城外却无声无息，直到天亮。

《武昌两日记》称，负责送命令给南湖炮队的邓玉麟，因为城门关闭，出不了城，没有将命令送达，以致误了战机。而邓玉麟却说，他已经把命令送到了，炮队也把炮内的撞针、炮弹底火都安装好了，只是在等候城里鸣炮，即行起事，"是夜城内候城外炮响，而南湖炮队候城内炮响，两方均未能发动"。但蒋翊武的命令，清楚写明，是以中和门外炮声为号，不知怎么会理解为等候城内炮声呢？

10月10日拂晓，全省文武大员齐集督署参加会审。瑞澂下令十个城门一律关闭，派出大批巡防队，会同警察沿街巡逻。上午9时，刘复基、彭楚藩、杨洪胜三人，被瑞澂请出王命旗牌，斩于督署东辕

---

[1] 咏簪《武昌两日记》。中国史学会主编《辛亥革命》（五），上海人民出版社、上海书店出版社，2000年版。

门内。临刑时，彭楚藩大声说："要杀便杀，何必多讲。唉！只是你们这些满奴啊！"杨洪胜怒斥刽子手："好，只管杀！我只怕你们也有一日呢！"刘复基则沉痛地高喊："同胞呀！大家努力。唉，可怜我这遭孽的同胞啊！"

据记叙："瑞澂命将革命党彭楚藩刘尧澄杨洪胜三人斩决后，又令各城门一律紧闭，不许开城。致人心恐怖，谣言蜂起。城外百姓，闻城内大杀党人，莫不心惊胆颤。又谓此次革命党甚多，学生新军均在其内，瑞澂欲斩草除根，令人闻之悲痛。盖学生与新军皆属汉人，且俱系本省子弟，各家父老亲戚皆为之忧心如捣。"[①]

谣言四驰，一夕数惊，到了荒唐滑稽的程度。三十标一营的管带想请假出营，派护兵到协司署请假。护兵因穿便装，不敢贸然走进协司署，便在门口探头张望，被人喝问是什么人，他一时心慌，掉头就跑，结果一场大混乱，轰然爆发。"该协兵丁忽尔大声喧杂，纷纷怪叫捉拿革党，霎时间惊动全协，彼此传音，震撼山岳。该协附近所住居民，以为革党起事矣，于是有闭门者，有相携逃窜者。至一点钟之久始克平息。"[②]古人所云，杯弓蛇影，草木皆兵，此之谓也。

很明显，压垮骆驼的最后一根稻草，已历史地落在了武昌。

10月10日白天，黑云压城，大雨在即。新军各营封锁营门，不许士兵出入，亦不准在营中交头接耳。但营中的革命党人，仍三三两两，聚议纷纭。第八镇工程八营的营长当时正好奉调永平秋操充工兵

---

① 曹亚伯《武昌起义》。中国史学会主编《辛亥革命》（五），上海人民出版社、上海书店出版社，2000年版。
② 渤海寿臣《辛亥革命始末记》。台湾，文海出版社，1969年版。

审判官，营中也是没了最高长官，管束较为放松。后队的熊秉坤、金兆龙等人，密召党人在饭堂商议。由于许多机关被破坏，孙武受伤，刘复基、彭楚藩被杀，蒋翊武等重要首领都逃离武昌了，一时群龙无首，便成就了熊秉坤这样的小人物，脱颖而出，创造大历史。

　　熊秉坤是武汉当地人，1909 年加入日知会，1911 年春加入共进会，是共进会在工程第八营的代表。熊秉坤鼓动大家："吾人今已势作骑虎，不观昨日捕人杀人乎？吾曹名册已攫去，具在可捕可杀之列，不早图之，后悔何及？质而言之，今日反亦死，不反亦死，大丈夫能惊天动地，虽死犹烈。"

　　大家你一言，我一语，纷纷附和。于是决定在下午 3 时，晚操结束后起事。约定以三角巾缠左臂为记，鸣枪为号。并立下十条军令：一、违抗命令者斩。二、畏缩不前者斩。三、临阵脱逃者斩。四、勾结满人者斩。五、拐逃枪械者斩。六、奸掳烧杀者斩。七、破坏革命者斩。八、抢夺财物者斩。九、贪官污吏（贪污舞弊）者斩。十、私藏旗人者斩。不过，熊秉坤在党中职位低下，人微言轻，他承认："然布置虽定，究竟无把握。"[1]

　　正午 12 时，酝酿已久的暴雨，终于倾盆而下。当天下午的晚操，奉命停止，熊秉坤的计划又落空了。他急忙冒雨通知各营，起义时间改在晚上 7 时，第一次点名与第二次点名之间。届时在小操场鸣枪三响，一齐动手，先杀反抗的军官，然后鸣警笛集合，通知军械所。

　　当晚，点完第一次名之后，天色已暗。熊秉坤前往前、后、左、右四队巡视。在他的回忆录中，有如下描写：

---

[1] 熊秉坤《武昌起义谈》。中国史学会主编《辛亥革命》（五），上海人民出版社、上海书店出版社，2000 年版。

　　各同志均跃跃欲试，惟一般非同志士兵呈惶恐状，见熊曰："我辈应如何？"熊令照样武装，听从指挥。熊行至本队第一排第三棚，闻第二棚有吆吼声。熊知有变，即取枪在手，且装且行。遥见第二排排长陶启胜对面跑来，熊开枪对其射击，陶下楼逸去。[①]

　　武昌起义的第一枪，就这样打响了。

　　熊秉坤从此被誉为"武昌首义第一枪"。几年以后，熊秉坤出访日本，孙文向别人介绍他时还说："这就是武昌首义放第一枪的熊秉坤同志啊！"在《建国方略》中，孙文称"熊秉坤首先开枪发难"。[②]

　　不过，在熊氏自己的另一篇回忆录中，却有不同的说法。他说，当时陶启胜率两名护兵到第二棚，企图弹压造反士兵，见下士金兆龙一身戎装，便呵斥他："汝造反乎？"金兆龙大怒说："老子即造反，汝将奈何？"两人扭打起来，金兆龙大呼："吾辈今不动手，尚待何时？"同棚的士兵程正瀛（定国）挺身而出，用枪托猛击陶启胜的头部，陶氏满面流血，转身欲逃。熊氏说："程继射一枪中陶腰部，此即首义第一声也。"[③]

　　熊秉坤随即吹响警笛，集合士兵。营内枪声四起，人声鼎沸，吆喝声、骂娘声，夹杂着纷繁杂乱的脚步声，上跃下跳的人影，把雨后的操场踏得泥浆四溅。大家撬开了军械库，取出 24 柄军刀，分发

① 熊秉坤《辛亥首义工程营发难概述》。《辛亥首义回忆录》（一），湖北人民出版社，1957 年版。

② 孙文《建国方略》。《孙中山全集》（六），中华书局，1981 年版。

③ 熊秉坤《武昌起义谈》。中国史学会主编《辛亥革命》（五），上海人民出版社、上海书店出版社，2000 年版。

给各代表佩带，然后，熊秉坤领头，金兆龙押后，大约有四十余名士兵，揣着几十发子弹，呼啸涌出营门，直奔楚望台。这时，约为1911年10月10日（农历辛亥年八月十九日）晚上9时。

推翻中国二千一百三十二年君主专制的革命，爆发了。

大厦倒塌前的最后一刻

　　10月4日，也即武昌起义前六天，中国第一首法定国歌出笼，由精通琴棋书画的辅国公溥侗和海军协都统兼资政院议员严复共同编定，名为《巩金瓯》。歌词唱道："巩金瓯，承天帱，民物欣凫藻，喜同袍，清时幸遭。真熙皞，帝国苍穹保。天高高，海滔滔。"

　　然而，这时的帝国苍穹，已是乱云飞渡，一场暴风雨铺天盖地而来。

　　工程八营的士兵杀出营房以后，武昌全城都开始暴动了。驻塘角的炮队十一营、工程十一营同时在营房举火，焚烧营房。塘角是民船避风的水湾，穷人聚集，品流复杂，也是江湖人物藏身之处，瑞澂特意派了马队在这里坐镇，不料马队也反了。

　　辎重十一营见到火光，一起杀出营房，与炮、工两营合力进攻武胜门。守通湘门的三十标士兵，见塘角火起，四面枪声急骤，知道起义了，马上扯旗响应，分队占领蛇山、黄鹤楼等处；二十九标包围进攻总督署，三十二标留守部队从保安门入城，与四十一标第二、第三营的士兵，一起加入到围攻督署的战斗；测绘学堂的学生都是十四五岁的孩子，也在党人率领下，到楚望台领取武器，参加起义了。

　　当晚瑞澂在督署内听到枪声，知道大事不妙，急忙打电话给第八镇统制张彪，但电话没人接，瑞澂以为张彪也反了，慌忙凿开督署后墙，从文昌门逃出武昌，登上"楚豫"兵舰暂避。回望城中，火光熊熊，映照江面，枪炮声忽近忽远，呼喊声此起彼伏。这时的瑞澂，早已天高高，海滔滔，晕头转向，根本搞不清到底谁反了，谁没反，只好急电朝廷："湖北新军结合革命党全体叛变，恳乞即派重兵来鄂，平此大乱。"

天终于亮了，武昌全城被革命党占领，张彪已逃往刘家庙。起义军推举和革命党毫无关系的第二十一混成协协统黎元洪，高揭起十八星铁血旗，领导群雄，号令天下，并成立湖北军政府，以咨议局为军政府，称中国为中华民国，改政体为五族共和，议定未来国旗为五色，以红黄蓝白黑代表汉满蒙回藏为一家。以黎元洪为军政府都督。10月12、13日，汉阳、汉口两镇，相继易帜。10月12日，军政府通电全国：

> 本军政府用是首举义旗，万众一心，天人共愤，白麾所指，瓦裂山颓。故一二日间湘、鄂、粤，同时并举，皖、宁、豫、陕，亦一律回应。而西则巴蜀，已先克复，东南半壁，指顾告成。是所深望于十八省父老兄弟，戮力共进，相与同仇，还我邦基，雪我国耻，永久建立共和政体，与世界列强并峙于太平洋之上，而共享万国和平之福，又非但宏我汉京而已。①

实际上，湖南是在武昌起义 12 天后，即 10 月 22 日，才在焦达

---

① 曹埃布尔《武昌起义》。中国史学会主编《辛亥革命》（五），上海人民出版社、上海书店出版社，2000 年版。

峰领导下，宣告独立。陕西与湖南同一天独立。广东更迟，是 11 月
9 日才宣告独立的。但武昌起义的消息传到北京后，朝廷大为震恐，
一面谕将瑞澂革职，仍暂署湖广总督，戴罪立功，限期收复武昌，一
面谕军咨府、陆军部，派陆军大臣荫昌督师，抽调北洋军两镇兵力，
开赴湖北剿办。

但北洋军是由袁世凯一手训练出来的，没有袁世凯，谁指挥得
动他们？因此，奕劻、徐世昌等人纷纷向载沣建议，请袁氏出山。摄
政王虽然一万个不情愿，但形势岌危，间不容发，不得不在 10 月 14
日以皇上名义降旨："湖广总督着袁世凯授补，并办剿抚事宜。"同时
令岑春煊为四川总督，接替赵尔丰。但袁、岑二人皆推辞不就。

袁世凯在彰德安阳洹上村"隐居"了两年，就等着今天，手上
有了筹码，当然要讨价还价了。内阁协理大臣徐世昌到洹上村见袁世
凯。两人微时已订忘年交，更是小站练兵时代的拍档，朋友、客卿、
同袍关系，兼而有之。袁氏归卧彰德后，徐世昌与他音讯频通，所以
北京的一举一动，袁氏了如指掌。10 月 20 日，徐世昌从彰德带回来
了袁世凯开出的六项条件：一、明年召开国会。二、组织责任内阁。
三、开放党禁。四、宽容武昌起事人员。五、宽筹军费。六、授以指
挥前方军事之全权。

载沣日坐愁城，如今只能望天打卦了，因为他手上一点谈判的
筹码也没有，除了照单全收，别无他法。朝廷再授袁世凯为钦差大臣，
节制所有前方的海陆军及长江水师，一切攻剿事宜，悉由袁世凯相机
办理。

10 月 22 日，第二届资政院正式开院。这时，各省已处于风雨
飘摇之中，到会议员未及半数，匆匆通过决议："一、宜速召集国会，
使通上下之情。二、宜组织责任完全内阁，使立行政之根本。三、宜

将宪法交院协议，使根本上之根本从此巩固，盖立宪国人民均有言论、出版、结社集会之三大自由。"①

其实他们心里都明白，这些纸上作业，殊无意义，此时此刻的资政院外，皇城根下，已是一片兵荒马乱的败象。覆巢之下，安有完卵？一位大臣描述京城的恐慌情形：

> 鄂变之起，不过旬余，而京城之逃徙纷纷，每次火车均挤不能容。市面则现银现钱搬取一空，屡向度支部商借巨款维持，尚有供不应求之势，以致百物昂贵，穷民愈无聊生。人心惊惶如此……近日以来，有言已由邮传部预备火车者，有言热河已修行宫者，有言密云已修道路者，又有言见洋文报纸谓将往奉天者。不经之言，已足骇人闻听。②

谣言到了失控的程度，已变得具有引导现实发展的能力了。哪天没有新的谣言出现，人们反而会坐立不安，更加惊恐。在满天乱飞的消息当中，大家都习惯于坏消息统统都信，好消息统统都不信。在几个坏消息中，选择最坏的那个信。人心已经完全散了。

秋风萧瑟。10 月 28 日，黄兴抵达武昌，黎元洪命人做了一面大旗，上书"黄兴到"三个大字，由骑兵举着，在武昌城头和民军各阵地跑了一圈。所到之处，群情振奋，欢声雷动。10 月 29 日，山西宣告独立。翌日，昆明新军起义。

---

① 《资政院第二次会议纪略》。引自夏冬元《盛宣怀年谱长编》（下）。上海交通大学出版社，2004 年版。
② 《宣统三年九月十一日林绍年奏折》。中国史学会主编《辛亥革命》（五），上海人民出版社、上海书店出版社，2000 年版。

当时北洋第六、第二十两镇正在永平举行秋操，第六镇驻防保定至石家庄之间。10月29日，第二十镇统制张绍曾、第三镇代理统制卢永祥、第二混成协协统蓝天蔚等人，联名致电朝廷，提出十二项要求，包括年内召开国会，由国会起草宪法，选举责任内阁，禁止皇族充当国务大臣等。这是京畿驻军公开干政，形同兵谏，就像一个炸弹丢到紫禁城内。如果朝廷拒绝，他们从保定杀到北京，不过是翻热煎饼而已。

10月30日，朝廷匆匆下罪己诏，对资政院所请明谕裁可，并命资政院起草宪法：

兹特布告天下，誓与我国军民维新更始，实行宪政。凡法制之损益，利病之兴革，皆博采舆论，定其从违。以前旧制旧法有不合于宪法者，悉皆除罢。化除旗汉，屡奉先朝谕旨，务即实行。鄂、湘乱事，虽涉军队，实由瑞澂等乖于抚驭，激变弃军，与无端拘乱者不同。朕维自咎用瑞澂之不宜，军民何罪，果能翻然归正，决不追究既往。朕以眇眇之躬，立于臣民之上，祸变至此，几使列圣之伟烈贻谋颠坠于地，悼心失图，悔其何及。[1]

一位大臣自欺欺人地安慰自己："乱党再无借口了，可立见敉平矣。"但事实上，革命党从来没有以立宪为借口，罪己诏只是大厦倾倒的第一个信号，接下来，便如堰塞湖决口，一泻而下，全局土崩瓦解了。

朝廷在罪己的同时，宣布开放党禁，释放所有政治犯："所有戊

[1]《实行宪政谕》。《清末筹备立宪档案史料》（上），中华书局，1979年版。

戌以来因政变获咎，与先后因犯政治革命嫌疑，惧罪逃匿以及此次乱事被胁自拔来归者，悉皆赦其既往。"[1]党禁终于正式开放了，意味着，康有为、梁启超、孙文、黄复生、汪精卫诸人，都在赦免之列。坐牢的可以自由了，流亡的可以回国了。一个星期后，汪精卫、黄复生毫发无损地步出监狱大门，这是他们做梦也没想到的。

10月31日，袁世凯从彰德抵信阳，正式接受钦差大臣。朝廷随即解散皇族内阁，委任袁世凯为内阁总理大臣，请袁氏尽快赴京组织新内阁。

11月3日，资政院拟具《宪法十九信条》入奏，朝廷当天即批准并实时公布：

一、大清帝国之皇统，万世不易。

二、皇帝神圣，不可侵犯。

三、皇帝权以宪法规定为限。

四、皇帝继承之顺序，于宪法规定之。

五、宪法由资政院起草议决，皇帝颁布之。

六、宪政改正提案权，属于国会。

七、上院议员，由国民于法定特别资格公选之。

八、总理大臣由国会公选，皇帝任命。其它国务大臣，由总理推举，皇帝任命。皇族不得为总理及其它国务大臣，并各省行政官。

九、总理大臣受国会弹劾，非解散国会，即总理大臣辞职，但一次内阁，不得解散两次国会。

---

[1] 中国历史第一档案馆编《宣统朝上谕档》（三十七），广西师范大学出版社，1996年版。

十、皇帝直接统率海陆军，但对内使用时，须依国会议决之特别条件。

十一、不得以命令代法律。但除紧急命令外，以执行法律，及法律委任者为限。

十二、国际条约，非经国会议决，不得缔结。但宣战媾和，不在国会会期内，得由国会追认之。

十三、官制官规，定自宪法。

十四、每年出入预算，必经国会议决，不得自由处分。

十五、皇室经费之制定及增减，概依国会议决。

十六、皇室大典，不得与宪法相抵触。

十七、国务员裁判机关，由两院组织之。

十八、国会议决事项，由皇帝宣布之。

十九、第八、第九、第十、第十二、第十三、第十四、第十五、第十八各条，国会未开以前，资政院适用之。[1]

原来的《宪法大纲》基本是照抄日本宪法的，而"十九信条"则更多偏向英国宪法，比"宪法大纲"又前进了一大步。看得出来，它的出发点，已从如何保护皇权，变成如何限制皇族与政府的权力，比较接近现代立宪的原意了。信条明确指出皇室也受法律约束，"君权神授""朕即法律"的调子，再也弹不得了。

可惜，生不逢时，"十九信条"一坠地就成了弃婴。

11月5日，资政院总裁李家驹奏请准革命党人按照法律改组为

---

[1]《择期颁布君主立宪重要信条谕》。《清末筹备立宪档案史料》（上），中华书局，1979年版。

合法政党。摄政王当天就答复，接受建议，准许革命党改组为政党，"藉以养成人才，收作国家之用"。他成了有求必应的黄大仙了，无论什么要求，一概照准，统统满足。不过，革命党对"党禁"本来就不放在眼里，再怎么开放党禁，也不会让他们放弃"驱除鞑虏"的主张。

议员们也许还没完全意识到，他们奋斗了那么多年，今天终于快要达到目的了，国会、责任内阁、宪法，这些曾经梦寐以求的东西，似乎已近在眼前，一伸手就可抓到，突然间，火车冲出了他们设计的轨道，一切都颠倒了、迸裂了。士兵登上了历史舞台，革命党登上了历史舞台，哥老会、洪门、青帮登上了历史舞台。而他们——曾经呼风唤雨、领导潮流的立宪派——却退到了舞台的边缘。如果他们不跟着革命走，恐怕最后连立足的地方都没有了。可笑资政院的议员们，还煞有介事地表决这个，弹劾那个，空忙一场。

袁世凯的北洋军节节推进，11 月 2 日，攻陷汉口，纵火焚市。11 月 21 日，攻入汉阳，黄兴率民军与之激战。26 日，北洋军全线总攻，炮火极其猛烈。民军溃退，人马相践，又遭到北洋军炮火轰袭，死伤遍野，前线一片混乱。黄兴深感无面目见江东父老，痛哭失声，绝望中拔枪自戕，但被人劝阻。11 月 27 日，汉阳失陷。黄兴黯然离鄂赴沪。

袁世凯旗开得胜，似乎把病入膏肓的大清王朝，从棺材边上，起死回生。但大清江山，气数已尽，袁世凯看得一清二楚。他又不是陆秀夫、文天祥，凭什么要为大清殉葬呢？袁氏的真正目的，是取大清自代。因此，夺取汉阳后，北洋军便勒马不前，托英国公使斡旋议和，表示袁氏并不反对共和制。于是，双方从 12 月 2 日起停战。

其实，革命党虽然在湖北失利，但在全国范围，却呈风起云涌之势。11月3日，上海在中部同盟会和光复会领导下，联合商团、警察、巡防营等，宣布起义，占领全上海。11月4日，贵州独立。杭州被起义军占领。11月7日，广西独立。11月10日，福建、安徽独立。11月14日，赵尔丰释放了被他拘禁的蒲殿俊、罗纶等人，双方议定《四川独立条约》，把四川的行政交给咨议局。但没过几天，赵尔丰就被人拉去砍头了。12月2日，由上海革命党组成的江浙联军，攻克南京。两江总督张人骏、江宁将军铁良狼狈逃窜。

如果要谈判，革命党手上的筹码并不比袁世凯少，甚至更多，但在12月2日汉口各省代表会议上，他们却作出决定，在过渡时期，暂不选举临时总统，"如袁世凯反正，当公推为临时大总统。"[1]

这个决定，显然不仅仅看中袁世凯可以逼清室退位，因为清室退位其实已无悬念，就看最后由谁伸出指头推它一下而已。各省之所以推崇袁世凯，主要是看重他在1901年以后的新政中，是一位坚定的立宪主义者，推动中国的宪政改革，居功至伟，在汉人大臣中，无人可及。既符合革命党"光复汉室"的条件，也符合立宪派的要求。由他上台，可以把流血减到最少。环顾国内，找不出第二个比他更适合的人选。

甚至连袁世凯的死对头梁启超，审时度势，也改变了立场，对袁氏采取联合的态度。他给立宪派定下的八字方针是："和袁（世凯），慰革（命党），逼满，服汉"。意思是"用北军倒政府，立开国会，挟以抚革党"。[2]他从日本返国，在大连转了一圈，想干点事情，但目

① 张难先《湖北革命知之录》。台湾，文海出版社，1981年版。

② 丁文江、赵丰田《梁启超年谱长编》。上海人民出版社，1983年版。

睹革命如火如荼，已没有他置喙的余地，只好又返回日本。袁世凯请他入阁当法律副大臣，他也坚辞不就。

革命党经过十几年流血奋斗，牺牲了无数的生命，动摇了大清王朝的根基，才有今天登高一呼，天下云从的局面。对革命党来说，虽然功高盖世，但现在既然要实行共和制，就要破除"打天下，坐江山"的封建观念，由谁执政，须看国民大多数的意见。所谓"国民"者，不仅指革命党和革命党的追随者，还包括每一个有公民权的人。

值得庆幸的是，当时革命党的领袖们，对此是有共识的，至少在这个历史的关键时刻，没有谁表现出要争权夺利。11 月 16 日，孙文高姿态地表示："总统自当选黎君（元洪），闻黎有拥袁（世凯）之说，合宜亦善。总之，随意推定，但求早日巩固国基。"[1] 孙文私下对胡汉民说，让袁氏当总统，是利用他推翻清室，将来如果袁氏还想作恶，"其基础而远不如（满清），覆之自易"。[2] 孙文似乎预计到袁氏有可能会破坏共和，他心目中的"覆之"，当然不是通过选票，而是"二次革命"。

孙文的电荐在前，汉口会议的公推在后，大局遂定。汉口会议之后，身为同盟会最高领导人之一的汪精卫，在北京与袁世凯直接谈判，决定究竟是实行民主共和制，还是君主立宪制。袁世凯表示，如果公意表决是实行共和制，他一定服从。

这时孙文仍然在美国。美洲致公堂筹了一万元路费，促他尽快回国。孙文结束了流亡海外的生活，从美国取道欧洲，12 月 25 日，

---

① 孙文《致民国军政府电》。《孙中山全集》（一），中华书局，1981 年版。
②《胡汉民自传》。存萃学社编《胡汉民事迹资料汇辑》（一），香港，大东图书公司，1980 年版。

返抵上海，船泊吴淞。上海都督陈其美和黄兴、汪精卫等人都来迎接。大家相见狂喜。

孙文随即召开党内高层干部会议。黄兴、宋教仁、胡汉民、汪精卫等人都出席了。以前他们每一次碰头，几乎都是讨论组织新的起义，现在，他们终于可以讨论未来的建国模式了，孙文在回国之前，曾对《巴黎日报》的记者表示，中国"于政治上万不宜于中央集权，倘用北美联邦制度实最相宜"。① 未来政府则采取总统制。

12月6日，大清监国摄政王载沣宣布退位，由隆裕皇太后垂帘听政。袁世凯总算报了一箭之仇。但这时，载沣的去留，已无足轻重了。

为了帮助孙文造势，洪门更发动各地会众，每天以各埠致公堂名义、华侨团体名义，往国内发几十封电报，推举孙文为总统，造成天下归心的声势。12月29日，各省都督府代表在南京举行临时大总统选举会议。到会代表十七省45人。每省一票，孙文得16票，当选为中华民国临时大总统，定于公历元旦入南京就职。由于袁世凯还是大清的内阁总理大臣，各省当然不可能投他的票。孙文在知道自己当选后，马上致电袁氏："公方以旋转乾坤自任，即知亿兆属望，而目前之地位尚不能不引嫌自避；故文虽暂时承乏，而虚位以待之心，终可大白于将来。"②

1912年1月1日，上午10时，孙文偕各省代表由上海乘沪宁线专车赴南京。离开上海时，万余人至车站欢送，当火车启行时，鸣炮

① 孙文《与巴黎〈巴黎日报〉记者的谈话》。《孙中山全集》（一），中华书局，1981年版。
② 孙文《致袁世凯电》。《孙中山全集》（一），中华书局，1981年版。

志庆。沿线苏州、无锡、武进、镇江等车站，都有狂欢的民众迎送，"共和万岁"的呼喊声，有如浪潮滚滚。下午5时，汽笛一声长鸣，火车驶入了下关车站。长江上的军舰，鸣放二十一响礼炮，对孙文表示最崇高的致敬。当晚，孙文到达总统府所在地——旧两江总督署。南京万人空巷，夹道欢迎。晚上10时举行总统受任礼，孙文谨向全国国民宣誓：

倾覆满洲专制政府，巩固中华民国，图谋民生幸福，此国民之公意，文实遵之，以忠于国，为众服务。至专制政府既倒，国内无变乱，民国卓立于世界，为列邦公认，斯时文当解临时大总统之职。谨以此誓于国民。[①]

改元为中华民国元年。定每年10月10日（即武昌起义日）为中华民国国庆节。中国五千年历史上及亚洲第一个民主共和国诞生了。

2月12日，大清宣统皇帝宣布退位。至此，统治中国二百六十余年的大清王朝、统治中国二千余年的君主专制，正式灯暗退场。

---

① 孙文《临时大总统誓词》。《孙中山全集》（二），中华书局，1981年版。

尾　声　江湖的胜利

决定中国未来走向的这场大变革，起自 1901 年——如果拉开历史的距离看，可以上溯至戊戌变法，或再上溯至自强运动——迄于1911 年，历时十年，波澜起伏，千回百转，不知多少人头为之落地，汇成滔滔血海，终于尘埃落定了。

大变革实际上是三股力量之间的博弈：政府、立宪派与革命党。变革的结果，亦不外乎这么几种：一、君主专制；二、君主立宪；三、共和立宪。其实，到了 1905 年以后，已经没有什么人认为中国可以继续保持君主专制了。考察宪政大臣达寿在 1908 年的一份奏折中说："数年以来，朝野上下，鉴于时局之阽危，谓救亡之方只在立宪。上则奏牍之所敷陈，下则报章之所论列，莫不以此为请。"[①] 立宪已成为浩浩潮流，不可阻挡，所争者，无非是君主立宪，还是共和立宪而已。

在君主立宪这一点上，政府与立宪派并没有多大的分歧，只是时间表上，立宪派求快，朝廷求稳。立宪派求快，是因为他们意识到自己在和革命党赛跑，革命一旦爆发，天下大乱，群雄并起，安史之乱、残唐五代的军阀混战局面，必然重现眼前。立宪派并非不在意满汉问题，只是在虚满人之君，立国家之宪与天下大乱之间，权衡利弊，选择前者而已。

"立宪"这两个字，从没人敢说，到没人敢不说，花了十年时间。立宪派的能量，其实相当惊人。梁启超解释他为什么愿意与满清政府合作，尽管这个政府三番四次要取他的人头，但他深知民族仇恨，只会造成国家四分五裂，给外人乘虚而入的机会。武昌起义爆发后，他

---

① 《考察宪政大臣达寿奏考察日本宪政情形折》。《清末筹备立宪档案史料》（上），中华书局，1979 年版。

在给朋友的一封信中说：

> 故革命军杀尽满人之时，即中国瓜分之时也。夫痛恨满人之心，吾辈又岂让革党？而无如此附骨之疽，骤去之而身且不保，故不能不暂借为过渡，但使立宪实行，政权全归国会，则皇帝不过坐支干修之废物耳。国势既定，存之废之，岂虑其长能为虐哉？吾党所坚持立宪主义者，凡以此也。[①]

朝廷求稳，也是从自身的实际情况出发。搞改革必须要有激情，要有富于责任感与判断力的领军人物，现在的大清王朝既没有激情可言，也没有能够服众的领军人物，草头王倒是有一大堆。大家都是踩着西瓜皮在滑，滑到哪算哪。

朝廷的统治权威，在 1900 年以后，一跌再跌，已经跌无可跌了。大街上有人喊"强盗打人啦"，大家纷纷关门躲起来；但有人喊"官差打人啦"，却一下子涌出成千上万的人围攻官差。这种情形，在各地的抗捐骚乱、抢米风潮、保路运动中，屡见不鲜，几成常态。

尽管立宪派说，立宪可以化解革命，但在这一点上，政府看得比立宪派准，一旦改革太快，会造成整个管治体系的断裂，社会瓦解。说白了，就是改也死，不改也死。这种担心不是没有道理的。事实证明，改革不仅没有能够化解革命，反而促使革命愈演愈烈，最终在 1911 年总爆发了。

在这场十年的竞走赛中，朝廷跑输了，立宪派跑输了，革命派跑赢了。梁启超慨然感叹，"十九信条"来得太晚了。他说："使所

---

① 引自丁文江、赵丰田《梁启超年谱长编》。上海人民出版社，1983 年版。

谓十九信条者，能于一年数月前发布其一二，则吾民虽长戴此装饰品，视之如希腊、挪威等国之迎立异族耳，吾知吾民当不屑断断与较者。"[①] 这种说法，在史学界十分流行，多年以后，曾任国民政府立法委员的宪法学者陈茹玄也说："《十九信条》深得英宪之精神，以代议机关为全国政治之中枢，苟其施行，民治之功可期，独惜其出之太晚耳。倘能早十年宣布实行，清祚或因以不斩，未可知也。"[②]

　　这种一厢情愿的想法，不止梁启超有，陈茹玄有，直到今天，仍有不少人认为晚清立宪的失败，是因为朝廷拖延时间，错失良机。其实，中国的民族性格、文化、历史，与希腊、挪威，完全不同，没有可比性。宪法早出十年也罢，早出一百年也罢，也不能让爱新觉罗族变成汉人。对革命党人来说，只要满汉关系一天不解决，宪法出得再早也枉然；只要坐在金銮殿上的是满人，他们不惜抛头颅、洒热血，誓要推翻之。

　　以梁启超的聪明睿智，不可能看不到这一点，只是面对无法改变的现实时，亦惟有尽人事听天命罢了。他承认："吾中国大不幸，乃三百年间戴异族为君主，久施虐政，屡失信于民，逮于今日，而今此事（指虚君共和），殆成绝望，贻我国民以极难解决之一问题也。"[③]

　　如果皇帝是汉人，中国会不会顺利走上君主立宪之路呢？

　　这是一个永远不会有答案的问题。

　　在革命党看来，问题的症结不在于立不立宪，而是谁来立宪。

---

① 梁启超《新中国建设问题》。《饮冰室合集》（二十七），中华书局，1988 年版。
② 陈茹玄《中国宪法史》。世界书局，1933 年版。
③ 梁启超《新中国建设问题》。《饮冰室合集》（二十七），中华书局，1988 年版。

汉人立宪可以，满人立宪不行。章太炎早在 1903 年就说，这个满人政权"不能变法当革，能变法亦当革。不能救民当革，能救民亦当革"。[①] 换言之，就算三民主义、五权宪法是慈禧太后发明的也没用，因为她不是汉人，所以她没有资格为汉人立宪。朱执信正告国人："能立宪者惟我汉人，汉人欲立宪，则必革命。彼满洲即欲立宪，亦非其所能也。"[②]

那么，汉人的革命依靠谁呢？同盟会一开始是依靠会党，后来依靠军队。其实也是通过会党渗入军队，两者的关系，千丝万缕，密不可分。1908 年，有一位署名"反"的作者，在《新世纪》上发表文章《去矣，与会党为伍！》。文章说："考究中国平民之能力，足以与有为者，则在乎其富于团结力。以其有团结力故，而秘密会党之盛，甲于全球各国。故曰会党者，中国平民之代表也。"文章列举了那些最有名的会党组织，诸如在理会、三合会、哥老会、盐枭、大刀会、小刀会、道友会及东三省的马胡子，"名目繁多，屈指难数。总计其人，当亦不下百万"。这些人就是革命党的基本力量。

孙文一直深信只要全国会党联合起来，便是一支足以移山填海的大军。这是一个激动人心的预期，但事实上怎么也联合不起来。许多革命党人都抱着这样的理想：我们去改造会党！于是歃血沥酒，焚表盟誓，加入了三合会、哥老会，把切口背得滚瓜烂熟，当上了龙头、白扇、香主，但到头来，被改造的却是他们而不是会党。因此，洪门美洲致公堂大佬黄三德自豪地说："孙文之临时总统，系三德一手造

① 章太炎《中国立宪问题》。《江苏》，1903 年 11 月第 6 期。
② 朱执信《论满洲虽欲立宪而不能》。《辛亥革命前十年间时论选集》（二），三联书店，1977 年版。

成，亦系洪门人士合力造成。"[1]

　　孙文在南方依靠会党，进行了八次起义，统统失败。河口之役后，他开始对会党感到失望，转而把运动的重心移到军队。疏离会党是对的，但军队与会党有本质不同吗？从曾国藩的湘军开始，军队里就有两套指挥系统，一套是朝廷的，一套是会党的，诚如那位作者"反"所写："长江一带，凡充当兵丁之人，亦大半来自会党。故兵与会党相冲突之事甚少。"[2]革命党依靠军队，说到底还是依靠军队里会党那套系统，如果说两者有区别，也许就在于军队较有纪律，而且士兵都有枪，不用革命党再花巨款去买军火。

　　革命党依靠军队，结果就有了1910年的广州新军起义，有了1911年的武昌起义，也有了辛亥革命之后，漫长的军阀混战时代。摆在中国人面前一个绕不过去的问题是：依靠在理会、三合会、哥老会、盐枭、青帮、洪门这些江湖好汉，有可能建立一个民主、自由、平等的宪政共和国吗？

　　1900年唐才常自立军提出的口号是建立"立宪帝国"；惠州起义时，会党提出的是建立"独立民权政体"；孙文的兴中会要创立"合众政府"，但领导这个合众政府的是总统还是皇帝，则悬而未决；洪全福起义时要创立"欧洲君民主之政体"，也是保留君主的；邹容的《革命军》说要建立"中华共和国"时，已明确提出"凡为国人，男女一律平等，无上下贵贱之分"，不再有皇帝了，但他又主张杀尽满人，把满人排除在"国人"之外，属于"贱种"，所以还不是共和

---

① 黄三德《洪门革命史》。无出版者，1936年印。
② 反《去矣，与会党为伍！》。《辛亥革命前十年间时论选集》（三），三联书店，1977年版。

国；直到1905年，同盟会成立时，孙文提出要建立"民主大共和国"，以三民主义为建国纲领，民主共和国的雏形，才逐渐有了一个轮廓，但也仅是轮廓而已。中国注定还有很漫长的路要走。这是一个从君主国向共和国演变的过程。

在付出无量头颅无量血的代价之后，革命者终于推翻了君主专制，中国从此再也容不得皇帝存在了，这是辛亥革命最伟大的成功之处。但没有能够建立一个健全的民主共和国，这是它最可憾的失败之处。

以往的史家，恒将造成跛脚鸭的原因，归咎于北洋旧官僚与军阀的阻挠破坏。其实，旧官僚并不是民主宪政的最大障碍，他们大部分经过清末立宪运动的陶冶，对宪政是有相当认识和乐于接受的，很多时候，其中的精英分子，还是推动宪政的积极力量。最大的障碍，来自军阀与会党。这两者是一个铜板的两面，军阀是穿上制服的会党。中国有句俗话："有枪便是草头王"，把兵匪一家的本质，揭示得入木三分。

辛亥革命的胜利，是江湖的胜利。这是革命党先天不足的结果。中部同盟会在1910年批评中国同盟会，"惟挟金钱主义，临时招募乌合之众"，这种情况并没有改变，也来不及改变，辛亥革命就爆发了。

孙文洞若观火，知道这场革命不可能让中国一步到位实行宪政，所以他要创立一种"军政—训政—宪政"的范式，来解决这个问题。1928年以前，中国是军政时期，也就是军阀混战、会党当道时期；1928年以后，转入训政时期，开始对人民进行使用民权和承担义务的训练。但问题是，由谁来训呢？由军阀混战的胜利者来训吗？

人们发现，在立宪与宪政之间，并不必然划等号。立宪不等于实行了宪政。同样，在君主制与共和制之间，还有相当广阔的灰色地带，说它是君主制，它没有皇帝；说它是共和制，它的权力又是高度垄断的、不可让渡的、无边无际的。孙文认为，这是中国走向真正宪政的必经阶段。路虽远，跬步不休，跛鳖千里，终有到达的一天。他信心十足地告诉世界：

一旦我们革新中国的伟大目标得以完成，不但在我们的美丽国家将会出现新纪元的曙光，整个人类也将得以共享更为光明的前景。普遍和平必将随中国的新生接踵而至，一个从来也梦想不到的宏伟场所，将要向文明世界的社会经济活动而敞开。①

———————

① 孙文《中国问题的真解决》.《孙中山全集》(一), 中华书局, 1981 年版。

后 记

很难想象，辛亥革命已经过去 109 年了，我们年年纪念，已经纪念了 109 次。如果按 25 年为一代人的话，已经过去四代人了。然而，对于每一个中国人来说，辛亥革命仍然是一份没有答完的考卷。好在 109 年的时间跨度，已足够把完整的历史逻辑链条与因果链条，呈现在后人面前，让人可以从比较开阔的视野，去审视这段历史。

困扰着后人的最大问题是：辛亥革命到底有没有成功？

要回答这个问题，首先要回答：我们谈辛亥革命，究竟在谈谁？如果认为它就是革命党（同盟会）推翻皇权专制的一场革命，那未免过于褊隘与简单了。事实上，它是社会上各种思潮、各种势力的集合，经过几十年的混融、催化、分解、重组、酝酿、发酵，不断积聚能量，然后在历史的某个点上，因某个偶然事件，引起连串大爆炸。

在大清的最后十年，对中国未来走向，在国内至少有这么几股力量在发挥作用：一是立宪派，以一批开明官僚与知识界人士为主；二是工商界，以城市绅商为代表；三是革命派，是各种反清革命组织与会党组成的联合阵线。这三股力量，并不是互相独立的，而是拧在一起，你中有我，我中有你，贯穿了整个庙堂与江湖。

纵观晚清朝野，尽管革命党与保皇党争得不可开交，但其实并不存在泾渭分明的敌我阵营，很多人兼有多重身份，同时扮演几个角色，既是军官、商人、议员、教师、学生、医生、记者，也是秘密帮会成员和革命党人；革命党与保皇党，也时常有角色互换的情形。

不过，由于革命党前仆后继的起义，使立宪派逐渐形成了一种思想，认为这是朝廷颟顸、无能，不肯改革的结果，要消灭革命的唯一办法，不是镇压，而是进行宪政改革。为了逼朝廷接受改革，他们甚至乐于看到革命派有一定的活动空间，不希望赶尽杀绝。孙中山的兴中会在 1895 年组织第一次起义时，民间对革命党普遍是憎恨的，称他们为"反贼乱"，但到 1910 年新军起义和 1911 年小东营起义时，作为立宪运动最广泛社会基础的绅商阶层，却主动收容落难的革命者，安葬殉难者遗体，抗议官府对起义者的处理，对革命不仅表现出极大的同情，而且在金钱上暗中资助。

这个颠覆性的改变，用了十五年时间，整个民间社会发生了让人难以置信的改观。

在这个历史过程中，官僚、士绅、商人、军人、革命党、保皇党、秘密帮会，全部搅在一起，上至皇亲国戚，下至贩夫走卒，在舞台上都有自己的位置，从而构成一个有无数棱面的多棱体，只要缺少其中一块，整个历史就要重构了。

辛亥革命既然是整个社会合力的结果，并非某一部分人孤立完成的，那么，要回答辛亥革命是否成功，自然要看它想要达到什么目的。

辛亥革命的目的是什么？其实社会各个阶层、各个利益集团，诉求各不相同。在政治层面，立宪派官僚、知识分子与城市绅商中，主要是致力于宪政改革，最终走向君主立宪。但这遭到革命派的同盟会强烈反对，同盟会提出"驱除鞑虏，恢复中华，创立民国，平均地权"政治纲领。后面八个字，其实模糊不清，并没有清晰的定义与阐释，前面八个字，几乎照搬几百年前朱元璋起义时就在江湖流行的口号，朗朗上口，含义明确，作为一种社会动员的口号，功效神奇，所以孙中山自信，当他发动革命时，会有 3500 万帮会成员追随他。

迨至辛亥革命前夜，中国社会已达成的最大共识是："中国不能维持现状了，一定要改变。"但究竟怎么变，朝哪个方向变，却从来没有形成真正的共识，更谈不上对建立民主共和的国体、政体有任何共识。不仅立宪派、城市绅商不理解什么叫"共和"，其实大部分革命党人也没有真正理解。

时至今日，仍有许多历史学者认为，辛亥革命之所以发生，是朝廷一直拒绝改革，拖延改革。其实这是冤枉了大清朝廷。慈禧太后、光绪皇帝，乃至后来的隆裕太后和一干秉政大臣，何尝不想改革？事实上，在大清垮台前的最后十年，朝廷改革的幅度不可谓不大，速度不可谓不快，但最终都无法阻挡革命的到来，这是因为他们无法逾越血统的局限，他们的"异族"身份，成了不可能消除的"原罪"。

驱逐鞑虏，光复汉族，赋予了革命者天然的道义力量，立宪派则面临一个尴尬难题，无论他们把立宪解释得如何天花乱坠、美妙光明，但最终如何解决异族统治问题？只要他们一天不敢明确回答，就一天无法挺直腰杆，理直气壮；在与革命派的论战中，立宪派就注定处于下风。革命党敢于公开否定立宪运动的正当性，宣称汉人可以立宪，满人不能立宪，但其他社会阶层与利益集团，却不敢公开否定"驱逐鞑虏"的正当性。一个本应只是作为策略性动员口号的"驱逐鞑虏"，反而成了除满族社会以外各方都不敢公然挑战的"天条"。这就是悲剧的根源。

如果仅就"驱逐鞑虏"这个目标而言，辛亥革命是成功了；"创立民国"在形式上也成功了一半。但以"驱逐鞑虏"这个江湖帮会的流行口号，作为凝聚社会共识的粘合剂，甚至成为一场革命的宗旨之一，其局限性与后遗症，几乎是立竿见影的。

由于对未来变革的方向没有共识，直接导致了辛亥革命后，中国陷入长期的纷乱之中，不仅制宪困难重重，甚至几度出现复辟帝制的危机。"中国向何处去"成了一个令全社会都万分焦灼的问题，于是就有了1915年的袁世凯称帝，有了1916年的启蒙运动，有了1917年的南北分裂，有了1920年的联省自治运动，有了1926年的国民革命运动……这一切，无不具有内在的逻辑关系，追根溯源，环环相扣，因果相连，其实就是在为1911年那场在对未来国体、政体都缺乏社会共识的情况下，仓猝发生的革命的后遗症"埋单"。

纪念辛亥革命，首先要纪念它反抗专制、反抗帝制的精神，不管这个皇权专制以何种形式、何种包装出现，是异族皇权也罢，是满人的君主立宪也罢，是汉人的洪宪帝制也罢，都要坚决反对，中国唯一可行的道路，就是实行真正的共和制，认准这个方向，不受一切花言巧语、旁门左道的迷惑。"咬定青山不放松，立根原在破岩中。千磨万击还坚劲，任尔东西南北风。"在有两千多年皇权专制历史的中国，要建立这样的共识，是漫长而艰苦的过程，历史可能还会走一些弯路，哪怕付出了几代人的代价，但诚如孙中山所说："世界潮流，浩浩荡荡，顺之则昌，逆之则亡！"

2020年9月于广州